U0493193

法理学专题研究书系

FA DE XINGSHIXING YU FALÜ TUILI

法的形式性与法律推理

危文高　著

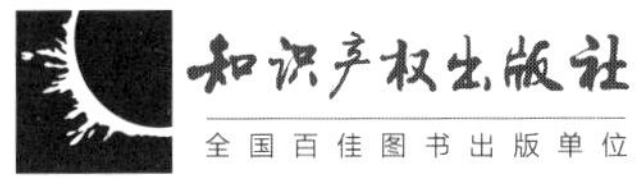

图书在版编目（CIP）数据

法的形式性与法律推理/危文高著. —北京：知识产权出版社，2018.11
ISBN 978-7-5130-5831-5

Ⅰ.①法… Ⅱ.①危… Ⅲ.①法的理论—研究②法律—推理—研究 Ⅳ.①D90

中国版本图书馆 CIP 数据核字（2018）第 213437 号

内容提要

本书从法哲学的角度探讨了法学研究的中心问题：法理推理和一般意义上的法律方法论，而如何理解法的形式性及它与法理推理之间的关系成为其中的关键。特别是阐明了法律实证主义是如何看待法的形式性的，以及它如何影响了法律推理的性质。

责任编辑：可　为　　**责任校对：**谷　洋
封面设计：SUN 工作室　　**责任印制：**刘译文

法的形式性与法律推理
危文高　著

出版发行：知识产权出版社有限责任公司　**网　址：**http://www.ipph.cn
社　址：北京市海淀区气象路 50 号院　**邮　编：**100081
责编电话：010-82000860 转 8335　**责编邮箱：**kewei@cnipr.com
发行电话：010-82000860 转 8101/8102　**发行传真：**010-82000893/82005070/82000270
印　刷：三河市国英印务有限公司　**经　销：**各大网上书店、新华书店及相关专业书店
开　本：880mm×1230mm　1/32　**印　张：**8
版　次：2018 年 11 月第 1 版　**印　次：**2018 年 11 月第 1 次印刷
字　数：212 千字　**定　价：**40.00 元

ISBN 978-7-5130-5831-5

目　录

第一章　导　论

裁判的制度化过程不是要抛弃特殊性而是要维系特殊与普遍的紧张。

——约翰·贝尔❶

一、理论与方法上的困惑

屈指算来，法律方法的引入和接续的研究在我国已有二十年有余，❷ 法律方法作为一个“问题”进入了人们的视野。而法律方法为法律学者和法律实务界所普遍关注则是 21 世纪初以来的事，❸

❶ 约翰·贝尔（John Bell）是英国剑桥大学法学院教授，此语译自氏著“The Institutional Constraints on Particularism”。See BANKOWSKI Z，MACLEAN J. The Universal and the Particular in Legal Reasoning［M］. Farn ham：Ashgate Publishing Limited，2006.

❷ 这种判断有两个前提，第一，从时间上是指新中国成立以来，特别是改革开放以来我国的法律方法研究，因为法律方法作为法律教义学的题中之义，定然有相对稳定的法律环境，包括相对独立和完善的法律体系才能发挥其功能；第二，从惯习上看，大多法律学者和法律职业者都把梁慧星教授在最高人民法院所作的“民法方法论”演讲，以及 1995 年出版的《民法解释学》作为法律方法研究中较有代表性意义的事件，尽管在时间上可能有一些关于这方面的研究与引介，但这不重要。

❸ “普遍关注”的判断标准是基于下列事实：第一，全国性的法律方法研讨会举办，如从 2001 年由葛洪义教授在西安组织召开的首届全国“法律方法与法律思维”研讨会，以及由中国政法大学、山东大学、浙江大学、吉林大学和华南理工大学组织召开的定制化的“法学方法论”全国性学术研讨会，当然还有各种局部和地方性的法律方法研讨会；第二，专门性法律方法学术刊物的连续出版，如有葛洪义教授主编的《法律方法与法律思维》、陈金钊教授、谢晖教授主编的《法律方法》；第三，法律方法方面的译著、专著或以论文集形式编辑的著作大量出版，译著如有广为流传的德国拉伦茨《法学方法论》、阿列克西的《法律论证理论》，专著有杨仁寿的《法学方法论》、黄茂荣的《法学方法与现代民法》、陈金钊的《法治与法律方法》、刘治斌的《法律方法论》，论文集更是数量可观，兹举有戚渊、郑永流、舒国滢、朱庆育合著的《法律论证与法学方法》、陈兴良主编的《刑法方法论研究》等。另外，据中国期刊网全文数据库以“法律方法或法学方法”为篇名进行的精确输入总数已达 144 篇（1990～2009 年）。值得注意的现象是：不仅法律理论家在抽象地讨论法律方法的微言大义，民法、刑法等各部门法学更是积极参与进来，努力促成各部门法律研究的方法论转向，特别是陈兴良教授、杨立新教授、梁慧星教授极力提倡，但法律理论家与更有“实务倾向”的部门法学者的交流可能存在很多“知识”和“思维”乃至“旨趣”上的障碍，使得这一本应深入的交流显得有隔靴搔痒之感。

这种学术兴趣之转向无疑有其发生的社会语境和制度性支持，即三十年来中国国家－社会结构的整体转型以及依法治国目标的确立,❶ 反过来，法律方法的研究与实践都把实现法治作为不断迫近的功能目标，而以此来证明自己的正当性，换言之，法律方法与法治存在内在的关联性支持。这种相互证成性支持需要法学内在的反省，建立法律知识、技术与实践之间有效的链接与经验机制，需要破除立法主义和政策导向的法学思维和法学知识生产模式，走向更为开放和丰富经验的“司法定向”（adjudication－oriented jurisprudence）的规范法学或法律适用主义。❷ 如此，才可能接近“具体法治”，实现依法裁判与同案同判的司法理念，协调和平衡法律的确定性与妥当性之间的关系。

然而上述期待要成为现实，必须得理解法律规范的应用本身，特别是法律规范的司法应用。❸ 我们需要一种什么样的司法

❶ 葛洪义教授指出了法律方法在我国发生的几个逻辑前提，分别为社会政治经济文化问题的法律化、法律问题的专业化与知识化、专业法律问题解决方式的制度化，参见葛洪义．法律方法讲义［M］．北京：中国人民大学出版社，2009。苏力教授也明确地指出法学知识的生产与国家兴衰之关联，参见苏力．知识的分类与法治［J］．读书，1998（3）。

❷ 关于“司法定向”的法学论述，参见舒国滢．并非有一种值得期待的宣言——我们时代的法学为什么要重视方法［J］．现代法学，2006（05）；关于立法主义与法律适用主义的对比分析，参见黄卉．“一切意外都源于各就各位”——从立法主义到法律适用主义［J］．读书，2008（11）。黄卉博士倡导以大陆法系的判例制度来解决成文法之抽象与具体个案丰富之适用问题，具体可见氏著：2009 年 4 月 2 日他在北京大学法学院的演讲《法律适用时代是否已经到来？——法律适用主义与大陆法系判例制度》，同时参见其个人博客网站。

❸ 在此我只关注法律规范的司法应用，对于其他的法律应用如执法或法律监督等不作考察，之所以如此，有两个重要理由，其一，司法（主要是法官的裁判行为）具有法律实践的中心意义，是法官、检察官、律师和公民争夺法律解释话语权的场域；其二，也正是在这种话语争夺中，可以看到不同的法律实践者所运用的法律方法与法律技术，去修补法律规范与事实之间存在的逻辑缝隙。正因为如此，大部分言说法律方法者都把焦点对准了司法行为本身，尽管有不同的角度与立场。但这一个视角不等于持有与立法中心主义对立的、所谓的“司法中心主义”或法律适用主义立场，因为“司法定向”之所以重要并不完全在于其价值，而在于分析上的优先性。否则很容易滑向以法庭为中心（court－centred）的法理论，拉兹对此有所警告，法律是为了法官面前的公民而设，法官是为了公民而不是公民为了法官。See RAZ J. The Problem about the Nature of Law［M］. London：Univeksity of Western Ontario Law Rrview, 1983.

应用理论？我们能拥有一种什么样的司法应用理论？长期以来，无论是在英美法系国家还是大陆法系国家，都盛行一种立法与司法的严格区分，认为司法机构的职责仅仅在于解释法律并适用法律，❶ 去发现立法者原初或固有的含义，法律解释与法律推理遵循一种严格的文义主义方法（strict literalism）。❷ 虽然这种方法仍为部分学者所主张，❸ 但是由于认识到法律语言本身的不确定性（由此产生规范性缝隙或漏洞），那种司法解释的发现模式（the discovery model of judicial interpretation）基本上被抛弃，如今学者大多承认法官在司法行为中具有自由裁量权，有时也必须造法。但是，一旦放开自由裁量权和承认造法，就会引来很多的担忧：司法裁决的过程是不是因此流于恣意，损害法律的理性与正当性，进而威胁到法治所要求的稳定性与可预测性。虽然这样的说法与忧虑有点古老，但却一次次地出现在现实的判决过程中，比如对类比推理的应用范围所作的限制甚至否定。批判法学、法律过程学派、后现代的解构主义、德国法律结构学派及法律诠释学过于激烈地强调了法律解释中的主观和情感性因素，更

❶ 我刻意区分了法律的适用与应用，前者更多的是指法官仅按法律的文义去解释法律和执行法律，后者包含了法官对法律的解释和发展，换言之，其解释性决定中有创造性因素。

❷ 普通法系国家的英格兰，1830～1950 年是严格文义主义的时代。See KLATT M，Making the Law Explicit：The Normativity of Legal Argumentation［M］. Oxford：Hart Publishing，2008.

❸ 马默（Andrei Marmor）认为，法官解释法律虽经常要考量法律确立了哪一种意义，然而在一定范围内，可以说他们仍然是在遵循法律而非创制法律。See MARMOR A，Interpretation and Legal Theory［M］. 2nd ed. Oxford Hart Publishing，2005：122. 韦缪勒（Adrian Vermeule）从制度理论角度提出法律形式主义解释理论，即文义解释优先性的论证。See VERMEULE A，Judging under Uncertainty：An Institutional Theory of Legal Interpretation［M］. Cambridge：Harvard University Press，2006. 近来我国学者陈金钊教授也极力主张文义解释优先性，参见陈金钊．法治反对解释［J］. 法律科学，2007（3）；以及提供的论证，陈金钊．法治为什么反对解释［J］. 河南政法管理干部学院学报，2007（1）；陈金钊. 规则、解释与法治实现［J］. 杭州师范大学学报，2009（5）。

从理论上加剧了这种不确定性，导向一种法律（法律方法）的怀疑论。出于法教义学和法治立场的维护，大多数学者会对此理论倾向保持一种警惕，但这种理论之所以盛行并得到法学学者相当程度地维护，有很大部分原因在于法学本身没有发展出一种令人可信的法律方法来区分法律应用与造法之间的可能界限。克拉特指出：

> 什么时候判断属于“分子运动”，什么时候又属于“摩尔运动”？什么时候一个判断应填补法律织物的缝隙，什么时候它又改变织物本身？英美法理学对这些问题从未给出过满意的答案。[1]

没有法教义学传统和未经法律方法洗礼的中国法律学人，以另一种方式陷入非此即彼的对立之中，有学者对此作了概括：

> 目前中国的法学在宏大叙述与实务琐碎两极附近游荡，主要原因是法学理论受制于其他学科（哲学、经济学、社会学、政治学甚至行政学、行政管理学等）的言语控制，研究者感受到其中的精彩与高明，但缺乏将其转化为法律思维的能力。这是一极。另一极是还没有找到途径建立规范、尤其竞合规范的适用规则。于是，观点对峙者在一大堆与个案判决有直接或间接关联的法规群中找出自己需要的规范，互不认账。本来对法律方法将信将疑、性格自由的学者，就有可能得出规范法学、法律方法无用的结论，转而经营“纯粹”的——多少有点横空出世的、染有人治气息的——价值判断。严重者，以为法制（治）的价值判断与人治的价值判断没有什么区别，法律方法最多是用来粉饰判断的非法

[1] KLATT M，Making the Law Explicit：The normativity of legal argumentation [M]. Oxford：Hart Publishing，2008.

律性。❶

以上论断虽然言语有些尖刻，但对问题的把握却入木三分。法律方法无法回避价值判断问题，但法律方法中的价值判断与哲学、政治学、经济学提供的价值判断有重大的区别。区别何在？如何区别？如果找不到令人信服的区别方法与技术，就无法真正回应非法学学科的挑战。同时，其他学科提供的知识和价值判断如何可能转化为法律思维上可接受的判断标准？这些都是法律方法所必须面临的难题，毕竟法律方法的核心功能或问题在于对法律裁决的理性控制。❷

在法律方法的实践运用中，法律人（主要为法官）主要面临的是规范与事实可能存在的紧张，法律裁判的过程确实如恩吉施所言是“目光往返于规范与事实之间”的等置过程或模式。❸但是，这种说法是比较抽象的，它需要回答为什么在具体个案中具体法律规范（规则或原则）能与实际的案件事实发生等置。等置不完全是类推。考夫曼的类推理论把法存有论与方法论统合起来，尽管有很大的创新和启发性，但同时也包含了一种危险：即忽视了规范（以理由为基础的事实）与事实之间存在的紧张，以及这种紧张所可能产生的意义。以“事物本质”为基础的类推理论一旦扩展为所有的推理模式，其结果可能是客观的价值秩序取代法律秩序本身。重要的是首先得区分法律规范与事实存在什么样的紧张关系。对此，郑永流教授从逻辑关系的角度提出规

❶ 黄卉.“一切意外都源于各就各位”——从立法主义到法律适用主义［J］.读书，2008（11）：40－41.

❷ URBINA S. Legal method and the rule of law［M］. Hague：Kluwer Law International，2002：119.

❸ 等置模式为恩吉施和考夫曼等人所提倡，考夫曼把它上升到法律观的层次，认为实然与应然之间虽非同一但也不是绝对的对立，而是一种类似关系，法原本就有一种类似的性质，这成为考夫曼类推理论的理论基础。相关分析参见郑永流．法律判决形成的模式［J］．法学研究，2004（1）；考夫曼．类推与“事物本质”［M］．吴从周，译，台北：学林文化事业出版社，1996。

范与事实不对称（或紧张）的五种类型：[1]

1. 事实与规范相适应。

这种情形主要指对至今查明的事实有明确的规范标准可应用。

2. 事实与规范相对适应。

这种情形是规范总体明确，但存在一定扩张或缩小及自由裁量的例外，如规范中有较为清楚定义的概念（如武器）、幅度规定（刑法中的从重或从轻）、程度规定（如重伤的法定标准）、明示事项（如合同实质变更）。

3. 事实与规范不能相适应。

这种情形指法律有规定，但存在较大扩张或缩小及自由裁量的例外，如一般性的法律原则（公序良俗、诚实信用）、评价性的不确定性概念（重大过失、显失公平）。

4. 事实缺乏规范标准

这主要指要么不应对事实进行法律评价，如同事关系、朋友关系、同性恋、安乐死等；要么应对事实进行法律评价而未评价，即法律应规定而未规定，如对依校规作出的处分不服提起诉讼是适用行政诉讼还是民事诉讼的问题。

5. 事实与规范形式上相适应但实质上不适应。

这种情形是指应用形式合理的法律结果会达到不能忍受的实质不公的程度。如乱收费或公职人员申请资格中的歧视性规定。

应该说，这种归纳看起来在逻辑上相对地周延，基本涵盖了可能存在的规范与事实之间的紧张。从中我们可以概括出三个区分性标准：第一，规范存在与否（区分出第 4 种情形与其他）；第二，规范清楚、明确的程度（区分出第 1、2 和 3 种情形）；第三，清楚规范的评价性质（区分出第 5 种情形与其他）。很明显，这种区分标准是以规范本身的性质（存在、明确或评价）为基

[1] 郑永流．法律方法阶梯［M］．北京：北京大学出版社，2008.

础，倾向于一种“事实”适应（或不适应）规范的方式来展开的，换言之，是一种普遍（规范）容纳特殊（可能的个案事实）的方式，但是有时个案事实会以相反的方式作用于规范，使规范原本以为明确的规定看起来不再那么明确。郑永流教授显然意识到这个问题。在第1种情形中，他认为明确的规范只有在“清楚确切的数字规定”中才能达到，但同时也认为数字规定也有歧义之处，如有时在特定的地方，如贵州花江狗肉“一斤”可能指的是七两、宾馆一天行业内习惯缩为一夜。但如果是这样，是不是因此得出规范与事实只是相对地适应而不是“相适应”？肯定的判断基本成立。但有人会辩解说，诸如“一斤”还是“七两”、“一天”还是“一夜”按照“标准”或“通常说法”（常识）大家是没有什么疑问的，如果说“一斤”指的是“七两”只是极端个别情况，不能以此来否定数字本身的明确性。数字本身是明确的这点应该没有什么问题，但“数字规定”的应用能不能确定无疑则是另外一回事。因此，在这些情形中，需要法官根据具体情况和推断性规则来判断是应用“通常”或“标准”还是“地方性”或“行业性”的习惯标准。比如一外地人到贵州买“花江狗肉”，他或她事先不知道有这种习惯性说法，卖主也没有任何提示，买一斤狗肉只得到了七两（假设开始时他或她对缺少三两没有经验的判断能力，或出于其他原因没有判断），最后才发现“事实上”少了三两，他或她能否因此而得到另外三两狗肉呢？这与一个本地人去买一斤狗肉只得到七两，故意辩称不知道有此习惯说法而要求“补偿”另外三两的情形一样吗？一定是不一样的。“保护交易预期”法律原则可以作为推断性规则适合于第一种情形，但可能就不适合于第二种情形，哪怕可能本地人确实不知有此习惯说法（当然除非有确实的证据能证明不知情才可推翻这条规则）。

退一步讲，即使在数字规定相当明确且没有理解上差别的地方，如有一规则“高速公路上车辆时速不能超过120公里”，但这条规定能否用于在高速公路上行走的、内有危急病人的出租车呢？事实（如他驾驶时速达140公里）显然符合法律规则的事实构成条件，但却不能应用于此特定个案之中？换言之，事实与规范相适应，不能因此推导出法律规范“应该”应用于个案之中。这就从第1种情形转到第5种情形中，即形式适合但实质不适合，这两者尽管有差别但可能都需要作出价值判断。但何种“实质性不适合”可以构成推翻规则不加以应用的情形呢？我们把上述案件稍作调整，假设一卡车司机为了保证交货时间，而在高速公路上以每小时140公里速度驾驶，他是否因此而受到违反交通规则的处罚呢？“为了保证交货时间”（如果延误交货可能会因此给买卖双方带来经济损失）能否成为法律上的理由，并且在此个案中足以推翻上述那条规则的应用呢？

在第2种语义存在不明确和第3种一般条款或一般原则的应用中，语词构成一种限制吗？一般条款或原则又如何或以什么形式应用于具体案件中？“事实缺乏规范标准”的第4种情形中，什么是应当评价而法律未作评价的？此处“应当”是一种什么样的价值判断？当然，以上概括还忽视了另外一些重要的规范与事实之间的紧张：即规范之间（规则与规则、规则与原则、原则与原则）相冲突之情形；在事实方面，还有事实无法确定，但又产生一定法律后果的情形（它无法纳入前述概括的五种情形之中）。

在所有可能的规范与事实之关系中，都涉及法律方法与价值判断的关系，如果坚持法教义学的立场，法律上的价值判断与一般意义上的价值判断（如各种自然法观念、盛行的功利主义标准、社会和谐等价值）应有所区分，因此“法律，而不是抽象的价值，应当被认为是人们目前为止所能达成的最低共识，在面临一个案件时，裁判者应当首先遵守法律所确立的规则以及体现在其中的价值，从法教义学的角度进行裁判。超出法教义学范围的价值判断是允许的，但应受到限制”[1]。遵守普遍性规范特别

[1] 许德风．论法教义学与价值判断——以民法方法为重点［J］．中外法学，2008，20（2）：174.

是规则应是法治首先考虑的价值；但是，这条规则及背后的价值原则不是密不透风的墙，规范不是先定、无法调整的形式，其真正的形式性是在法律实践（通过司法裁判）过程中确立起来的，也就是说，在什么时候应受法教义学限制、什么时候超出法教义学限制是允许的，并没有一个先在的标准从概念上能够加以界定。当然，这样的论断仍有待证明，本书的主要目的也是首先通过对法律实证主义理论中隐含的法律方法（如法律解释与法律推理）进行考察，批判性分析其理论主张中隐藏的形式主义理解法律规范的应用，指出法律方法和思维运用中形式性与实质性理由的内在关联，这种关联不仅表现在法律原则的应用中，同时也体现在法律规则的应用中，所以很多看起来有道理的结论（形式主义与反形式主义或实质主义二元对立）其实都是似是而非的。❶

❶ 郑永流教授把法律思维的要义归纳为十点：分别是：（1）合法律性优于合道德性；（2）普遍性优于特殊性；（3）复杂性优于简约；（4）形式优于实质；（5）程序优于实质；（6）严谨胜于标新；（7）谨慎超于自信；（8）论证优于结论；（9）逻辑优于修辞；（10）推理优于描述。参见郑永流．法律方法阶梯［M］．北京：北京大学出版社，2008：32－34。郑成良教授把法律思维规则归纳为6条：（1）法律思维必须以权利义务的分析作为思考问题的基本逻辑线索；（2）形式合理性优先于实质合理性；（3）程序公正优先于实体公正；（4）普遍正义优先于个案正义；（5）理由优先于结论；（6）合法性优于客观性。参见郑成良．论法治理念与法律思维［J］．吉林大学社会科学学报，2000（4）：3－10。孙笑侠教授也把程序中的思维概括为“向过去看”的习惯、注重逻辑，认真对待情理因素、判断结论总是非此即彼，不同于政治思维中的“权衡”等特点。参见孙笑侠．程序的法理［M］．北京：商务印书馆，2005。孙笑侠文中特别强调了法的形式性对于当下中国法治建设的意义，“我国之所以没有走上法治之路，虽然答案可以解释很多，但是我国法律形式化要素的匮乏，缺少对严格形式的热衷，不能不说是其中一大原因……我们现代生活更需要‘能像机器那样被依赖的法律’——一种形式理性的法律。这种法律的首要特点是法律与道德的分离、法律与权力的隔离。当前述两项法律形式化要素具备了，法律功能才有可‘可计量性’。中国社会的制度化其实就是法律走向形式理性的过程。”这明显受到韦伯学说影响，但有必要指出法律形式理性与法律所谓的“计量”功能没有直接关系，韦伯自己也意识到了这个问题。社会制度化过程也不是“像机器一样”的法律形式理性的确立，这些与上面的规则一样都用单极化思维理解现实的结果。很多学说一旦成为教义，就像深山里的老虎被关进了动物园。

二、实践描述与反思

法律方法的生命在于实践。法律方法的规则（如文义、逻辑、体系、目的解释）不是如科学方法一般可以客观加以运用，相反在不同的制度语境中会有不同的理解、使用与限制。比如林东茂教授举了台湾发生的一个案例："中央大学"何春蕤教授在网络上放置了大量的图片与文字，教导人与动物如何交配。有人向司法机关告发何春蕤散布猥亵文字图画。[1] 那么如何来理解猥亵这个概念？散布人与动物交配的图画肯定是一种有伤风化的不当行为，但如果何教授发布这些图画的目的是进行一种科学研究，教导精神病人、智障者等弱势群体自行解决他们的性需求，法律可以散布猥亵图片罪课以刑罚吗？如果答案是肯定的，是不是会威胁到他享有的言论自由权？这个案件不是通过简单地使用一种解释方法就能解决的，因为在各种解释方法之间会存在竞争关系，如何平衡与协调，需要解释性决定来提供一个理性答案，总之，是一个不好办的疑难案件。

近年来，由于媒体、公众对我国司法关注程度的提高，一些有影响的重大疑难案件被一次次"晾晒"，引起前所未有的讨论热潮，著名的如王斌余案、邓玉娇案、肖志军案、彭宇案、许霆案、第三者遗产继承案等，尽管这些案件在某种程度上都是"疑难案件"，但是，疑难之处却有很大差别，还有一些案件如王斌余案按标准的刑法教科书逻辑根本称不上是疑难案件。我在此主要关注的是法律上疑难案件，对于事实上疑难案件（如彭宇案）涉及的经验性规则的推理问题，因为本书论题所限不在讨论之列。在其中，许霆案是具有特别的典型意义的疑难案件，以至于

[1] 林东茂．法学方法，即非方法，是名方法［G］//战斗的法律人：林山田教授退休祝贺论文集．台北：元照出版公司，2004：56.

它可能所具有的意义还未被学者充分表达出来。所以旧案重提可能另有一番新意，如果我分析得对的话。但不管怎样，我们还是可以在其中看到中国法官的法律方法与法律思维面相，发现他们论证与推理能力的强与弱，更重要的是可以看到法律规范是如何被应用于具体案件的解决之中，由此可以发现法律规范被如何重新定义、限制、延伸甚至或被推翻的。

经典案例的分析与展开：许霆案

案情简要：2006 年 4 月 21 日晚 9 时许，被告人许霆到广州市天河区黄埔大道西平云路 163 号的广州市商业银行自动柜员机（ATM）取款，同行的郭安山（已判刑）在附近等候。许霆持自己不具备透支功能、余额为 176.97 元的银行卡准备取款 100 元。当天 21 时 56 分，许霆在自动柜员机上无意中输入取款 1000 元的指令，柜员机随即出钞 1000 元。许霆经查询，发现其银行卡中仍有 170 余元，意识到银行自动柜员机出现异常，能够超出账户余额取款且不能如实扣账。许霆于是在 21 时 57 分至 22 时 19 分、23 时 13 分至 19 分、次日零时 26 分至 1 时 06 分三个时间段内，持银行卡在该自动柜员机指令取款 170 次，共计取款 174000 元。许霆告知郭安山该台自动柜员机出现异常后，郭安山亦采用同样手段取款 19000 元。同月 24 日下午，许霆携款逃匿。2007 年 5 月 22 日，许霆在陕西省宝鸡市被抓获归案。

判决要旨一（广州市中级人民法院一审）：

本院认为，被告人许霆以非法占有为目的，伙同同案人采用秘密手段，盗窃金融机构，数额特别巨大，其行为已构成盗窃罪。公诉机关指控被告人的犯罪事实清楚，证据确实、充分，予以支持。对于辩护人关于被告人的行为不构成盗窃罪的辩护意见，经查，现有证据足以证实被告人主观上有非法占有的故意，被告人的银行卡内只有 170 多元，但当其发现银行系统出现错误时即产生恶意占有银行存款的故意，并分 171 次恶意提款 17 万多元而非法占有，得手后潜逃并将赃款全部挥霍，其行为符合盗窃罪的法定构成要件，当以盗窃罪追究其刑事责任。辩护人提出的辩护意见，与本案的事实和法律规定不相符，本院不予采纳。

判决要旨二（广州市中级人民法院重审）：

本院认为，被告人许霆以非法占有为目的，采用秘密手段窃取银行经营资金的行为，已构成盗窃罪。许霆案发当晚 21 时 56 分第一次取款 1000 元，是在正常取款时，因自动柜员机出现异常，无意中提取的，不应视为盗窃，其余 170 次取款，其银行账户被扣账的 174 元，不应视为盗窃，许霆盗窃金额共计 173826 元。公诉机关指控许霆犯罪的事实清楚，证据确实、充分，指控的罪名成立。许霆盗窃金融机构，数额特别巨大，依法本应适用“无期徒刑或者死刑，并处没收财产”的刑罚。鉴于许霆是在发现银行自动柜员机出现异常后产生犯意，采用持卡窃取金融机构经营资金的手段，其行为与有预谋或者采取破坏手段盗窃金融机构的犯罪有所不同；从案发具有一定偶然性看，许霆犯罪的主观恶性尚不是很大。根据本案具体的犯罪事实、犯罪情节和对于社会的危害程度，对许霆可在法定刑以下判处刑罚。

人们质疑最多的是为什么两个审判基于同样的法律事实认定，会得出如此不同的结论。先看看一审和重审判决中法官的方法。

一审判决无疑是最为典型的法教义学方法：在认定法律事实的基础（相关证据证实）上，寻找相应刑法规范（刑法第二百六十四条），目光往返穿梭于规范的事实构成要件（大前提之核心）与法律事实（小前提）之间，之后得出如下判断：盗窃罪的事实构成要件有：（1）以非法占有为目的（主观）；（2）秘密窃取公私财产达一定数额（客观）；（3）加重情节：盗窃金融机构。许霆的行为：（1）在第一次无意提取取款机中 1000 元后，“明知”取款机中款项不是自己所有仍反复操作 170 余次，明显具有“非法占有”这些钱款之目的；（2）自己以为取款的行为不会为银行所发觉（因而属于“秘密窃取”）；（3）非法占有数额巨大；（4）ATM 机属于金融机构。结论：许霆的行为属于盗窃罪里的加重情节（至少处无期徒刑）。

重审判决基本上肯定了上述法教义学方法，但基于三个理由否定了前面的量刑结果，即无期徒刑。第一个理由是其行为在自动取款机出现异常、采用持卡手段，因而不同于预谋或破坏性盗窃。第二个理由是案发具有一定偶然性，并且主观恶性不大。

根据这两个理由（实际上可以看成三个方面）能否推翻盗窃金融机构数额特别巨大的而法定刑至少是无期徒刑的规定呢？这是否构成一个特殊性的理由呢？本案判决引用了《刑法》第六十三条第二款“特殊情况”下减刑的规定。但是关键的是，这个“特殊情况”的条款可以应用此案之中吗？有两条理由可以说明不能应用此条款：第一，根据 1997 年《刑法》中对 1979 年《刑法》第五十九条第二款（“犯罪分子虽不具有本法规定减轻处罚情节，如果根据案件的具体情况，判处法定刑的最低刑还是过重的，人民法院审判委员会决定，也可以在法定刑以下判处刑罚”）的修正，把“具体情况”改为“特殊情况”，去掉了“判处法定刑的最低刑还是过重的”的规定，并把决定权收归最高人民法院，其为了消除判处法定刑最低刑还是过重情况产生的界限不明，存在随意性并为腐败提供可乘之机的现象。有证据表明，这个条款很少用于一般刑事案件的减刑，主要涉及外交、民族问题等特殊情况才考虑。第二，最高人民法院在 2004 年的“冯洲受贿案”❶ 已明确表示不能根据此条款作出在法定刑下量刑的裁定，并先就此案报请全国人大法制工作委员会，其答复意见是：1997《刑法》第六十三条第二款关于因“特殊情况”在

❶ 《如何理解刑法六十三条第二款关于法定刑以下判处刑罚规定的“特殊情况”——冯洲受贿案》（最高人民法院〔2004〕刑复字第 2 号）。参见苏泽林．最后的裁判——最高人民法院典型疑难案件百案再审实录［M］．北京：中国长安出版社，2006。

法定刑罚的规定，主要是针对涉及国防、外交、民族、宗教等极个别特殊案件的需要，不是针对一般刑事案件的规定。

因此，本案引用此条作为判案依据根本没有多少理由，从最高人民法院来看对许霆案作出5年有期徒刑的量刑复核裁决，确实不妥，至少与自身先前判例性的裁定不一致。所以，试图通过激活这条特殊减刑规定来达到减刑目的不但在法律上缺乏充足理由，而且还有破坏法律之嫌。[1]

如果仅就关注本案的量刑而言[2]，有没有其他方式来为许霆的量刑不至少过高[3]而找到法律方法上可选的路径呢？其中一条就是否认构成盗窃罪的加重情节而只构成一般盗窃罪，突破口是自动取款机的性质，即它是不是属于金融机构的一部分？据一般常识，虽然自动取款机是新鲜事物，但大多数人会把ATM机延伸阅读为金融机构，它们不但在物理组织上有相似之处，更重要的是发挥着存取钱款的功能，其资金也是银行的一部分。那么有

---

[1] 陈兴良教授积极支持这条特殊条款来减刑。参见赵秉志．中国疑难刑事名案法理研究　许霆案的法理争鸣［G］．北京：北京大学出版社，2008。

[2] 此案出现的各种观点名目繁多，前面分析之所以对其他观点存而不论，一是因为分析本案不是为了正确地去解决这个案件，从而论证其他观点是不可取的；二是因为本人主要关注法官在此案中展现的思维和方法，因而没有对其他观点展开分析；三是本人也认为许霆的行为构成盗窃罪，而且也属于盗窃金融机构。

[3] 所谓量刑过高（无期徒刑）的判断，承认了许霆实施盗窃行为方式的特殊性，即前述重审法院所作的两方面理由论证是有一定道理，而且也符合法律上减轻处罚的一般情节（主观恶性、后果严重性），正因为如此（当然不仅因为此），社会公众对许霆被判处无期徒刑表示很多同情甚至不满，可以想见，如果许霆是用作案工具直接撬开了自动取款机，盗窃的数额假设不足1万元。这个案件不可能成为疑难案件，许霆也不会成为人们同情的对象。值得一提的是，许霆律师在重审开庭时的辩护意见，认为“自动取款机异常的概率极低，因而许霆的行为是不可复制的、不可模仿的，将之视为刑事犯罪缺乏现实意义，应认定许霆无罪”。转引自阴建峰．许霆案的刑法社会学分析［G］//赵秉志．中国疑难名案法理研究．北京：北京大学出版社，2008。这种观点显然站不住脚，不能因为行为难以重复，就否认它应受到现行法的制约，希特勒清洗犹太人是空前，也可能是“绝后”，不能因此就否认他们杀人就没有罪过。法官也不是算命先生，不能去预测未来事件发生的概率来评估当下。

什么理由不把它“解释”为金融机构？违反我们一般的经验常识呢？

对此，可能会有几种反对意见。第一种反对意见，是从物理组织结构上认为ATM机只是一种工具，只是金融机构的“附属设施”，不是金融机构的延伸，当然也就不是金融机构本身。这种观点基本不成立，ATM机可能不是传统意义上的金融机构，但毫无疑问它已部分地发挥了金融机构的作用，其资金和管理皆有银行负责，不能因为形体和结构的差别而否认它是金融机构的一部分。第二种反对意见，从1997年修订刑法对盗窃金融机构规定的立法原意来判断，认为当时是为了严格限制盗窃罪中死刑的适用，而只规定“盗窃金融机构，数额特别巨大”和“盗窃珍贵文物，情节特别严重”为死刑适用的两种情形。因而，不应对金融机构作任何扩张解释，否则将导致盗窃死刑适用面的扩大，违背立法本意。❶ 这种立法原意的解释更是说不通，因为它的关键还在于判断ATM机属于还是不属于金融机构，这跟原意没有多大关系。第三种反对意见，认为把ATM机视为金融机构的一部分是一种物品思维的反映，因此认定ATM机是不是金融机构要从类型思维来把握：“我们不能将ATM机视作一种固定不变的客观实体，而是看作与个案的客观条件与行为特征相连接的关系性范畴。而在这种关系性范畴中，法官所关注的是个案中的ATM机在法律评价上的意义（能否与金融机构等同视之），而不是其普遍的物理意义（究竟是否属于金融机构）。”❷ 这种观点也不成立，ATM机能否在法律上被评价为金融机构，与特定案件中行为人的行为特征没有什么关系，个案的客观条件与行为特征可能成为行为人减轻或免予刑事处罚的一个重要理由，而不能由

❶ 利子平，周建达．关于许霆案定罪与量刑问题的思考［G］//赵秉志．中国疑难名案法理研究．北京：北京大学出版社，2008.

❷ 雷磊．实践法律思维的构造——以许霆案为思考契机［G］//赵秉志．中国疑难刑事名案法理研究：许霆案的法理争鸣．北京：北京大学出版社，2008.

此推导出一个客观对象在法律上所具有的评价意义。这跟硫酸能否被评价为武器完全不同，我们当然不能只根据硫酸与武器在物理性质上的差异来判断，因为这样的判断在法律上没有多大意义，而与行为人是如何使用硫酸有关，在特定情况下它可能类似于武器。此处ATM机是许霆操作的对象，无论如何操作使用不会改变ATM机的性质，当然除非你把它拆卸下来用来砸人，才会改变它的使用。ATM机能否在法律上被评价为金融机构只与它的使用功能相关，而与它被人用来做什么无关，更与操作ATM机的行为人的行为特征无关。这种分析思路抓住了问题，却打错了靶子。正因为如此，盗窃金融机构绝不是盗窃金融机构这个物理组织结构，而是金融机构里的资金，ATM机也因有存取金融资金功能而被视为金融机构的一部分，纠缠于ATM机是否是金融机构可能一开始就走错了方向。

但是，如果ATM机是金融机构，而且许霆也构成盗窃金融机构罪，[❶] 那么他一定会随之产生第二百六十四条第二款规定的至少是无期徒刑的法律责任吗？从法条上推理，结果似乎应是确切无疑。然而，此案中为何那么多人，不仅是普通大众还包括很多学者都认为许霆不应得到如此重的刑罚？如果公众的声音更多地具有一种道理立场或态度的“应当或不应当”的话，对此，法律学者和法官应保持一定警惕，不能动辄以博取社会效果为名而行牺牲法律之实。但也有学者如此言道：

> 法官的智慧绝不仅仅在于掌握一些法律条文，也绝不仅仅在于能够依法办案，而在于准确把握案件处理上法律效果与社会效果的统一。虽然法官应当具有独立性，应当依法判

❶ 广州市中级人民法院在此案的定罪问题上前后一致的做法相当值得称道，不管出于什么目的或动机，在法教义学上是没有太大瑕疵的。张明楷教授也表达了类似的观点，参见张明楷．许霆案减轻处罚的思考［G］//赵秉志．中国疑难名案法理研究．北京：北京大学出版社，2008。

> 案，但是要明确，法官也要照顾到案件的社会效果，案件的处理要能够为社会所普遍接受。一审判决后，不论其是否依法判决，民意对其反应很大，说明社会没有普遍接受，自然要予以改变，不论用什么方法。民意主要对量刑有意见，所以，要改变的主要是量刑。而至于罪名是否改变，以及是否应当界定为“盗窃金融机构”，由于并不是民意关注的重点，所以也就显得相对无关紧要了。❶

在中国现实司法裁判语境中，民意确实有时在客观上影响到具体的裁判结果，但是这并不意味着民意应当或必定能成为司法裁判的正当理由，即使民意能准确地加以测度，或为某些官员所代表。❷ 法学中人毕竟首先得守住法学之口，虽然法学中人也非圣贤，同样拥有普通人的弱点与性情，但不能以此为借口，让汹涌的社会效果吞没规则之堤岸。法官的智慧当然不仅仅在于掌握一些法律条文，但说他绝不仅仅在于依法办案就是错误的。如果社会没有普遍接受判决，就可以根据民意来任意更改，规则就不可能再是规则，而变成了可以无限延伸和拉长的“例外”，损害的最终是法律和自由本身。

---

❶ 张磊．关于许霆案的若干思考［G］//赵秉志．中国疑难名案法理研究．北京：北京大学出版社，2008.

❷ 时任最高人民法院副院长的姜兴长大法官在2008年3月“两会”期间接受记者采访时表示，广州许霆属于恶性取款，定罪判刑是应该的，但这是一个特殊的盗窃案件，判处盗窃金融机构罪显然不合适，应该综合考虑法律效果与社会效果。参见徐春柳．最高法院副院长：许霆案一审量刑过重［N］．新京报，2008－3－11（A07）。这样的言论之所以可以理解，乃是因为基于某种身份和场合，但并不表明这些言论就是正确的，毫无疑问即使不考虑他对案件在法律上的判断正确与否，单就在案件判决还未作出之前发表这些“定性”的言论，确实不符合一位最高法院法官身份所要求的纪律，违反基本的正当程序，其不良影响甚深。

当然否定此点，不意味着因此导向法条主义[1]，它还没有消除笔者上面提到的疑问。尽管采纳民意之类的社会效果说法，在法律上没有什么根据，但社会公众和学者普遍感受到的“不公”是一个提示，如果不仅仅是压力的话。这不得不促使我们再思考一下这个案件真的很“特殊”吗？许霆作案的偶然性、即时性，更重要的是在银行本身有过错的情况下，以一种主观恶性相对较小，利用自己的银行卡表面“和平”“合法”转移财产的行为，在很大程度上不同于一般或通常意义上的金融机构盗窃。那么什么又是一般或通常意义的金融机构盗窃呢？由于金融机构的保密与保险工作都应当是比较高的，一般要盗取银行的资金需要周密的部署、精心设计，而且盗窃的成功往往很难通过“和平”的方式达到。实际上，广州市中级人民法院重审此案主要考虑的也是盗窃行为方式本身（所谓主观恶性如果不依赖于客观行为方式便无法理解，许霆与任何采取破坏手段窃取银行资金的盗窃犯在企图非法占有的目的上并无二致），但是这种“特殊”与“普通”的区分理由却不是刑法中减刑的法定理由，如果以这些特征作为理由裁决在法定刑以下量刑，是不是意味着破坏了法律（罪刑法定原则）？进而动摇了法律确定性的基础？

正是在此，笔者发现学者和法官都可能存在一个未思考的问题，满足规范的构成条件一定会导出规范的结果吗？这种结论没有任何法律上的理由可加以辩驳吗？难道只可能游走于严格规则

---

[1] 苏力对法教义学分析方法的缺陷作了“苏力式”的批判，他认为法教义学方法实际上有意无意地遮蔽了其背后的价值考量（在苏力看来更准确的是“政治性判断”），“任何关于许霆无罪或适用民法的主张都不是教义分析的结果，哪怕是伴随了教义分析。这些主张都必须首先有一个政治性、政策性的判断，无论主张者是否自觉。”据此，许霆案重审判决是基于两个判断：一是许霆的行为虽落入目前刑法明确规定的罪名之下，但相应的刑罚大大地超出了我们可以容忍的惩罚许霆的严厉程度。二是许霆的行为尽管反映了人性的弱点，有可原谅之处，但毕竟是这个社会不希望的行为，或希望能够减少的行为。对大多数法律人而言，是第二个判断起作用，许霆必须受到某种刑事惩罚。而这就是一种政治性判断。参见朱苏力．法条主义、民意与难办案件［J］．中外法学，2009，21（1）：99。但是，我们要追问法官和法律人为何要作这样的政治性判断呢？苏力没有正面回答，或许根本不需要回答，因为它是政治性的、是意志性的决断，而不需要理由论证。

主义（法条主义逻辑）和实质正义（公众道德直觉）之间？广州市中级人民法院的法官选择的是一条实用主义的进路，既没有否定法条主义逻辑，也让公众对实质正义的渴望得到最大程度的满足，这似乎皆大欢喜的结局却掩饰不住其理性根基的孱弱，它没有对引用《刑法》第六十三条第二款的理由作出解释，更没有对把一审判决的无期徒刑改为5年有期徒刑这种巨大的自由裁量空间落差作出解释？我们欠缺的不是"公正"的直觉和理由，也不缺乏政治性判断的勇气与决心，而是如何将这些实质性理由转化为法律上理由的方法和技艺，当然，这需要长期的经验积累机制和制度环境，需要在规范的应用过程中逐步培养对普遍性的感受力与对特殊性的尊重。

三、问题与命题

在对前面法官和学者法律思维和方法的实践描述中，我们发现法官容易游走于两极之间，要么严格规则主义（这是法治的美德之一），要么行使巨大的自由裁量权。但是，在疑难案件中，这两种做法都特别需要证成性理由（justificatory reasons）的支持。法教义学方法的论证在此案中的说服力似乎更强，至少是从依照法律的逻辑推导出的结果，实际上也有很多学者支持这一做法，认为法官严格按此规则作出判断虽有违"公正"直觉，但法律上并没有太大的瑕疵。[1] 相反，法院一反一审判决结果，把

[1] 季卫东．作为隐喻的ATM犯罪［J］．财经，2008，202（1）：138－139．季文否定了银行过失可以作为许霆减刑的抗辩理由："能不能把银行的业务过失责任作为减轻或抵消犯人罪责的缘由呢？回答是否定的。正如忘记关好门窗的户主的疏忽无法使入室行窃的小偷免除罪责一样，银行电子系统的纰漏或ATM机的故障并不能当作抗辩理由。"季卫东文主要从法社会学角度分析，一个法律上可以被认为正确的裁判为何会引起公众普遍的异议，这主要是因为司法解释的内容（"数额特别巨大"盗窃规定是3万～10万元）已与社会正义感之间发生游离。这种分析进路不是本书关注的对象，但需要说明的是，尽管从现代来看，盗窃罪中"数额特别巨大"的司法解释确有滞后于现时代的认同。但多少数额是一个可以合理接受的界限实际上本身也是有争议的，除非（准）立法确实引起无法忍受的不公，一个普通的司法机构也没有权力去更改它，况且，许霆盗窃的17万元说成是数额巨大从实质意义上讲也不是完全为过，不能简单地以此比附贪污腐败"盗窃"的数额。盗窃罪的数额针对社会经济发展的一般水平和公民平均收入。换言之，这可以用来解释公众异议的原因（cause），但却不能成为法律上一个可以证成的理由（reason）。

无期徒刑改为5年有期徒刑，这种过山车般的感觉会让任何一个理智健全的人感到不安，况且法院在引用法律规定时也没有展现其充分的理由（前面我已分析，《刑法》第六十三条第二款不可用于此）。在法官的潜意识中，只有明确的法律规定才能产生正确的判决结果，一审判决遵循的是这种逻辑，重审判决实际上遵循着同样的逻辑，只不过可能错误地解释法律条款。前者颂扬形式理性的正义，牺牲个别或个案正义是其应当付出的代价；后者体恤实质正义考量，哪怕法律有时成为装饰，尽管这种装饰非常重要。

这种表面悖反的现象，实则是同一逻辑衍生的结果。这个逻辑就是仅从法理论或法概念论的角度来理解法律规范应用的形式性，认为法律是一个描述性的概念，它具有先在形式和内容，我们无须借助价值判断便可以知道其恰当的内容。毫无疑问，这种理论的始作俑者是法律实证主义，从边沁（Jeremy Bentham）、奥斯丁（John Austin），到哈特（Herbert Hart）、拉兹（Joseph Raz），以及他们的后继者如马默（Andrei Marmor）、克拉默（Matthew Kramer）和绍尔（Frederick Schauer）等，他们在分析法概念上获得了巨大的成功，使概念含混的自然法理论一败涂地，论证的根据在于自然法理论完全混淆了“法的存在”（即法的现实有效性）与“法的应当存在”（理想法），由此发展出法律权威和义务来源的完整理论：我们可能有道德上的义务不去遵守一个有效的法律（因为它不正义或是恶法），但是不能由此否定法律本身的有效性，换言之，尽管它在道德上是邪恶的，但我们仍有法律上的义务去遵守它。

法律与道德在概念上的区隔是保证法律存在与有效的前提，舍此分离命题，法律实证主义无异向各种名目的意识形态化理论缴械投降。法律就无法从其他规则之中被识别出来，法律的自主与独立也就荡然无存。

虽然这种理论初看起来会与我们的直觉相抵触，但一旦认真分析便可发现它对现实法律体系拥有着强大的解释力。如果允许法律规则的存在与有效可以根据一个理想的价值来判断，由于道德本身的模糊性和高度可争议性，法律本身最后也会变得模糊不清。而分析法学中的概念分析方法旨在提供一套解释理论为区分法与非法给出一系列充分和必要的条件以证明法的存在。❶ 奥斯丁认为，法理学研究的真正对象是严格意义上的“法”：

> 法这一术语，仅仅适用于这样制定出来的全部规则，或者其中的一部分规则。这些由政治优势者制定的规则，是与自然法或自然法则相对而言的，人们时常将其描述为实际存在的由人制定的法，或者，描述为根据社会地位高低而产生的法。这些规则，也是与我描述为实际存在的社会道德规则相对而言的，在这个意义上，人们当然可以方便地将其命名为实际存在的社会法律规则（positive laws）。❷

奥斯丁区分实在法与自然法或自然规则的标准是政治优势者即主权者发布的命令。

分析法学的开创者之一哈特则在批判奥斯丁的命令说❸的基础上提出规则模式，认为法律是由承认规则加以识别的一套规则

---

❶ 有关分析法学中概念分析方法的论述，参见布赖恩·比克斯．法理学：问题与语境［M］．邱昭继，译，北京：法律出版社，2008，《法律、语言与法律的确定性》一书中也稍有提及。中文引介可参考邱昭继．法律、语言与法律的不确定性［D］．北京：中国政法大学，2008。

❷ 奥斯丁．法理学的范围［M］．刘星，译．北京：中国法制出版社，2002.

❸ 奥斯丁命令说最大的问题在于误解了义务的性质，格林把它总结为四点：第一，制裁论的制裁概念总是包含过广，往往将损害赔偿与无效也当作制裁。但这种扩张性解释制裁缺乏说服力；第二，义务并不赋予相对人视其是否会遭到制裁，而选择是否服从的可能性；第三，义务的存在并不取决于是否观测到违反者并施以制裁。在明知无制裁可能，甚至原本即无制裁规定时，义务仍可存在；第四，规范相对人固然可将制裁视为影响其行为方式的理据之一，但此等评估制裁的态度，即是把制裁内容、遭到制裁的可能性，与行为人自己的目标，加以相互权衡，因此不同的人在不同的情境下，会得到不同的评价。但义务却保持不变。See GREEN L. Law and obligations, in Jules Coleman and Scott Shapiro, eds. The Oxford Handbook of Juris - prudence and philosophy of law, Oxford University Press, 2002.

之集合，即主要规则与次要规则：

> 总的来说，一个法体系的存在最少必须具备两个条件。一方面，那些符合法体系终极判断标准因而是有效的行为规则，必须普遍地被服从；另一方面，这个法体系当中提供效力判准的承认规则，加上变迁规则与裁判规则，这几种次级规则必须被政府官员实在地接受，作为衡量官员行动的共同、公共的标准。[1]

作为检测一条规则是否具有法体系成员资格的承认规则存在一个事实问题。[2]

拉兹从非意志的权威论角度，论证了法律渊源命题（The Source Thesis）的存在：

> 测试法的存在与内容的充分标准只能建基于社会事实之上，而不是道德论证之上。只有在权威主体能确立权威的存在与内容不再依赖提出权威当时已解决的相同问题时，主体才能够从权威的决定中受益。如果法律的目的在于解决道德纠纷，法律必须能识别出来，而无须需通过解决相同的纠纷。因而，法律为它的渊源所穷尽。[3]

渊源命题[4]、安置命题（The Incorporation Thesis）[5] 和融贯命题（The Coherence Thesis）[6] 共同完成对法律的存在是一个具

---

[1] 哈特．法律的概念：第二版［M］．许家馨，李冠宜，译．北京：法律出版社，2006：110.

[2] 哈特．法律的概念：第二版［M］．许家馨，李冠宜，译．北京：法律出版社，2006：104.

[3] RAZ J. Ethics in the Public Domain［M］. Oxford：Clarendon Press，1994：219.

[4] 渊源命题：所有的法律都是以渊源为基础的。

[5] 安置命题：所有的法律要么是以渊源为基础的，要么是被以渊源为基础的法律所赋予的。

[6] 融贯命题：法律是由以渊源为基础的法律所构成的，并且它经过了道德上最充分的论证。

有正当性权威的社会事实的论证。因而，拉兹的渊源命题论证克服了奥斯丁缺乏正当性（无法区分义务与被强迫）的命令论，同时也克服了哈特规则论（基于“内在观点”的社会实践）无法为行动提供理由的欠缺，具有相当的包容性和整合能力。但是，在拉兹的渊源命题为法律的存在创造一个无缝隙的渊源（gapless sources）时，事实与规范的区分达到一个极致，规范应用的过程因此完全可以在概念上区分出法律的适用与法律的创造，尽管在实践中不是很容易做到这点。前者（主要是规则）的适用无须任何评价性的考量，而后者是法官通过发挥自由裁量权来填补法律的缝隙。因此，在法律规范的应用上，拉兹的理论与哈特基本一致（尽管比哈特更加精致与完善）：在应用既定的或先在的法律（通过承认规则识别或通过渊源命题论证）于个案事实上时，法官不需要评价性考量，而是直接适用。这种直接可以适用案件大多都是简易案件，而无法直接适用的则是疑难案件。

由此看来，虽然法律实证主义是一种关于法律性质的理论，但其理论也间接地指向了法律方法。尽管哈特承认他对法院裁判和法律推理理论谈论得不多，❶ 但他在对法律开放结构的论述中已隐含一种关于法律如何应用的理论（涵摄与自由裁量论证）；同样，拉兹直接谈论法律推理与论证的著作也不太多，❷ 但他以理由论为基础的权威命题也隐含了排他性理由的规则推理模式。正如麦考密克所言，法律推理理论需要法理论，反之亦然。任何

❶ 哈特在回应德沃金的批评时谈到这是自己的一个缺陷，参见哈特. 法律的概念［M］. 许家馨，李冠宜，译. 北京：法律出版社，2006。

❷ 拉兹在《公共领域的伦理学》中专门谈到了法律推理的自主性问题。See RAZ J. Ethics in the Public Domain［M］. Oxford：Clarendon Press，1994. Also see RAZ J. Reasoning with rules［M］//FREEMAN M. Current Legal problems 2001（Volume 54）. OVP Oxford，2001. 中文对拉兹的法律推理理论研究的文章，可参见陈景辉. 规则、道德衡量与法律推理［J］. 中国法学，2008，(5)。

法律推理的说明都对法的性质作了预设。同样地，关于法律性质的理论也可以在它与法律推理的关系上得到测试。[1] 拉伦茨也说：即使每个实证法体系的法学会各自发展出特有的方法论，其最后要解决的仍是同一问题：如何适当地认识“法”这个事物。并引用里费尔的话说，不管愿不愿意，方法论会导向哲学。即使方法论本身没有意识到，每种方法论都有相应适切的法哲学。[2]

在这里提及法理论与法律方法的关联，不是要认为法理论一定预设了特定的法律方法，毕竟法律方法（如法律推理）中关注的不是“法是什么”这样的抽象问题，而是具体案件应用过程中“法是什么”；但是，如果法律方法的运用不加以法律观的反思，法律方法可能就会存在盲目飞行的问题。以哈特、拉兹为核心的法律实证主义所隐含的法律解释与推理理论正是我们需要反思的对象。法律实证主义以规范为中心构建其理论平台，而法律方法当然是关注现行有效的法（即实在法）的应用问题，因此法律方法的讨论无法脱离它们而展开。法律规范从其存在与有效性的角度来理解（法概念论），它具有形式性和规范性（普遍性）的特点，[3] 法律规范的这种形式有效性与法律规范如何正确地应用存在一种紧张关系。它的应用不能完全排除实质性的评价考量，而法律实证主义在法律规范的应用问题上倾向一种绝对或排他性的形式性理解（未必是概念法学），这种形式性要么由哈特式的语义学的法律意义理论提供，要么由拉兹的权威论的排他性理由来保证，它们最大的问题在于以一种悖反的方式消除了规范应用过程中存在的紧张关系，也即我们称作为概念性空间

---

[1] MACCORMICK N, Legal Reasoning and Legal Theory [M]. Oxford: Clarendon Press, 1994.

[2] 拉伦茨. 法学方法论 [M]. 陈爱娥，译. 北京：商务印书馆，2003.

[3] 萨默斯认为，法律形式性特征是以某种方式独立于法的实质内容。形式性结构是一回事，它的实质内容是另一回事。See SUMMERS R. The formal character of law [J]. Cambridge law journal, 1992. 51 (2): 242.

(conceptual space)[1] 的存在。但正因为这个概念空间的存在，法律方法才显示出其实践的意义（经验与伦理维度），而不是一些僵死的教义性规则（Canons of interpretation），由此我们可以来重新理解法律解释与法律推理、法律论证的关联，同时也理解法律规范是如何被应用的，具有怎样的形式性。文章的论题将围绕以下问题展开，每个问题背后包含了一些核心性的命题主张。

（一）法律规范被应用的前提

问题说明：法律规范被应用的前提性问题包括法律规范的存在、以什么形式存在以及分属不同领域的规范与事实如何可能沟通？存在几种可能的类型：形式性的法分别有外在严格的形式主义，如罗马法和圣经中的形式主义；抽象的形式主义，如概念法学，两者虽形式不同，但都以事实去适应形式；实质性的法，分别有抽象的自然法和事实、社会性的活法，形式消融于实质之中，两者合二为一。这几种可能的形式都使法律规范应用的概念空间不复存在。

命题一：事实与规范之间不可能存在形而上学的一一对应关系。

命题二：现代法律规则是规制性或调整性制度（regulative institutions），而不是纯粹构成性或自主性制度（constitutional or autonomous institutions），前者的应用需要评价性考量，规则的应用不是直接或简单地适用逻辑三段论或演绎推论（荷兰法理学者

---

[1] 这个语词要表达的是这样一种主张：即法律推理过程不是直接从规范到事实（up - to - down）或事实到规范（down - to - up）的逻辑过程，犹如立法与司法之间没有任何间隙存在一样，这种空间的存在表明法律规范的应用过程有实质性争议，需要评价性考量，需要一种实践智慧。戴维·代兹豪斯认为法律实证主义因为主张分离命题而有消除这种概念空间的倾向，但他认为这不是法律实证主义的传统或者是当代法律实证主义的缺陷，法律实证主义传统应该重新建立起法律与政治的内在关联，复兴边沁式的实证主义。See DYZENHAUS D. The Genealogy of Legal Positivism [J]. Oxford Journal of Legal Studies, 2004, 24 (1): 39 - 67.

Haag 把这种推理比喻为“容器”）；而后者一般是直接适用，不用考虑实质性理由，如各种游戏规则。

（二）法律规范的意义决定规范的正确应用吗？

问题说明：疑难案件中的争议大多不是语词或概念争议，而是法律规则能否应用于具体案件的事实中，必然涉及评价性考量和各种法律理由之权衡。哈特的开放结构命题缺陷、富勒对哈特的批判也存在这样的错误，他们之间在这点上的差别在于哈特认为规则应用由法律语言核心意义所决定，开放结构时行使自由裁量；而富勒认为要考察立法者的目的。

命题三：法律规则的意义（the meaning of a rule）不能决定法律的应用。

命题四：法律规则的排他性理由（exclusionary reasons）不是绝对的，不是排除了所有实质性理由的考量，因此也再次说明了法律规则的应用不是自动的（self - applying），即使既定案件事实符合法律规则的操作性事实（operative facts）。（拉兹的排他性理由继续推进了哈特法律实证主义的目标，通过权衡各种理由证成后的权威论来支持它的法律渊源论和法律推理理论，这一理论必定不可靠。）

（三）法律规则、原则之关系及应用方式

问题说明：因为规则的应用不是全有全无，它有时也需要权衡，也具有分量的维度。如同一位阶法律规则之冲突，无法用效力位阶规则解决冲突；还有规则存在可辩驳性。经过权衡后的原则也只有一个原则发挥作用，而另一个失效。原则本身不具有分量的维度，它只有结合具体案件中的事实才能确定其分量（竞争性的理由）。所以，法律规则的规则性（排他性意义上）不是由法律的规范性标准（包括法律原则本身）所固有的特征，而是在裁判者应用规范之后所具有的特征。德沃金错误的根源在于误解了法律规则的有效性或存在与法律规则应用方式之间的差别，法律规则的有效性或存在只能是全有或全无。

命题五：规则与原则不存在逻辑上的差别，而存在引导行为上的程度差别。德沃金（包括其他法学家）认为规则是全有或全无的方式应用，而原则具有分量的维度，这种观点是错误的。

（四）法律规范应用的逻辑

命题六：规则应用不等于三段论或演绎推理，即使最简单的案件中也不是这样的。三段论推理是经过裁判者作出相当的规范判断后重构的逻辑过程。主张这点并不是要反对三段论推理，而是要看到三段论真实的运作过程，尽管在现实中，大多数案件因为实用主义之考虑不可能会提及先前的判断本身。

四、研究缘起与目标

记得入学之初在法大听於兴中老师讲课，於老师以其游学海外高等学府的资历与阅历，谈及了西方21世纪法哲学发展趋向。我等对海外法哲学虽略有耳闻，但终究是道听途说，这次能亲听“经历”过的人讲西方法哲学最新动态，不免欣欣向之。由于入学后要研究法律方法这个方向，所以关注点自然与此有关，在於老师所列举的十几个可能的趋向中，笔者对司法行为的理论饶有兴趣。因为论题多的缘故，老师没有对其一一详解，只是在主题下面列举了几个分题：一是自由裁量权的问题；二是特殊性虚空；三是可辩驳性推理。对于第一个问题我们都非常熟悉，以致无须解释就好像知道它的意思，但恰恰最熟悉的问题却经常是最令人头疼的问题。[1] 从某种意义上说，法律方法所有的问题可能

[1] MORAWETZ T. The Philosophy of Law: An Introduction [M]. London: Macmillan Publishing, Co., Inc., 1980.

都与此有关，因为法律方法最终是要为作出正确的法律裁决而服务，而何为正确？如何又可能达到正确？法律文本能保证我们得出正确的结论？法律文本又如何理解或应当怎么理解？因此，无论抽象的法律解释、法律推理的客观性与确定性问题，还是涉及更为具象的法律方法操作与具体案件之解决，都与作出各种选择有关，以及随之而来的对它们正当性的拷问。法律方法既为在各种选择之间提供了路径和正当性论证，同时也试图控制自由裁量权的任意行使。但对这个问题可能没有最好，只有更好的答案，它牵涉规范与事实之间的永恒紧张。无论是德沃金基于原则论的最佳建构性解释，还是阿列克西的程序性的法律论证理论，似乎都无法找到一个令人满意的答案。[1] 当然，我不想也没有能力去发展出一种法律方法去解决这么一个难题，因为自由裁量权不是有或没有的问题，而是多或少的问题。

放下这个难题，转向第二个分题，即特殊性虚空（Particularity Void）。这个概念对法学界来说相对陌生。它主要意指什么？它与司法行为，进而与法律方法有什么关联吗？直到现在我也不知道，这个语词是谁最早使用的，在什么领域使用的。但是，有些法理学者在用这个词，如在《作为实践理性的法律》中[2]，达特蒙德（Michael Detmold）用这个词来表达裁判（adjudication）与其他次立法性解释（sub - legislative interpretation）的区别，因而它是裁判的一个重要特征。在他看来，裁判是裁决

---

[1] 德沃金与阿列克西在基本权利冲突（原则理论）问题上分别采取了实质主义进路（最佳的道德证成）与程序主义进路（与涵摄具有相同的结构形式的原则权衡），然而，德沃金的唯一正确答案的命题无法摆脱价值多元论的质疑，而阿列克西精巧的程序立场以及对作为最佳化诫命的原则的循环定义掩饰不住其理论内在的虚弱，在祖卡看来，阿列克西的权衡理论在诸多方面比德沃金的命题更成问题。See ZUCCA L. Constitutional Dilemmas：Conflicts of Fundamental Legal Rights in Europe and the USA［M］. Oxford：Oxford University Press，2007.

[2] See DETMOLD M J. Law as Practical Reason［J］. Cambridge Law Journal，1989，48（3）：436 -471.

具体的案件，而次立法性解释不是这样。比如，有一部关于机动车的法律，它涵盖了各种机动车。我们在解释机动车这个词时，可能会说包括摩托车，因为它具有与机动车相同的逻辑特征。因此，我们会说，这部法律涵盖了摩托车这个类型。但这还不是裁判，而只不过是次立法性解释。因为我们无论如何精确地界定这个语词，如车辆这个词具有 a，b，c，……n 特征，我们得到的仍不过是一类具有 a，b，c，……n 特征的语词，它还不是裁判。裁判是把法律上的类型应用于特定案件中。假设 a，b，c，……n 特征是定义最后的精致化表述，仍然存在如何把这类精确的类型应用到特定案件中的问题。这个问题就是所谓的特殊性虚空问题。通常把精练定义的过程称为具体化（particularization），但实际上只是语词的变体，因为无论如何精练定义，它仍然是普遍的。在最为精练的语词与特定情形之间存在巨大的逻辑差异，同样，在解释与跨越特殊性虚空之间也存在巨大的逻辑差异。

在达特蒙德看来，特殊性虚空的存在是因为特殊性乃一神性事物（the god - head），无法用普遍化的东西去跨越，因此他属于爱的领域。他认为哈特与拉兹一样，通过不断地精练定义来解决应用规则问题，这不是真正的具体化，只是一种次立法性解释。特殊性虚空仅仅是尊重特殊性，不是与特殊性相关的普遍性特质，也不是对其精练的 A、B、C 等特征，而是尊重特殊性本身。达德蒙德明显受到晚期维特根斯坦和德国神秘意志主义的影响，使他对法律规范的应用导向一种亚当·斯密式的道德情感主义。❶ 然而，他利用特殊性虚空来解释裁判的性质非常地具有启

❶ 参见 Neil MacCormick 的论文 Particulars and Universals 和 Claudio Michelon 的文章 Parctical Reason and Character Traits：Remarks on MacCormick's Sentimentalist Theory。See BANKOWSKI Z，MACLEAN J. The Universal and the Particular in Legal Reasoning［M］. Burlington：Ashgate Publishing Limited，2006.

发意义，也影响了包括班考夫斯基（Zeno Bankowski）[1] 在内的一些研究法律推理的学者。笔者对他们著作的研读也影响了对法律方法问题的思考，它提供了一种反思与批判性的态度，同时也加深了司法行为性质问题的认识。

第三个问题是可辩驳性推理（defeasible reasoning）。何谓可辩驳性推理？它与我们常见的演绎推理、归纳推理与类比推理有什么区别？这个在国内谈论的人也不多，[2] 当然这与我们对推理类型的传统看法有很大关系，一般认为推理的类型可以分为形式推理与辩证推理，前者为推理之典型，后者为特殊情境下的推理。[3] 前

---

[1] 芝诺·班考夫斯基目前是爱丁堡大学法学院知名的法理学教授，他的著作《正直地生活：法与爱的交融》集中地体现了对法律推理中特殊性虚空问题的讨论，他认为法律与爱不是矛盾的，可以相互沟通，才不至于法治（Legality）变成法条主义（Legalism），法律推理成为一种机器模型。他从法伦理学的深度（生活在法治之下意味着一种什么样的生活?）来思考法律推理以及欧洲共同体的法律建构问题，具有相当的洞察力。See BANKOWSKI Z. Living Lawfully：Love in Law and Law in Love［M］. Dordrecht：Kluwer Academic Publishers，2001.

[2] 於兴中. 人工智能、话语理论与可辩驳性推理［J］. 法律方法与法律思维，2005（1）：115－129；邱昭继. 法律中的可辩驳性推理［J］. 法律科学，2005（4）。但它作为一个法律概念已存在好几百年，1948 年哈特在《责任与权利的归因》一文中也谈到可辩驳性问题，但他主要指概念的可辩驳性，而非规则的可辩驳性。王鹏翔在德国基尔大学的博士论文就是可辩驳性推理，遗憾的是本人不懂德语，无法拜读。

[3] 形式推理与辩证推理（有人亦称之为实质推理或价值推理）之分为我国法学界、特别是法理学所普遍接受，这种区分的标准主要依据推理是否按严格的逻辑形式来进行，要求形式逻辑的为形式推理，而无法或不应按形式逻辑来推理的则为辩证推理。这种看法充斥于法理学各大教科书中，成为没有“版权”的公共话语，兹参见舒国滢. 法理学阶梯［M］. 北京：清华大学出版社，2006：340－342。其实，只要认真分析各种推理类型之间的关系，便可发现这种区分有其不可克服的内在矛盾。形式推理的三种类型，严格意义上讲只有演绎推理才遵循形式逻辑的规则，而归纳推理主要依靠的是经验，而类比推理的关键在于如何找到类比的相似点，这无疑需要作出价值判断，而不是或主要不是逻辑问题。因此，说它们无须诉诸价值判断而直接可运用形式逻辑推理的简单案件，是缺乏根据的。而辩证推理的方式在法理学中缺乏深入的阐述，只流于空泛的几种疑难案件情形中的说明。更成问题的是，把辩证推理等同于实质性的价值判断（更有甚者等同于或包括法官个人的情感好恶），而否认其“形式”的面向，从而无法说明辩证推理作为一种法律推理的类型，其法律性是如何体现的。正因为如此，很多持小逻辑观的学者，认为法律推理的形式仅有演绎推理一种，因为推论在于从公认的前提中推出必然性结论。而实质推理或辩证推理具有“泛法律推理”之嫌。参见郑永流. 义理大道，与人怎说？［J］. 政法论坛，2006（5）：180。本人并不赞同这种小逻辑观，因为法律推理的正确方式不是演绎推理，不仅是因为演绎推理存在局限，而是因为法律推理本身的可辩驳性。也正因为此，把法律推理严格地区分为形式推理和辩证推理的说法，忽视了法律推理过程中的多样性与复杂性，没有深入把握法律推理中形式与实质的内在关联。

述常见的推理类型主要是一种单向度的推理（monotonic reasoning）模式，即前提－事实－结论，无论是偏向规则为中心的演绎推理，还是偏向判例为中心的归纳推理或类比推理，大体都符合这种模式。而可辩驳性推理则认为这种单一的模式只具有暂时的正确性，当条件发生变化后，论断的正确性也会发生变化。规则的选择、理解与应用，法官往往需要反复思考、权衡各种利弊，最后作出一种合理合法的结论。❶ 法律话语理论和人工智能的最新研究为此种推理形式提供了坚实的基础，但本人以为，法律推理之所以是可辩驳的，最重要的一点，正如富勒所言法律乃是使规则服从治理的事业，法律作为调整性的规则体系（regulatory system of rules），不同于自主性的规则体系（autonomous system of rules），它的应用始终无法脱离目的与评价性的考量，它必然会关涉到法律规范的形式性是如何正确地应用于具体案件之中的，仅从规范的形式性特征中并不能在所有情况下获取正确之结论。因此，可辩驳性推理承认多种合理的解释性决定的可能，因此它是对必然性结论的一个否定，只可能存在此时此地更合理的结论，它有一定的普遍化之可能，但不具有必然之属性，而是承认程度的差别。但是关键的问题是：在法律推理中引入伦理的维度时，就会面临着法律的不确定性和权威问题，即何种实质性理由的考量才能成为法律上可辩驳性的理由呢？毕竟一个完备的法律推理理论必须要能够解释两个基本的问题，或者说需要两个标准：一是此理论是否能说明解释是如何被限制的，这等于回答了法律的不确定性问题；二是这种限制是否提供了权威问题的合理答案。❷ 在此，法律可辩驳性理论与法律论证理论关系密切。

---

❶ 於兴中．人工智能、话语理论与可辩驳性推理［J］．法律方法与法律思维，2005（1）：115－129.

❷ KLATT M. Making the Law Explicit：The Normativity of Legal Argumentation［M］．Oxford：Hart Publishing，2008.

以上三个问题是司法行为理论必然涉及的最为核心的问题，三个问题之间具有某种内在的关联，对其中一个问题的回答也隐含了对其中另一个问题的回答。跨越特殊性虚空是每一次裁判都要经历的过程，因为从严格的意义上而言每一个案件都是特殊的，无法简单地涵摄于普遍和抽象的规则之中。在达特蒙德看来，这不完全是因为规则本身的抽象性和规则语言的模糊性，而是因为每一案件和情境都是独一无二的，我们无法让规则自身来决定规则是否可以应用于当下情境。班考夫斯基也认为，一条规则是否能正确地应用，它不仅取决于规则的意义，而且取决于特殊的情境，因此，我们每次的裁决都是全新的，需要我们作出决定，而不是由规则的意义来决定我们，否则人的自主性就无从谈起，规范的应用就会越来越像计算机体系的运行。[1] 这些学者对法律规则的应用、特别是法律推理的研究，是要我们关注规范与事实沟通过程中“事实”的向度与深度，法律实证主义传统因为过于关注规范本身，其隐含的法律推理理论（以哈特和拉兹为代表）更强调规范应用的形式面向，因此也容易导向从法律资料本身的形式性（规则和原则等）来理解法律应用的“形式性”，这样表面看来确保了法律的确定性和可预测性，但却忽视了个案中“更多正义”的实现，或认为某些个案的正义就必须为此付出的代价。在此，我并不是要声言一种实质性判断或论证在法律应用中的优先性，也不是在所谓的形式正义与实质正义（或形式理性与实质理性）之间作一个非此即彼的选择，而是要考虑这些特殊情境中的“事实”（一般表现为疑难案件），它如何可能或不能成为一种法律上的正当理由，从而不应用一规范或应用另一规范于此情境中。

如此看来，法律的形式性只能从作为整体的法律话语的社会

[1] BANKOWSKI Z. Living Lawfully：Love in Law and Law in Love [M]. Dordrecht：Kluwer Academic Publishers，2001.

实践中来解释，而不能从法律资料的形式性中获得解释。长期以来，我们过多地纠缠于从法律的性质或存在论（ontology of law）层次上来理解规范应用中普遍（规范、形式）与特殊（事实、实质）之间的紧张关系，使得它们之间要么成为相互对立的一对范畴，要么成为表面上统一而内在分离的关系。主张形式理性具有绝对的排他性，或优先于实质理性，是产生此种看法的根源所在。由于中国当前缺乏法教义学传统，法官的思维往往自觉或不自觉地为一种实质主义的法律思维所主导，抛却普遍规范的约束，而从结果的实质出发反向推导出结论，有损于法治的形式理性所确保的稳定性与确定性的功能预期。因此，基于此种担忧，很多学者强调形式理性或司法的形式性对于当下中国法治建设的重大意义。❶ 这种主张当然具有很大的论证优势，并确实具有重大的现实意义，无论是对于法学还是法治。法律规范如果具有普遍有效的形式性，它必然在应用过程中也排除一些实质性因素的考量，但这并不是说，它所有情形中都必然如此，换言之它不可能排除所有实质性理由的考量。因此，本书试图论证这样一个主张：法律规范应用中形式（理由）与实质（理由）虽有紧张，但不是对立的关系，而是相反相成的关系，从某种意义上讲，可以把规范应用中实质性理由看成法律制度演进的反思性因素，它内在于法律的形式性中而不是游离于其外；法律的形式性也不是

---

❶ 陈兴良教授近年来致力于刑法方法论的研究，也因此特别关注刑法规范应用中形式与实质的关系，并认为这是刑法中最重要的一个课题，但也是极为混乱的一个问题。《形式与实质的关系——刑法学的反思性检讨》（见《中国法学》2008 年第 6 期）一文从犯罪的形式概念与实质概念、犯罪构成的形式判断与实质判断、刑法的形式解释与实质解释三大方面对这一问题进行深入地探讨，它对犯罪的概念论与犯罪构成判断（应用）作出的区分，具有重要的法律方法论意义。但囿于罪刑法定严格形式主义的理解，并基于当下中国法治和法学的切实需要，强调形式理性、形式判断优先实质判断、实质解释不能逾越罪刑法定原则似乎对形式与实质在应用（也即方法论）层面的紧张关系及其意义缺乏深入的把握。持相似观点和立场的人颇多，参见宋振武．论司法的形式性与公正性［J］．烟台大学学报，2006（1）．

隔绝于实质性理由，而是以某种方式源自于实质性理由之中。[1]

如果说法律方法的核心问题是如何在规范与事实之间实现有效的沟通，那么，规范应用中对特殊性虚空的强调，实则是对案件中事实的法律意义的强调。对于是否存在特殊性，有两种认识论的极端立场需进行批判性的省察。第一种认识论立场认为特殊性总是消弭于普遍性之中。我们唯有通过概念或规则才能把握它。第二种认识论立场认为特殊性是一种神秘存在的事物，只有通过瞬间的体悟才能认知。前者是方法论实证主义（methodological positivism）[2] 最重要的特征，它最终否认特殊性之存在，或认为特殊性根本毫无意义，有的只是对不同事实的描述。[3] 后者倾向于一种唯意志论的神秘主义方法，认为特殊性个体中总蕴含着总体性的精神。[4] 这两种认识论立场都成问题，要么主张理性所保证的绝对确定性，要么理性根本无所作为。我认为，案件中特殊性的存在有其独立的法律意义，也就是说，它可能会产生规则应用中隐含的例外（implicit exception），它无法事先在规则中以“除非”的形式加以列举和排除（explicit exception），正是这种隐含例外的存在才使得可辩驳性推理成为可能。否则，如果所有的隐含例外最终都以明显的例外包容于规则之中，法律推理的形式也就都可以转化为演绎推理。也正因为此，法律的不确定性始终伴随着法律规范的应用，我们无法预知下一次隐含例外的可

[1] MICHELON C. Being Apart From Reasons: The Role of Reasons in Public and Private Moral Decision – Making [M]. Dordrecht: Springer, 2006.

[2] 对这一方法论立场进行的批判，可参见 URBINA S. Legal Method and The Rule of Law [M]. Dordrecht: Kluwer Law International, 2002。

[3] SIMMONDS N. Judgement and Mercy [J]. Oxford Journal of Legal Studies, 1993, 13 (1): 52 – 68.

[4] 达特蒙德对特殊性虚空问题的看法有此种方法论倾向，这明显受到诠释学和浪漫主义哲学观念的影响。李猛博士指出了它对德国“法治国”实质化产生的深远影响。参见李猛．除魔的世界与禁欲者的守护神：韦伯社会理论中的“英国法”问题［M］//李猛．韦伯：法律与价值．上海：上海人民出版社，2001：178。

能存在，因此，也总无法消除自由裁量[1]，正如我们在法律中无法消除实质性争议一样。[2] 但这不是悲剧性的结果，也不是使法律变得一次次坏了又坏了的记录（法谚：疑难案件引出坏的法律），我们应关注的是法律争议（以及由此揭示的法律不确定性）在法律证成中的建构性力量及对法治的意义，也即承认多样性与多元性价值的实践对法律制度发展的内在的构成性意义。[3]

[1] 德沃金试图通过发展一种“原则”理论来消除自由裁量的做法，根本无济于事，相反在某种意义上还加剧了不确定性，相关讨论和评论参见於兴中．德沃金关于法的不确定性和自主性的看法［M］//於兴中．法治与文明秩序．北京：中国政法大学出版社，2006：132－142。

[2] 实质性争议不同于语词争议（verbal disagreement）或概念性的争议（conceptual disagreement），它是一种规范性争议（normative disagreement）。语词争议如英语中的“Bank”一词是指“银行”还是指“岸堤”；概念性争议如“禁止任何车辆进入公园”规则中的“车辆”是否包括婴儿的手推车；规范性争议如“禁止在火车站睡觉”的规则是否适用于等待延误的火车而打盹的旅客。当然，有些概念本身可能具有实质的可争议性（essentially contested concepts），如“重大过失”“显失公平”，一些行为是否能包容其中存在实质性争议。

[3] 批判法学与后现代法学夸大了法律确定性的存在及其破坏性力量，而没有注意其生成性的建构作用。同样，德沃金虽认识到法律争议的存在，并对其渊源与类型作了详细的阐述，但他也低估了法律不确定性所具有的意义。See BESSON S. The Morality of Conflict：Reasonable Disagreement and the Law［M］. Oxford：Hart Publishing，2005：67. Also see VEITCH S. Moral Conflict and Legal Reasoning［M］. Oxford：Hart Publishing，1999：6. 冯象博士也洞察了这种不确定性在价值多元的法治化时代所具有的根本不可克服性：“诸如言论自由、隐私权之类宪法权利或基本人权，在诉讼中是角力着的道德立场和意识形态价值的代名词。所谓‘难办’，并非代表这些价值的权利在理论上发生冲突而难以配置，甚至也不是具体案件处理上的经济或社会效益的最佳产出；而是在日趋法治化的社会里，充当大写的理性倾向的法律已经无法解决道德价值间的冲突。因为法治倡导和包容多元价值，我们拿不出任何正当合法而又令自己信服的理由，去要求他人改变道德立场。”参见冯象．案子为什么难办［J］．读书，2000（11）：75。显然，冯象的分析具有一种批判与实用主义的立场，对不确定性所蕴含的自由价值和积极意义未给予充分认肯。

第二章　法律推理或一般法律方法论的元问题

一、方法论争论

在当前中国法学界，对于法律方法本身的研究，其方法论一直是模糊不清的。最重要的是未能厘清理论与实践的关系。因为人们可能在不同层次谈论理论与实践的关系，这导致了相当多的混淆。其最为核心的问题是，理论与实践能否作出区分，在何种意义上区分，为何要进行区分？这本身涉及对理论与实践性质的双重理解。大概存在几种常见的观点：

第一观点认为，理论是描述性的，而实践则是经验性的，两者处在不同的层次，应该并可以加以区分。以法律推理的理论与实践为例，持这种观点的学者会认为，法律推理本质是一种实践活动，只是将法律如何运用于实践的具体做法而已，因此在法律实践中只存在一个个具体的法律推理方法，而不存在某种系统的法律推理理论。这种分离观点最基本的哲学根据在于，实践是经验性的，因而也是个别的，它是特定时空和制度语境中的个体或群体对特定的行为作出的反应，尽管实践中有一定反思，但不一定是理论性的反思，甚至大多数不是理论性反思。实践具有无限丰富的可能，而理论只不过是对实践经验的抽象演绎或者割裂。除了哲学上共相与殊相之间这种认识论的鸿沟外，分离论还有一个更为重要的存在论根据，即实践不同于理论的地方在于实践就其本性而言是一种意志性的活动，而不是智识性的追求。它除了质疑了法律推理方法存在一个正确的可以放之四海而皆准的关于方法的理论外，还在于认为实践中的法律推理是一种实践性判断

(practical judgement)，而不仅仅是一种实践推理（practical reasoning)。我国学者朱苏力明确地表达了这种观点，“所有这些人们寄以厚望的所谓法律解释理论和方法都不像人们想象的那样可以信赖，人类发现一个又一个似乎日益完善的解释法律的方法并没有多大的进展。不仅其中任何一个都不是，而且其加总也无法构成一套方法……根本原因是，司法的所谓‘解释’，就其根本来看不是一个解释问题，而是一个判断问题。司法的根本目的并不在于搞清楚文字的含义是什么，而在于作出判断：什么样的决定是比较好的，是社会可以接受的。”❶

既然现实中的法律推理是一种实践性判断，它就不是学者理论努力的结果。因此，理论无法对法律实践达成一种“规范化的效果”，实践上的正确无法通过理论加以检测，理论也无法通过实践的知性概括而指导实践。因此不存在统一恒定不变的解释规则来保证法律决定的正确。这种观点如果成立，传统法律推理赖以建立的客观理性根基就受到根本动摇。由此可能会引发法律推理理论的两种路向。第一种直接通向后现代理论，理论之知与实践之知完全隔离，理论不但无法论证实践的正确性，也无法通过语言来表现或描述正确的实践判断，因为不仅抽象语言的表现力是有限的，而且更根本的是，实践之知往往是无意识的、隐秘的、个人化的无言之知。❷ 第二种路向相对温和，它认为尽管理论之知与实践之知不同，并且也应该加以区分，以防止理论去追求一种规范化效果，但理论仍有可能去描述并解释实践行为。它

❶ 朱苏力．解释的难题——对几种法律文本解释方法的追问[J]．中国社会科学，1997 (3)：29.

❷ 朱苏力《解释的难题》(《中国社会科学》，1997 年第 3 期）一文明显地体现了这一激进路向，不过，苏力把这些类似于艺术家创作的那种无法解释或清楚描述的经验看成是亚里士多德的“实践理性”，是对亚里士多德实践理性的误读。亚氏的实践理性不但可以加以理论解释，更重在对实践行为的理性论证。当然，他那里的理性具有价值与目的性蕴含。

既可以是社会学意义上的行为分析，也可以是心理学意义上的意识与动机分析。比如波斯纳在《法官如何思考》中开篇言明“本书强调实证的而不是规范的分析，即法官做了什么，而不是法官应当做什么……我希望我的这些论辩有说服力，或至少有助于更精确更全面地理解：法官是如何行为的，为什么如此行为，行为的后果可能为何，以及哪些智识工具适合分析这些问题”[1]。

理论与实践之间这种描述性区分可能会面临一些质疑。有学者指出描述性理论本身是反理论的，因为它存在的基础相当薄弱，必须对法律推理的实践保持一种跟随姿态，如果描述性理论与实践一致，那么它就是冗余的；如果不一致，就是错误的。因此，这种理论一开始就注定了失败的命运。[2] 分离论者可能会这样回应，描述性理论以实践为对象，当然得预设事实客观存在，但这不等于说描述性理论可有可无或者是根本错误的。描述可能会出错，也会出现差异，但绝不会是冗余的，因为描述总是基于解释或理解后的呈现，而不是对现实的白描。如果无法解释或理解所描述的对象，描述本身也就失去了意义。因此，以上质疑不得要领，它错误地理解了描述性理论在社会实践中的作用。但描述性理论仍有可能面临一种德沃金式的质疑，即我们要讨论的第二种观点。

第二种观点认为法律实践无法摆脱法律理论的嵌入，因而理论与实践不可分离。德沃金提出此种论点有一个最重要的理据是，法官在裁判案件的过程中必然会涉及理论性争论而不仅仅是经验性争论。理论争论是关于法律根据（grounds of law）的争论，它不是争论什么样的文字规定在法典中，而是争议法典与司

[1] 波斯纳．法官如何思考［M］．朱苏力，译．北京：北京大学出版社，2009：6，13.

[2] 陈景辉．实践理由与法律推理［M］．北京：北京大学出版社，2012：6.

法裁判是否穷尽了相关的法律根据。比如在种族隔离或工业意外事件的问题上，即使司法者同意曾制定何种制定法，以及执法的公职人员过去曾说过什么，他们仍会争议着法律实际上是什么(what the law really is)。[1] 如果法律实践中的理论争议确实存在，它既不是道德争议，也不是伪装的政治偏见，那么法律实践与法律是什么问题就紧密地联系在一起。法律实践和判断中必然嵌入了法律理论。英国法学家阿蒂亚也明确地表达了相似观点："事实上没有无理论支持的实践，当实用主义者声称与自己无关的时候，实际上他是在按照一种隐性理论来行事……实用主义总是自称蔑视一切理论，可是他们的行为其实通常都是建立在某种理论的基础上的，而且也在寻找某种合理性的目标，而且其之所以选择实用主义立场，主要是想避免对其目的的讨论，避免对其前提假定的审查，以及避免承担相应的责任。"[2] 换言之，在法律实践中无法离开法律理论，甚至也无法脱离价值判断，法律是什么往往与法律应当是什么问题联系在一起。陈景辉博士认为理论对法律实践具有构成性的意义：

"法律实践当中的任何做法就不仅仅是一个具体的实践操作，同时还具有重要的理论意义；法律实践当中的任何举措都具有理论意义，理论与实践早已混同在了一起，以至于无法分清何者是实践的、何者是理论的。即使是法律实践的践行者，他们的举措如果想要证明是对的，同样需要证明他们所依赖的理论是恰当的。从这个意义上讲，法律推理的理论不但构成了法律推理的实

[1] DWORKIN R. Law's Empire [M]. Hart Publishing, 1986, p. 5. 德沃金. 法律帝国 [M]. 李冠宜, 译. 台北: 时英出版社, 2002: 6.

[2] P. S 阿蒂亚. 英国法中的实用主义与理论 [M]. 刘承韪, 刘毅, 译. 北京: 清华大学出版社, 2008: 120, 124.

践，而且还会成为那个实践的后设条件。”❶

这段话中有些表述不太严谨，似乎把“实践操作的理论意义”混同于“实践操作的理论证成”，前者不仅表达了实践与理论关系的“由内向外”倾向，而且可能意味着理论与实践的某种分离，至少是方法论意义的分离。但后者不仅表达了方法视角的“由外及内”，更重要的是指明了理论与实践的同构性。当然，如果不拘泥于文句表达，他的意思还是非常明显的，实践操作的理论意义不是任何“外在”的价值，而是“证成性”的（因而也是内在的）。

第三种观点有点折中。一方面，像德沃金那样承认理论争议确实存在于法律实践中，而且不同争议的存在也是合法的。另一方面，法律实践者（如法官）的理论争议不像哲学家之间那样的抽象争议，因为他们需要在不同争议中迅速作出裁决，而不是在没有结果的争议中继续下去。运行良好的法律制度中，实践者一定会采取某些特殊的策略来化解这些不同的理论争议，而作为理论提供者的学者，不是要去充当哲学家式的法官，提供各种抽象的理论与原则，那样的原则当然有用，但更多地体现在政治上而非司法上。因此，描述并尽可能对实践进行概念抽象成为学者的任务。美国法学家孙斯坦是此种观点的代表。他认为实践中，

❶ 参见陈景辉. 实践理由与法律推理［M］. 北京：北京大学出版社，2012：9。不过书中对法律理论的构成性论说有较多的模糊甚至矛盾之处。他把这种构成性特征说成是一种以概念分析为中心的抽象化作业，以此区分理想化与描述性的研究方法，抽象化如何可能以概念分析的方式加以展现未加以言明。其实，抽象化在他那里并不是概念分析，而是概念构造，由此，理论才成为实践的构成性部分。不过，他是在塞尔的意义上来理解构成性的，认为理论就像下棋规则一样构成了下棋的实践，并且他似乎认为德沃金也是在此意义上理解理论与实践的关系。笔者认为这不仅完全误解了德沃金的理论，也误解了法律与游戏规则的根本差别。德沃金明确地表达了法律实践中理论争议的存在，而游戏规则中不可能存在对规则的争议，如果认为马不是走“日”字格而是走“田”字格，那么他就不是在玩象棋游戏。而法律中完全可能甚至经常面临法律根据的争议。

法律裁决者为了平衡社会不同意见和多元化的争论，会采取一些特殊策略以形成未完全理论化协议（incompletely theorized agreements）。[1] 这些协议里可能包括抽象原则（类似于德沃金意义上的理论），也可能包括具体的结果，而且在实践中当人们对某个抽象原则持不同意见时，他们通常朝更加具体的方向发展。因此，未完全理论化协议对于法律推理十分重要，因为法律推理作为一种实践推理活动，处于特定的制度结构之中，法律人受特定的权力结构和自身角色的约束，因而法律思维不同于经济学、政治学或哲学的思维。[2]

从整体上来看，孙斯坦从法律人思维与哲学家思维的区分着眼，意识到理论与实践区分的必要与可能，实践中尽管有理论的合理争议，但这种争议不是无限地倒退，化约为一种社会科学或法哲学的论证逻辑。相反，法律论证往往借助未完全理论化协议来达致其“自主性”的逻辑。[3] 当然，在孙斯坦看来，这种自主性不是完全绝对的，在法律渊源存在例外时仍需要具体案件具体对待的法律判断。一般性理论如同法律中的基本原则不能决定具体案件的结果，法律推理在很大程度上仍是类比推理和决疑论。[4]

二、法律理论与实践的关系再检讨

以上是三种对待理论与实践关系的基本立场和方法论，我们研究法律推理（或更为泛化的法律方法）应采取何种方法论立

---

[1] SUNSTEIN C. Legal Reasoning and Political Conflict [M]. Oxford: Oxford University Press, 1996: 4.

[2] SUNSTEIN C. Legal Reasoning and Political Conflict [M]. Oxford: Oxford University Press, 1996: 13.

[3] SUNSTEIN C. Legal Reasoning and Political Conflict [M]. Oxford: Oxford University Press, 1996: 14.

[4] SUNSTEIN C. Legal Reasoning and Political Conflict [M]. Oxford: Oxford University Press, 1996: 62-100, 121-135.

场？它们之间有正确或优越之分吗？理论与实践能区分吗？其区分的意义是什么？在何种意义上区分？很明显，这些问题在我们研究法律方法的学者中还缺乏普遍的“理论自觉”，大多都选择自己偏爱的理论立场，无论是法治论还是反法治论、司法克制主义还是能动主义、形式主义还是实质主义，都在为自己立场的正确性进行充分地辩护，激烈争论的目的是指明他人观点的错误，自己立场的真理性。不过，我们还是大致可以看出主流的方法论心态。在我们这个时代，理论多少都沾染着实践的焦虑气息，理论如果无法解决实际问题，无法指导实践，似乎变成了形而上学的幻想。因此，研究法律推理的学者，其使命就在于发现法律人推理中存在的普遍真理，进而以此指导法律推理过程，最终达成一个正确的法律结论。[1] 所有法律人似乎一开始就深深地嵌入这种“规范”也是“实践的”向度中，[2]“像法律人一样思考”不仅是那些真正践行法律的法官律师们恪守的思维与精神戒律，也是现代大学法学教授们传授给学生的核心信念与技艺。[3] 尽管在不同的国家与历史传统中，法学对法律实践经验的概念化方式存

[1] 从事实务的法官可能更希望得到理论上的指导，而不仅仅从理论出发研究法律方法。“在我国，对于法律方法的研究多从理论出发，并未形成明确而清晰的指引规则，更谈不上形成有拘束力的裁判活动规范或执业准则，对于实践中的法律适用活动不但缺乏约束和规范功能，也欠缺应有的指导功能。”参见吴树坚．关于法律方法的若干认识［G］//黄祥青，郑少华．法律方法与司法公正——第三届法院院长论坛文集．上海：上海财经大学出版社，2011：42。而输出理论的学者似乎也对“司法”规律性的探求充满期待。比如，“我对司法知识问题的研究的期望是：它是对司法命题的知识性反思与描述，并发现其中规律性的东西。”参见方乐．司法知识理论研究［D］．南京：南京师范大学，2010：32；刘作翔．司法规律及其问题［J］．河北法学，2011（12）。

[2] MINNKINEN P. Why Law is a Normative Discipline［J］. Res Publica，2005，11（3）：235－249；HASEGAWA K. The Normative Tradition of the Rule of Law：A Sketch［J］. The Annal of Legal Philosophy，2006：18－29.

[3] SCHAUER F. Thinking Like a Lawyer：A New Introduction to Legal Reasoning［M］. Cambridge：Harvard Universing Press，2009.

在差异，[1] 但是，法律作为一种“制度性的规范秩序”（麦考密克语）却是我们共享的话语形态。无怪乎，在大学成为理论工厂的时代，神学院和宗教系仍在，唯有法学院保持着职业学院的独立地位，不啻于世界最后的一块异教胜地。

在这块胜地之上，大多数学者从事法律教义（legal doctrines）的研究，他们阐述法律的基本教义（概念与原则），评论法律的发展，并建议温和的法律改革。在经典名作《法学方法论》中，拉伦茨就教导我们“假使法学不想转变成一种以自然法，或以历史哲学，或以社会哲学为根据的社会理论，而想维系其法学的角色，它就必须假定现有法律秩序的大体合理”[2]。它

---

[1] 韦伯曾经对英国和欧洲大陆不同的法律思维方式作过精细的历史社会学分析，英国表现为一种“法律作为技艺”的经验性知识，而欧洲大陆则形成了一种“法律作为科学”的理论或理性知识。身处欧洲法律传统中的韦伯，一方面洞悉了欧洲大陆习惯法的“罗马化”过程，并指出浸淫科学精神的罗马法所发展的形式理性法律与现代资本主义有“选择的亲和性”（elective affinity），但另一方面又看到英国法虽没有罗马化，却同样发展出现代资本主义制度，因此产生了韦伯意义上的“英国法问题”。参见韦伯．法律社会学［M］．康乐，简惠美，译．桂林：广西师范大学出版社，2005：182－188。对韦伯“英国法问题”的讨论，可参见李猛．除魔的世界与禁欲者的守护神：韦伯社会理论中的“英国法”问题［M］//李猛．韦伯：法律与价值．上海：上海人民出版社，2001：111－241。李猛没有正面解释韦伯意义上的英国法问题何以产生，他的主要目的在于澄清普通法实践的特殊技术与逻辑，以及更重要的是，置身于韦伯（其实也包括当下的我们）所处的现代性语境（价值多元的事实）中，普通法实践技术所具有的自由意蕴。在我看来，韦伯之所以产生英国法问题的困惑，根源在于他认为法律实践经验的概念化或理性化的方式只有一种，那就他理解的逻辑体系意义上的形式理性法。但这种理性化的方式本身就是偶在的（contingent），不具有韦伯所说的“普遍的历史意义”，它只不过借助了特定历史时期的知识与理论形态（比如晚期中世纪的教会法传统以及近世自然法），并与维系这一套知识传统与信念的制度和权力结构交织在一起。这从另一个方面解释了英国法为何能成功地阻挡罗马法的侵袭，那是因为英国法14世纪之后逐步摆脱神职人员对法律知识的垄断，由世俗贵族控制下的律师行会不仅垄断法律知识的生产，而且排除他人分享其既得利益与权力。也正因为如此，在国家理由和启蒙话语成为政治正当性的基础后，英国法的知识与权力需要“证成”自身，司法独立在英国较早推动也是情势所然。从政治结构角度研究司法对英国宪政的推动，可参见李栋．通过司法限制权力［M］．北京：北京大学出版社，2011。

[2] 拉伦茨．法学方法论［M］．陈爱娥，译．北京：商务印书馆，2003：77.

的主要任务在于对现行有效的法律规范进行解释和体系化，[1] 但这并不意味着法教义学仅是对法的分析性研究（analytical study of law），或教义性研究（doctrinal study of law），现今法教义学已超出了过去法教义学所主张的“严密不可侵犯的权威性”和抽象概念演绎的封闭体系，而采取一种理解及价值导向的思考方式。[2] 不过，这种批评被限制在体系之内，旨在实现“更多的正义”。法学仍然维系着它的身份区分，区别于法社会学、法史学，甚至法哲学，谁如果忽略这部分的工作，事实上他就不该与法学打交道。这种研究让人想起了19世纪的宗教研究，那时候的宗教研究是一种宗教实践的形式，学者接受了宗教信念与价值，并以此为基础开展研究，他们的工作主要是阐释和澄清宗教观点，当然也试图论证他们的宗教观念如何正确，区分正统宗教与异教。法学教授也非常契合此种模式，他们所研究的对象恰恰是他们所置身的法律世界，他们把自己看成这个领域的专业法律人，扮演理想立法者的角色，他们的工作就是训练下一代的法律人，占据社会的各个法律部门，就像19世纪的神学家训练牧师一样。他们有时也走下圣坛，参与立法，甚至走向法官席位。尽管现实中不是很多人获得成功，他们也想象自己变成理想中的法官，犹如德沃金心目中完美的法律学者——赫尔克勒斯——也是最完美

---

[1] PECZENIK A. On Law and Reason [M]. Dordrecht: Kluwer Academic Publishers, 1989: 17. AARNIO A. Reason and A - uthority [M]. Hanover: Dartmouth Publishing, 1997: 75. 拉伦茨. 法学方法论 [M]. 陈爱娥，译. 北京：商务印书馆，2003，112 - 113.

[2] 迈尔 - 科丁认为法教义学之所以呈现概念法学这种形象，应归责于法律家，因为他们选择了“教义学”这个用语。转引自拉伦茨法学方法论 [M]. 陈爱娥，译. 北京：商务印书馆，2003：107。需指出的一点是法教义学（Dogmatik/doctrine）本身也没有一个统一的定义，传统上把所有以有约束力的文本、成文法、判决及相关标准的权威性为中心的工作方法，都被称之为法教义学。在内容上可以包括解释和运用这些规则，并以相关概念、规则、原则为基础制定、编纂和发展法律。因此，有人认为把 Dogmatik 译为法释义学（如颜厥安和王泽鉴）似乎不妥，因为前者的内容比后者更广，同时也无法与法律解释相区分。参见许德风. 论法教义学与价值判断 [J]. 中外法学，2008（2）：167。

的法官。法学教授、立法者与法官之间的角色因为共享的知识与目的而不再有距离感，他们通过阐述他们认为法律应该是什么来阐述法律是什么。法律改革的声音不是来自法律外部的知识主张，而正是来自法律本身的内在表达。[1] 侵权法学者告诉我们应如何改革侵权法，宪法教授把大部分时间用在解释联邦最高法院过去和现在应怎样判决上。法理学也落入了这种批判与改革的模式中。[2]

置身于这种模式中的法律人很少思考它有什么问题，因为他们恰恰生活在这个规范世界之中，就像我们碰巧出生在现今的信息时代，很少会质疑为何要有手机要上网一样。相反，他们之间可能会相互批判知识的隔阂，法官和律师会批评法律学者的研究太过“理论化”而不切实际，法律学者反过来批评他们机械理解法律，或“理论”素养还不够。他们从来不会反过来追问自身主张的经验结构是什么？他们据以批评他人的根据是“真”的吗？凭什么说真的？我们能达到完美批判的清晰吗？无疑，我们没有一个阿基米德点来重新建构世界的意义，我们的批判与研究目标皆是历史的产物，具有不可避免的偶在性。[3]

---

[1] KAHN P. Approaches to the Cultural Study of Law：Freedom，Autonomy，and the Cultural Study of Law［J］. Yale Journal of Law. &the Humanities，2001，13（141）：2.

[2] KAHN P. The Cultural Study of Law：Reconstructing Legal Scholarship［M］. Chicago：The University of Chicago Press 1999：1. 尽管这描述的是美国法学院，但中国的情况更是如此，翻开法律学者和学生的“作业”，大多数都充斥着对现行法律制度“不完善”的批评，最后提出若干“立法建议”或“完善措施”。这种风格几近成为法学作业的“新八股”。

[3] 张志扬对西方哲学史上“存在”的“阴影之谷”进行了非常有创见的谱系学分析，谱系学分析的目的不像海德格尔一样是为了唤醒或救渡形而上学对“存在”的遗忘，把“我们”带到存在的边缘，相反而是要“走出”，不仅看穿西方据以自傲的形而上学史不过是意识形态史，更要看见它掩盖的裂隙与深渊。因为认识到意识形态的假象本质是一回事，能否克服是另一回事。西方哲学史上有一个非常奇怪的现象：大多数哲学家总是在假象本质的批判中承认假象本质，西方许多怀疑大师如弗洛伊德和尼采都陷入了深谷之中。需要特别强调的是，偶在论不是字面相连的“偶然”“差别”“相对”的虚无主义别名，它立足的是本体非同一又断裂式相关的悖论。参见张志扬．偶在论谱系——西方哲学史的“阴影之谷”［M］．上海：复旦大学出版社，2010：4，182。

承认这点并不是要否认法律教义研究或一般性的规范研究的意义，而是强调和重申法学研究的另一种可能性，即无须参与法律实践的批判可能。这种法律哲学研究之所以说是批判性的，不是要揭露法律学说（或教义）中的虚假信念，从法律现实主义到批判法学乃至形形色色的后现代主义基本上都是在这种意义上理解“批判”的。我所说的“批判”更接近于康德的批判哲学，即在何种程度上我们可以澄清自身的经验结构。而这种批判之所以可能，最重要的条件就是必须把研究者“自身”与他所具有的规范信念区隔开来，悬置信念不是要抛弃生活中的规范信念，那样恰得其反，而是为了创造认知清明、理智诚实和想象其他可能的自由空间。维特根斯坦的哲学是这种研究的经典范例：

> 我们应该观察生活本身，它比剧作家在舞台上表演的或者说出的任何事物都更加精彩……本书是为那些对贯穿于本书中的精神持友好态度的读者写的。我相信这种精神不同于欧洲文明和美国文明的主流精神。它们的文明精神明显地体现在我们这个时代的工业、建筑、音乐之中，体现在法西斯主义和社会主义之中，这种精神与作者的精神格格不入，志趣相左。这不是价值判断……我们的文明以“进步”这个词为特征。进步是文明的形态，而不是文明赖以取得进步的那一种特征。文明的特征在于构造。它的活动在于构造一个越来越复杂的结构。甚至明确性只是一种用以达到这个目的的手段，而不是它的目的本身。与此相反，在我看来，明确性、清晰性就是目的本身。我对建造一座大厦毫无兴趣，而有志于获得一种对这座可能的大厦的基础的清晰认识。因此，我的目标不同于科学家的目标。我的思想方式也不同于他们的思想方式。[1]

---

[1] 维特根斯坦．文化与价值［M］．涂纪亮，译．北京：北京大学出版社，2012：10－12.

维特根斯坦把哲学研究比喻成建筑学研究，而哲学家则与想把各种联系描绘出来的制图员十分相似。哲学家的目标不在于建造大厦，而在于清晰地描绘大厦本身。在此，我们必须注意几点：第一，哲学家应有清晰的界限意识，不能也不应越俎代庖去干科学家建造大厦的工作，但这并不是说哲学家的工作就更加重要或高明，而是为了让哲学家暂时地置身事外，才有可能看到科学家不会去看或看不到的整体联系或其他可能。第二，哲学家"描绘"大厦的工作不像社会学家一样的观察与描述，而是理解它们的概念性结构，这不是说社会学的描述没有理解，而是他们之间的目的不一样，社会学家（如韦伯的理解社会学）理解社会现象是为了获得事物之间的因果性关联（为何理性的资本主义仅发生在西方?），而哲学家可能会问我们是怎么理解这种资本主义的。哲学家的概念结构分析不完全与社会学的理解隔绝，社会学理解不仅是其可能条件，同时也是其反思对象。我们应该看到，社会学本身是现代性的产物，一开始就带有相当强的功能主义和政策导向。第三，哲学家恪守理智的诚实，一方面，在这个世界已经除魔的理智化时代意识到不可冒充先知而制造狂热的宗派;[1] 另一方面，也澄清自己的伦理立场，为信仰保留应有的地盘。

必须承认，要做到这点相当不容易。首先，我们会遭遇一个相当麻烦的质问，学者（包括法律学者）在开展研究时不可能是一个纯粹或本质的存在者，能够剥离他周遭的文化与社会建构，这在经验上不可能存在。即便我们假设真有这么一个外星人来研究地球人，如果他不了解他所研究的对象，研究本身也不可能完成，因为他无法理解其中的意义。为了理解法律是如何建构这个世界的，我们必须站在法律之内，但我们又如何同时可能站

[1] 韦伯. 学术与政治［M］. 冯克利，译. 北京：三联书店，2005：48.

在法律之外来研究它呢?❶ “规范性的诱惑”像一个强大的磁场，把法律学者不由自主地卷入其中，没有多少人幸免于难。即便那些具有分析取向的法学研究者，也相当认同德沃金意义上的实践参与者视角。比如，犹比纳（Sebastian Urbina）在其专门研究法律方法的著作中交代了他的分析诠释学（analytical hermeneutic）立场：

> 我们都是有所承诺的参与者（尽管并非必然是我们所有的人，也不是在所有时间，或对我们所有的法律秩序而言），但是，我们试图努力去描述我们的法律秩序，不是为了描述而描述，而是要看看我们如何可能变得更好，我们做得是否成功以及更好地解决我们的社会问题。当我们计划我们“应当做什么”时，这是一个合理的态度，认识到我们身置于何处。这并不意味着我接受了一种形而上的唯物主义，通过某种语言形式就能“复制”外在的世界。拒斥这种形而上的唯物主义迷梦，也不一定要拥抱文化相对主义，因为我们不认为参与者“内在的真”就是唯一的真。我们的法律世界应用规范性概念的“正确”来取代“真”，同时，我们的理性（不是实证主义－化约主义意义上的理性）与批判、对话与普遍性相关，而不是一种算术规则。❷

在消解形而上学之真的后形而上学时代，各种绝对主义的立场当然没有什么市场，但理性还在，我们可以用理性对话来达成共识，尽管这种共识也不是绝对的，但却是普遍性的，换言之，法律批判仍在，并将继续下去，因为我们需要看看如何变得“更好”“更合理”或“更正义”。法律与经济学研究在现今大行其道，高扬的旗帜便是其规范性立场的清晰与准确。但规范性立场

❶ KAHN P. The Reign of Law：Marbury v. Madison and the Construction of America［M］. New Haven：Yale University Press，1997：39.

❷ URBINA S. Legal Method and The Rule of Law［M］. Hague：Kluwer Law International，2002：xi.

背后自身有一个非常麻烦的问题，即它会把法律理论变成一种辩护学（apologetics）。[1] 学者要么变成维护现行法律秩序正当性的保守派，要么变成激进改革的倡导者。其结果都一样，学术研究变成法庭式的论辩。在其颇具影响的著作中，马蒂·科斯肯尼米（Martti Koskenniemi）正好描述了国际法律人（包括学者和律师）所面临的困境，务实律师的辩护立场与其职业必然具有的乌托邦潜在倾向构成难以化解的冲突。[2]

三、什么以及为何是文化－哲学方法论立场？

（一）文化－哲学性研究的基本立场与方法

正是因为理论与实践之间存在的这些张力，笔者在此引入一种文化－哲学性的研究进路。这种研究进路首先承认理论与实践张力关系的存在，并且不承诺有一种更好的方式去化解这样的冲突。表面上成功地化解，可能只是暂时地掩盖了问题，因为从其根本而言，每一种实践（包括学术研究）都有自己的真理观念（conception of truth），每种真理观念之间存在不可化约的冲突，任何理智诚实的学者都应承认这个事实，当前学术研究中一个“认识论障碍”在于相信我们仍可生活在一个单一而融贯的世界

---

[1] 比如魏因瑞伯基于矫正正义理论提出一种规范性的私法结构与模式，他极力想要表明，现行大部分实践都符合他的理论，对于那些不符合他理论的实践，他考虑的不是要修改他的理论，而是指出这些实践是相当糟糕的实践，因而需要改变。See WEINRIB E J. The Idea of Private Law [M]. Oxford: Oxford University Press, 2012. 对把价值判断（特别是道德考量）带入法学研究中另一项指控是，它把法律学术中的武断的、个人伦理偏好伪装成法学的科学性，凯尔森及另一些新康德主义法律学者是这一批判观点的主要代表，可参见 KELSEN H. Pure Theory of Law, Translated by Max Knight [M]. New Jersey: The Lawbook Exchange, Ltd, 2008; TUR RHS. What Is Jurisprudence? [J]. Philosophical Quarterly, 1978, 28 (3): 149－161.

[2] KOSKENNIEMI M. From Apology to Utopia: The Structure of International Legal Argument [M]. Cambridge: Cambridge University Press, 2005.

中，法律、道德、政治和知识能够和谐相处，构成一体。康德及一些新康德主义者的错误在于相信可以对历史的偶在性进行普遍化。我们的政治、道德与认知生活不是单一的，而是多样的，它们可能重叠，但不同一。[1] 因此，为了追求智识的诚实，我们必须悬置道德与政治信念，正如我们为了追求政治生活不可从道德角度来证成一样。从道德角度来看政治，要么把道德变成了政治的辩护学，要么把政治变成了乌托邦。在此意义上，文化－哲学研究进路的基本立场是强调理论与实践分离的必要性；教义学研究使理论与实践之间具有内在的高度关联性，是一种自我正当化的理论，即法律实践之内的正当化本身构成了实践的一部分，从事法律教义学研究的学者不是在研究法律，而是在构造法律。而从文化－哲学研究的视角来看，这些自我正当化理论恰是它研究的对象，因此，这种研究之所以可能，前提是要悬置这些正当化观念。

当然，悬置规范性信念不是放弃现实中个体的规范选择与价值评价，而是理解我们实践（如规范性命题或整体的法治实践）的建构性特点，理解法律对我们的要求不是法律真理的产物，而是我们想象的产物。因此，有必要转过身来，把这些偶在的想象性建构看成既定的（a given）或先在的（a priori），探究其形成的历史条件与概念结构。因此，这种哲学研究的方法论类似于格尔茨人类学意义上的深描（thick description），[2] 或福柯的谱系学和考古学分析方法，前者追溯概念的历史，后者考察当前的信念结构。谱系分析是为了描述与理解法律信念结构的历史和历史条

---

[1] KAHN P. The Cultural Study of Law: Reconstructing Legal Scholarship [M]. Chicago: The University of Chicago Press, 1999: 38.

[2] GEERTZ C. The Interpretation of Cultures [M]. New York: Basic Books, 1977: 3－32. 格尔茨借用哲学家赖尔“深描”一词，来说明如“抽动眼皮”这一行为如何可能得到理解，认为在“抽动眼皮、眨眼示意、假装瞎眼示意、滑稽模仿”等诸多可能理解背后存在着一个意义结构，深描就是清理和分析意义的结构，格尔茨称为民族志的阐释。

件，既可以是一般层次的分析，如现代法治的历史性条件，[1] 也可以在更为具体的层次上，如对法律制度或法律原则（教义）的时间与空间结构进行谱系学分析。不过，一般性层次的分析也不是抽象分析，它不能脱离社会实践的事例而作抽象演绎。而考古学分析则是描述我们当代法治实践的经验结构与形状，如探究法治信念结构的时间性（temporality）、空间性、主体及相互关系。法治的时间与空间有其特定的限制或疆界，在疆界之外我们没有服从的法律义务。这一点与普世想象的道德完全不同，也与不断冲破疆界的政治行动有别。两种方法进路相互补充，又相互限制，谱系学分析提供了理解的历史资源，但多样历史性的想象如何融构成特定的信念结构，则是考古学的任务。它们一同构成文化－哲学研究的方法论面向。[2]

---

[1] 需要明确一点，所谓“历史性条件”不是经验性的条件分析，如市民社会和资本主义等因素如何构成法治发生学意义上的条件。而是考察，作为一种全新的想象政治的形式，法治如何可能，它与传统理解政治的方式有什么关联，它又借助了什么样的资源来塑造这种新传统。比如，我们至少可以看到，西方对法治的现代理解，是基于两个文化根本转变的产物，一是对政治的理解经历了从神圣到世俗的转变；二是对主权的理解经历了从君主主权到人民主权的转变。

[2] 这种哲学性的文化研究在法哲学中相当少见，很重要的一部分原因在于大多数人认为哲学研究总是抽象的研究。在德国，法律哲学长期被认为是哲学研究的一个分支，具有浓厚的形而上学色彩，旨在探究法律的道德基础，而在实证法和法教义学的背景下，为了明示法律人从事实证法的一般性研究而生造了“法理论”（Rechtstheorie）一词的用法。我国虽无此学说背景，但有些人一直想当然地认为哲学是抽象的，甚至无用的。我想这可能误解了哲学本真的意义，哲学一开始并非出于纯粹求知的冲动，而是通过求知领会人生的意义，解答什么是良好生活的问题。参见陈嘉映．说理［M］．北京：华夏出版社，2011：271。法律哲学研究可能甚至应当是“具体”的，美国耶鲁大学法学院的保罗·卡恩系统地阐述法律研究的文化－哲学进路和八大方法论规则，相关论述可参见 KAHN P W. The Cultural Study of Law：Reconstructing Legal Scholarship［M］. Chicago：Univeristy of Chicago Press 1999：91 – 127；KAHN P W. Legitimacy and History［M］. New Haven：Yale University Press，1997；KAHN P W. The Reign of Law：Marbury v. Madison and the Construction of America［M］. New Haven：Yale University Press，1997；KAHN P W. Law and Love：The Trials of King Lear［M］. New Haven：Yale University Press，2000。也可参见 TUORI K. Ratio and Voluntas，The Tension Between Reason and Will in Law［M］. Farnham：Ashgate Publishing Limited，2011.

需要特别指出的一点是，我这里所谓的文化－哲学研究方法不同于分析法学所倡导的概念分析。自法律实证主义开创以来，❶ 它的一个核心任务就是要重新划定法理学研究的疆界或主题，法理学被区分为普遍（一般性）法理学与特殊法理学，或者描述性法理学与评价性（规范性）法理学。哈特在《法律的概念》中明确指出分析法学是描述性和一般性的。描述性指法理学研究在道德上的中立性，没有任何证成性的目的。❷ 一般性指法理学结论不具体关涉任何特定的法律制度或法律文化，而在于说明和澄清具有规则治理面向的一种复杂的社会政治制度的法律。❸ 因此，分析法学的工作在于一般性地研究“法律的概念”，它假定，尽管不同文化和时代存在诸多差异，但法律具有相同的一般形式和结构。哈特的追随者进一步把概念分析界定为“阐述法律的必然或本质的特征”。❹

近年来围绕概念分析以及法律理论的方法论争论成为英美法

❶ 我这里所指的法律实证主义主要指哈特开创的法律哲学及其分析方法。既不包括更古典的法律实证主义，如霍布斯，也不包括广义的法律现实主义或法社会学派。在此意义上，笔者交替使用法律实证主义与分析法学，因为前者更多表明一种本体论立场，后者倾向于一种分析法律的方法。

❷ HART H. The Concept of Law [M]. Oxford: Oxford Univeristy Press, 1994: 240.

❸ HART H. The Concept of Law [M]. Oxford: Oxford Univeristy Press, 1994: 239.

❹ See RAZ J. Two Views of the Nature of the Theory of Law: A Partial Comparison [M] //COLEMAN J. Hart's Postscript. Oxford: Oxford University Press, 2001: 8; DICKSON J. Evaluation and Legal Theory [M]. Oxford: Hart Publishing, 2001: 17－18. 迈克尔·吉代斯把概念分析的目标概括为四点：界定范畴或主题；寻求一般性知识；道德中立的立场与方法；提升对法的性质的理解。GIUDIC M. Analytical Jurisprudence and Contingency [M] //DEL MAREM. New Waves in Philosophy of Law. London: Palgrave Macmillan, 2011: 62－66.

理学的焦点战场。[1] 在此，无法全面地展开这一论争的过程与实质，但仍有必要作出一定的回应，因为这不仅关系到我们法律理论的方法论立场，也直接关系到我们如何来理解法的性质以及法律推理的关系。在我看来，分析法学意义上的概念分析基本上是失败的。第一，概念分析的目标实际上要体系化我们的概念，但这不可能做到，不同文化和不同群体，甚至同一群体内可能用同一词指涉不同的概念。第二，即便我们能够做到完全体系化，分析出一些必然的法律特性，这样的特性也无法真正提升我们对法律性质的理解。它抽掉法律的规范性内容，也误解了法律与其他规范世界的关系。第三，概念分析方法的错误根本在于它的“认识论障碍”，它假定法律有一个抽象的本质性形式或结构，这种物理学式的本质主义完全扭曲了人类活动的规范性特点。即便有学者声称，概念分析以揭示法律的理想维度为重心，[2] 但问题不在于它普遍化了什么内容，而在于普遍化本身。因为，它仅关注普遍化的形式，即必然特征。正如有学者所言，重要的不是区分理性与经验，而要区分“由于交织在多种联系中而具有的合理的、可理解的普遍性与孤零零的、只能周遍查看才能确定的普遍性。黑色是乌鸦的一种孤零零的属性，而卵生却与乌鸦是鸟并因

---

[1] Hart之后捍卫概念分析方法的学者有Joseph Raz、Brian Bix、Scott Shapiro、Julie Dickson、Rodriguez－Blanco、I. P. Farrell等，而反对者中最知名的当属Dworkin（Thirty Years on；Justice in Robes），另有不少法理学者批判这种研究方法和整个法律实证主义理论，火力最猛的是牛津大学毕业的Dan Priel，认为哈特开创的法律哲学把法律研究带入了歧途，不仅不能真正提升对法律实践的理解，而且割裂法律哲学与其他学科，特别是政治哲学和社会科学的联系。我国法理学界对概念分析的支持者不多见，主要是一些青年学者，如邱昭继、刘叶深和张超（他的论证有些矛盾，见张超．法律理论的方法与性质［J］．北方法学，2012（2）．但批评之声也未多见，我想一个重要原因在于我们缺乏法律理论研究方法论的自觉反思，“正统”的法学还忙于法律教义的解释，法理学界则多有规范主义或批判取向。我国台湾法理学界对此问题的讨论基本还停留在哈特与德沃金的争论框架中，可参见颜厥安．德沃金之诠释主义及其彻底化［J］．中研院法学期刊，2008（3）：163－197；庄世同．描述性法理论是可能的吗？［J］．政治与社会哲学评论，2007（21）。

[2] 刘叶深．法律概念分析的性质［J］．法律科学，2011，（1）：29.

此与有翅膀、两足联系在一起，这两种经验普遍性不可同日而语”❶。理解法律的概念，不是为了理解抽象的普遍形式，而是通过概念分析展现其中的概念结构及包含的一般性（或普遍）道理，这种普遍性与各种具体事物联系在一起。比如，哈特用“强迫”与“有义务”的区分否定了奥斯丁法律的命令说，似乎法律的本质特征应是规范性，而不是强制性，但我们真能把强制清除在法律之外？不说哈特完全误解了奥斯丁提出主权命令的用意，就是我们理解“有义务”时，不仅要把它与规范联系在一起，也要把它与规范性的根源，以及责任和责任的实现方式等联系在一起。“有义务”不一定直接决定法律上“应当”做或不做某种行为，比如，义务出现冲突时在法律上如何确定就不是简单的规范指引问题，它至少要联系具体的事实来加以判断。哈特为了建构自己的法律规则理论，实际上有意或无意地把奥斯丁的命令说塑造成一种违反我们直觉的类似于抢匪的暴力形象。

毫无疑问，法律的文化-哲学性研究与这种抽象的概念分析完全不同。尽管任何法的理论都必须致力于回答法的性质（the nature of law）问题，但它不像概念分析方法一样预设法有一个抽象的等待我们去发现的“必然或本质特征”，似乎一旦我们能够“正确”地澄清法律概念的特征，我们就能区分法律与其他的社会制度（如礼仪、棋类、宗教等规则），以及阐明此种区分所必然带来的意义。❷ 实际上，法律与其他社会制度的区分并不

---

❶ 陈嘉映．说理［M］．北京：华夏出版社，2011：230.

❷ Scott Shapiro 区分了概念分析要解决的两个问题，第一个问题是“身份问题”（identity question），这个任务具有社会分类学的性质，即什么时候我们可以说一条既定规则是法律规则，是什么使得它成为一条法律规则而不是其他规则。第二问题是“意义问题”（implication question），它不关注什么可以算作法律，而关注“它是法律这个事实必然会带来的问题”，比如，为什么说这条法律规则是真的法律规则？如果不遵守它是否会带来惩罚？我们有遵守它的道德义务吗，等等。奥斯丁主要关注前一类问题，而哈特和德沃金（当然也包括他本人）关注后一类问题。SHAPIRO S. Legality［M］. Cambridge：Harvard University Press，2011：12.

必然为真，不是任何时代、任何制度与文化语境中必然存在的一种现象，法律作为一种相对独立的规范秩序本身就是一种现代现象。因此，在不同的法律制度与文化之间寻找共同的本质不但可疑，而且其描述性的方法也面临无法克服的循环论证，因为对某些重要和有意义特征的判断和选择本身就在进行价值上的评价。[1] 雷蒙·盖斯（Raymond Geuss）对把政治（或政治学）看成一种应用伦理学的批评恰似可以用在此处：

> "政治作为一种应用伦理学"，意味着我们在开始思考人类社会世界时试图获得一种伦理学的"理想理论"（ideal theory of ethics）。这种方法假定，有或可以有一种叫伦理学的独立学科，它有自己独特的主题和论证形式，并规范人们对待他人的行为。它进一步假定，我们研究这个主题时，不需要持续地把它放到其余的人类生活中去，也不需要不断地反思它的主张与历史学、社会学、民族学、心理学和经济学的关系。最后，它提出了推进伦理学的方法，只需要集中关注一些一般性原则，比如人是理性的，他们总是避苦求乐，或总是追求他们自身的利益，这些原则被认为历史上恒定不变的，研究伦理学本质上在于清晰地表述出它们，研究它们之间的关系，并尽可能对其中一些原则进行某种类型的"论证"，由此得出结论，告诉人们应如何行为或生活。[2]

概念分析的学者似乎也在法律的世界中寻找一种理想的理论，一方面使得它看起来有自己独立的研究主题或范畴，但同时也失去了对法律实践的真正理解。理解法律的概念，就像理解时

---

[1] PRIEL D. Description and Evaluation in Jurisprudence [J]. Law and Philosophy, 2010, 29 (6): 654; PRIEL D. The Boundaries of Law and the Purpose of Legal Philosophy [J]. Law and Philosophy, 2008, 27 (6): 643 - 695.

[2] GEUSS R. Philosophy and Real Politics [M]. Princeton: Princeton University Press, 2008: 6 - 7.

间的概念一样，我们不仅要分析之前、现在、将来等语词，也要考察关于时间的种种说法，但不是为了在种种的说法后寻找一个更抽象的共同特征，而是要澄清我们是怎样理解时间的。当代分析法学的学者为了澄清法律概念的真正性质，一直沉浸于自己营造的概念区分中，特别是关于法律与道德有无必然联系的问题，几乎主导了法律实证主义的思维方向。相反，他们对法律实践的关注仅停留在一般性规范的指引功能上，而对于法律实践中人们是如何理解和对待法律的（当然也形成对法律概念的不同理解）缺乏理论兴趣。这导致分析法学者对待司法裁判存在两种截然不同的态度，第一种态度，以哈特为代表，很少关注司法裁判问题，认为这完全是一个本质上具有争议性的规范判断领域，无法进行一般性的理论描述，并进而提出了法律推理与司法裁决两分的命题。前者的目标在于发现法律，后者的目标在于解决纠纷。❶ 第二种态度，以博比特（Philip Bobbitt）为代表，认为法律论证或司法裁判完全是自主性的游戏。比如，他提出，在美国的宪法解释中存在六种标准的论证或模式（历史、文本、结构、慎思、教义、伦理），在这六种之外无宪法解释。他强调法律论证的“正当性”（legitimacy）与特定裁决或司法审查整体的可证成性（justification）的区分，前者等于说“我们正确地玩游戏”，而后者却说“这个游戏值得玩”。这样来理解宪法论证的形式可以用来说明它们的正当性力量，从而避免在获取它们时可能会遇到的矛盾，满足我们科学研究的期待。❷

这两种态度看起来似乎差别很大，其实都是同一思维主导下

❶ HART H. “Postcript”, in The Concept of Law [M]. 2nd. Oxford: Oxford University Press, 1994: 239 -254; SHAPIRO S. Legality [M]. Cambridge: Harvard University Press, 2011: 248.

❷ BOBBITT P. Constitutional Fate: Theory of the Constitution [M]. Oxford: Oxford University Press, 1982: 12 -13; BOBBITT P. Constitutional Interpretation [M]. Oxford: Oxford University Press, 1991: 34.

的结果，即类似于科学意义上的中立描述法律实践，尽管结合了一定的人文主义研究方法。[1] 因此，如果法律实践能够被描述，那么它一定具有某些必然的特性，即博比特意义上的“正当性”，就好比我们描述篮球游戏，我们不像社会学那样“描述”他们是怎样带球、突破或投篮的，而是描述他们如何能够“正确”地打球，比如，我们会问，他们为什么是一只手运球，而不是两只手同时运球？为什么只能是三步跨栏，而不是更多或更少呢？如果有人不这样打球，那他玩的就不是篮球这个游戏，因为篮球有自身“正确”的游戏规则，它不取决于你个人认为它好不好玩，或有没有意义。总之，这是篮球而不是别的游戏。如果法律实践缺乏这样的必然特性，那么，这样的领域就无法进行描述，只能是充满主观性的规范判断，这也就不难理解哈特、夏皮罗等人会把法律推理本身看成是自主性的，而把司法裁判仅看作是一种纠纷解决过程，可以有或应当有道德与政治判断的介入。但这样的描述不仅不符合经验事实，而且在概念上也无法自圆其说，美国宪法解释在历史上只存在这六种解释吗？美国布朗案中布伦南大法官使用的社会科学解释就很难归类于这六种解释之中。它既不是单纯地审慎，也不是简单地作伦理上的价值判断。在这六种方法之间本身就可能存在交叉，原旨主义解释究竟属于历史性解释还是属于文本解释，或中间还存在一些伦理、慎思的方法？如果只是列出一些具体的方法类型而无法精确地界定它们的范围与边界，那么，要么它们是不精确的，要么就无法有效地解释现实。况且，我们会追问，你是如何得出这“正确”的六种解释方法的？如果是经验概括，那它就无法保证这种“正确性”的纯度，如果不是经验概括，而是类似于篮球规则的人为设定，那怎么解释现实中对这些方法使用的不同看法，毕竟篮球中

[1] PRIEL D. Jurisprudence Between Science and the Humanities [J]. Washington University Jurisprudence Review, 2012, 4 (269): 270 - 321.

是没有人会争议三步跨栏是否是正确的篮球规则。如果我们不是把这些不同的看法和使用不同方法看成对“正确”规则的混淆，而是认真对待他们的不同看法，也许分析法学所追求的概念清晰会有很大改观，毕竟，法律不是游戏。

（二）文化－哲学性方法对法律推理研究的意义

前述讨论使得我们明晰了文化－哲学性进路对待理论与实践的基本立场，重申了一种无须参与法律实践而进行研究的可能性，并且着力区分了分析法学主张的一般性的描述方法。在此，需要进一步追问的是，此种研究进路对于我们研究法律推理有何意义？我首先要声明的是，这种研究方法确实有重大意义，但却不是有助于我们（特别指法律实践者）更好地提升法律推理的技能，或作出更加正确的裁判结论。毋宁是澄清和理解法律推理的可能性条件，理解法律推理过程中的信念结构，进而理解我们置身其中的法律世界，同时也为我们提供重新想象另一种法律世界的可能性。比如，在宪法解释方法中，原旨主义是一种重要的方法，但就此种文化－哲学性研究而言，它不是我们所采取的实质性立场，当然我们也不是采纳一种描述性方法，认为原旨主义或多或少是准确的，它可以通过一些事实资料而加以检验，好像真有一个宪法的“原意”等待我们去发现。这里不是要否认一些承载立宪者原意的客观资料的存在，而是说每种实践都会产生一种真知观念，“客观真实”是我们信念结构的一部分，不同的解释实践诉诸不同的信念结构，并且捍卫自身实践的正当性和权威。法律的文化－哲学研究反对存在一种“绝对正确”的法律解释方法。相反，它们仅是法律世界中存在的竞争性立场。承认这点并不是说各种竞争性方法之间无优劣或好坏之分，它们的选择纯粹是非理性的个人偏好表达。而只是不承诺一种规范主义立场，认为某种方法一定优于另一种方法；相反，它只是想表明一种方法与另一种方法之间的关系，以及解释为何一种方法此时此地会比另一种方法更为恰当。

从此而言，文化－哲学研究进路使得我们反思诸如“我究竟要做什么，以及如何可能”这样的问题。如果没有一些基本方法论问题的澄清，法律研究必然陷入无思的境地。很多学者基于规范主义立场的设定，认为法律方法和法律推理的研究就是为了法律实践（特别是司法裁判）能够获得正确规则和理性的指引，最终实现他们想象中的法治——一个确定的、由规则和理由统治的世界。我当然不否定规则和理由的作用，也不否认学者在法律方法上的规范努力，一个不需要理由的法律世界只能让我们重新着魔或返魅。但是，我们有时候要停下来看看（尽管当下仍有点不合时宜），我们的理性化确信和规范化努力究竟建构或可能建构一个什么样的世界。它真是那么确定可靠，还是在不断绝望地寻求确定性?❶ 至少我们看到或听到有些异样的声音，法律论证的理性化考量和判准实际上没有多少信服力，甚至没有多少价值。❷ 如果不是把这些不同的声音看作理性的噪声，也不是走向另一极，或假想能达成共鸣，我们就应重新检讨自己理论的出发点。所以，一方面，看到法律教义和方法与法律实践内在的规范关联，在此，理论与实践具有相当程度的同构性；另一方面，也应悬置我们的规范信念，比如对法治的信念，为理论上的批判和想象留下空间。我认为这是法哲学的一种可能态度，但并不容易。

一位研究法律论证的学者在其书的开篇自信地写道：“一项法律主张的正当性和可接受性，取决于论证的优劣度或质量。就判决而言，法官必须结合法律和事实，给予详尽、充分的论证。一项论证有力、依据充分的判决，不仅能得到当事人的认可与接

❶ FARBER D, SHERRY S. Desperately Seeking Certainty: Misguided Quest For Constitutional Foundations [M]. Chicogo: The University of Chicago Press, 2002.

❷ LEITER B. The End of Empire: Dworkin and Jurisprudenc in the 21st Century [J]. 36 Rutgers Law Journal, 2004, 36 (1): 165－181.

受，也会得到其他法官和法律职业者的支持和赞同。”❶ 在经过长篇的论证之后，在其结尾处却有点失望地说道（更准确地说应是清晰地认识到）：“综合性的动态论证模式，并不能保证裁判者能够获得一个正当的个案判断结果……具体到论证过程而言，当演绎大前提的选定、类比相似点的确定、原则的权衡、利益的衡量以及理性法律论辩无法获致正解或共识时，为了及时给出一个判决，裁判者必须诉诸个人的评价进行决断。因此，论证理论只能在承认裁判之主观性的前提下，尽量去排除、减少判决过程中的恣意和武断，或者说，以一种有限的方式，事后对裁判者所作的判决推论进行证伪式的审查。”❷

在此，难免有人会质疑，如果你研究论证的方法根本不可能达到理性上的确证，如果在一些最关键的地方仍然只是裁判者个人的价值决断，那么其研究的意义何在？难道只是学者个性化的自我愉悦，或者最多是获得一些在实践中无关痛痒，如“尽量减少恣意和武断”和“事后证伪式的审查”的安慰？我想，在从事法律方法和法律推理研究之前，需要认真对待这样的质疑，否则，我们可能还会陷入其中无法自拔。需要做的不是否定理性本身，恰恰应把理性放在正确的位置，需要搞清楚法律理由的性质，以及与之关联的规范世界与事实情境。为此，有必要从其置身的规范世界中抽身出来，才能清楚地看到我们的位置，看到很多我们以为的“事实”其实是我们想象的产物，法治亦然，它不是我们理性设计的结果或努力达到的目标，而是一系列历史偶在的资源塑造和再塑造的意义模式，它不是其他价值、利益或目标的产物，我们无法通过设计最正义或最有效率的制度来达到法治，在这个意义上，它是一种自主性的文化形式或象征性秩序。❸ 自主性

❶ 陈林林．裁判的进路与方法［M］．北京：中国政法大学出版社，2007：14.

❷ 陈林林．裁判的进路与方法［M］．北京：中国政法大学出版社，2007：259－260.

❸ KAHN P. The Cultural Study of Law［M］. Chicago：The University of Chicago Press，1999：102－103；COSKUN D. Law As Symbolic Form：Ernst Cassirer and Anthropocentric View of Law［M］. Dordrecht：Springer，2007：Ch. 7.

并不意味着像游戏规则那样的封闭系统，虽有边界却无任何时间性，虽有绝对的确定性却无任何意义。法治的自主性意味着它是一个完整的意义世界，没有它触及不到的领域，没有它无法解释的现象，“法律就是国王”（潘恩语）。因此，法律的规范世界没有法律漏洞，所谓的漏洞只是有待法律探索的领域，而法律无法认知的根本就处于法律世界之外，成为法律的他者。这里并不是说法律边界清晰或概念上确定，恰恰相反，法律的边界总保持一种开放的姿态，一方面，法治作为一种规范秩序，并不是唯一的，它经常与政治行动、经济秩序、道德规范等相互竞争，同时也相互限制，而没有哪一种形式处于绝对的支配地位。另一方面，法律规范秩序内也存在变动的可能，无论理性还是意志都可能引导法治的规范内容变化，但两者却又不能成为法治的根基；相反，有时恰恰损害法治。研究法律方法的学者不能执着于一端，也不能寄寓于规范秩序的整体融贯，我们有时需要改变观看的方式，从外在而不是内在的角度来看。所以，在这点我恰恰不赞同德沃金的实践参与者视角，因为他的裁判和法律理论完全忽视了哲学家与法官之间的区别，从而最终混淆了理论与实践的界限。从外在视角观察并不必然导向描述的形而上学，一种抽象的概念分析，表面上承诺一种道德中立的分析立场，实则内含强烈的法律工具主义诉求。[1] 文化－哲学性的方法论立场要从根本上

---

[1] 自边沁以来，法律实证主义作为一种法理论和方法，背后一直有一个挥之不去的“立法者”影像，法律去神秘化，也就是法律的工具化，从而在某种程度上，与法律现实主义的主张有暗合之处，尽管看起来没有后者那么激烈。哈特、拉兹和夏皮罗这些法律实证主义的主将多少都分享了这一看法，比如拉兹说：“一把好刀应是一把锋利的刀。同样，遵守法治是法律的内在价值，实际上是最重要的内在价值。因为法律的本质在于通过规则引导行为，并通过法院来适用这些规则。像其他工具一样，法律也有一个具体的德性，它对它所服务的目的保持中立。”RAZ J. The Rule of Law and Its Virtue, in The Authority of Law［M］. Oxford：Oxford University Press，1979：225－226. 夏皮罗在他计划理论的结尾处写道：“尽管这不是一个特别具有吸引力或浪漫色彩的描述，法律终究是一种工具。像其他所有工具一样，它能为善也能造恶。”SHAPIRO S. Legality［M］. Cambridge：Harvard University Press，2011：399. 一些对此的批判言论，see also TAMANAHA B Z. Law as a Means to an End［M］. Cambridge：Cambridge University Press，2006.

抗拒这种工具主义的法治理解，必须首先在方法上“放弃”为各种规范性承诺辩护的姿态，不是要为司法裁判如何获得个案的正当性寻找一个最佳的理论方案；相反，我们要考察这些“最佳”在现实语境中如何可能？如何面对各种竞争性的资源与主张？又如何可能获得一种融贯性的理解？这些恰恰都不是在抽象的层次上进行的，而要从一般（不同于抽象）和具体的面向考察我们法治的想象性结构。这样的研究当然是一个长期而宏大的目标，我的研究只是初步和尝试性的，知道其中的艰难，也知道可能会失败，但我仍试着去做，有一个最基本的理由，在于回应法律方法研究中去历史化的抽象性和规范主义倾向。

到这里我们必须承认，法律实践特别是司法裁决中不可避免地涉及法律理论（比如当下案件中具体可适用的法律是什么，是否应该适用等）的论争，但是我们必须注意，法官不是哲学家，他们不会去抽象地争论法是什么或法应当是什么的问题，这倒不是因为他们的思想和智识水平欠缺，而是因为他们是制度中的行动者，制度和角色限定了他们的出发点和目的，因此，相较于法律理论家，他们更具有实用主义的色彩，更看重裁判结果的可接受性，尽管这种可接受性有相当深厚的理性基础。他们的诸多观点（包括历史性的判决）都深深地嵌入他们那个时代的价值观念之中。当然，法律实践者也具有一种反思性态度，而不只是蔑视一切的纯粹实用主义。比如，普通法系传统可能多有一种实用主义的倾向，法官感兴趣的不是法律原理，而是先例和案件事实，其反思性呈现出一种经验主义；在强调对成文法严格遵循和解释的大陆法传统中，虽更为强调体系性的解释，但创造性解释也一直存在着。[1] 因此，在某种程度上，现时代的法律学者与法律实践者的距离并不是我们想象的那样大，尽管大多数指向学者的批评是他们“站着说话不腰疼”，但他们在精神气质上有很多共同的成分，即都试图为一个法律问题或法律决定找到具有正当性的论证理由，同时指责其他观点或意见不具有这样或那样的正当性。我们看到，在一些重大而疑难的案件中，学者纷纷走出书斋步入现实争论的旋涡中，大多数人都把自己设想为一个假想的法官，试图根据自己的理论为当下的案件裁判作出最佳化的论证。而法官尽管也受到特定制度和政治环境的限制，但在他们似乎统一的背后也出现了某些断裂或不和谐的声音。

但是，法律理论家的使命与法律实践者的使命不同，倒不是因为他们不“介入”法律实践中（当前对法律理论，特别是法哲学这种抽象研究批评最多的就是它们过多地脱离了法律实践，因此，大多数研究往往不切实际，没有任何实践意义与价值，特别在我们这个具有实用主义传统、特别强调理论如何指导实践的国家，这种批判几乎导致了灾难性的后果），而是他们“介入”的方式不同，他们不是直接参与法律实践中，而是以批判性分析的方式回应法律实践。法律方法的研究者无论提供了如何完美无

[1] JEMIELNIAK J. Just Interpretation：The Status of Legal Reasoning in the Continental Legal Tradition［J］. International Journal for the Semiotics of Law，2002，15（4）：325－335. 在耶米尔尼亚克看来，在法律发展的早期，法律规范被视为非人格化和超越性的权威，法律阐释者仅仅是“解释”，寻求和传递作者的意思，因为法律是神圣和原生性的语言，而现在的法律语言是人们创造的，不再需要超越性的规范权威。需要强调的是，大陆法系虽不是判例法传统，但并不意味着没有判例制度，在大陆法系的德国，判例无论是在实践还是理论研究中如今都占有重要的地位，日本和中国台湾也是如此。我国近年来也有学者在最高法院创立案例指导制度之际，力主引入和研习判例制度。参见黄卉．大陆法系的判例制度［EB/OL］．［2009－12－20］．http：//huang20000hui. fyfz. cn/art/411626. htm. 引自黄卉个人法律博客（北航法学沙龙系列）。也可参见黄卉. 关于判例形成的观察与法律分析［J］. 华东政法大学学报，2009（1）；傅郁林．建立判例制度的两个基础性问题［J］. 华东政法大学学报，2009（1）。

缺的理论体系，也不可能指导法官在具体案件裁决中得出一个完美无缺的结果。这样的说法并不是反对或否定存在一种或多种法律方法理论，它可以为法律裁决的正当化进行理论解释或辩护，而是说，即便我们提供了这样的一种解释理论，它也只是提供了一种教义，而不是一种反思性的研究，它必然造成法律理论与实践的混同。

尽管我们不否认法律方法的教义性理论本身的实践意义，但我们必须注意，根据我们上面的分析和论述，笔者认为，对于司法裁判中法律规范应如何应用，以及具有怎样的形式性，进而追问在具体案件裁决过程中“法是什么”这样的问题可能会有不同的研究进路，可以是纯描述性或分析性的，也可以是基于诠释性的理解。我认为，诠释学的态度与方法具有核心的地位，但并不完全排斥描述与分析性方法。我们之所以采取此种诠释学方法，原因在于：一方面，在于理解法律这个制度性事实和规范世界；另一方面，更在于我们欲在最大程度上优化这个规范性世界，进而优化我们自身。因为法律人（无论是法律学者还是法官、律师）都“不得不”生活于其中，是实践的参与者而非毫不相关的观察者。因此，法学研究不是或至少不仅仅是经验性的描述与分析，❶ 它的认识论任务主要不是正确恰当地描述现实的存在，而是解决社会合作及促进相关目的（后果主义的价值与道德价值）的实现。

这种诠释学的反思并不否定法教义学的方法，因为法教义学也不是以一种中立、超然的方式描述现实的“真”，而是“浸

❶ 德沃金对哈特一般法理学的描述性特征的批判，就是强调了法律理论本身也无法脱离价值判断（更明确地说是道德评价），对德沃金理论立场的维护以及哈特和迪克森（Julie Dickson）等人的批判性分析，可参见庄世同．描述性法理论是可能的吗？[J]．政治与社会哲学评论，2007（21）：1－46。诺伊曼教授也认为法学研究不同于科学研究：一本禽鸟学的教科书并不触动鸟类的世界，而一本刑法教科书却可能改变刑法。转引自郑永流．法律方法阶梯［M］．北京：北京大学出版社，2008：22。

染”了对现有法律规则与法律秩序的承诺与忠诚。坚持法教义学立场的法学研究者总是承认基于此，拉伦茨把法教义学理解为：用来描述一种——以形成某些内容确定的概念、对原则作进一步的填补，以及指明个别或多数规范与这些基本概念及原则的关系为其主要任务的——活动。透过这种活动发现的语句，其之所以为“教条”，因为它们也具有法律所拥有的不可置疑的权威性。“教义学”一语意味着：认识程序必须受到法律规定的约束。[1]如果从释义学的层面来看，法教义学方法最重要的特征就在于它受到权威性规范之约束，把有效的实在法作为不必加以检验的先在前提。但此规范性内容和意义的获取不仅是对既定法律文本作何种解释，而是对法律秩序的理性重构，它必然有一个规范性维度，在实在法构筑的实在道德（positive morality）之外，仍需要批判性道德（critical morality），即寻找一个可接受的正当性理由。[2]拉伦茨认为，法教义学对法律实务具有诠释学之反省功能：法学应以诠释学上容许之价值导向的思考方法来说明并证实其说法，但是不须禁绝有根据的价值决定及意志决定。教义学家不像实务家那样受到必须作出决定的强制，他不仅有权利，有时甚至有义务容许，依现今认识的程度而言，现行法并未提供令人满意的解答，当他遇到不能以其他方法排除的缺陷而建议修法时，他也经常作此主张。[3]

对于理论与实践的关系，我们应从不同的角度加以区分。首先，应当区分法律方法理论与法律方法本身。在此意义上，我们可以把“法律方法”归为一种法律实践，即旨在实现一种论证效果的方法、技术和路径。而法律方法理论则在于描

---

[1] 拉伦茨. 法学方法论［M］. 陈爱娥，译. 北京：商务印书馆，2003：107－108.

[2] URBINA S. Legal Method and The Rule of Law［M］. Hague：Kluwer Law International，2002：55，86，117.

[3] 拉伦茨. 法学方法论［M］. 陈爱娥，译. 北京：商务印书馆，2003：112.

述、解释与批判性分析不同制度和文化语境中法律人是如何运用法律方法以达到其论说效果的。这种区分的一个最重要的目的在于实现理论的“澄明”，唯有与实践保持相当的距离才有可能做到此种认识论上的清晰，同时在价值上进行批判才有可能。

第三章　法的形式性与法治

最显而易见的事物可能会变成最难以理解的事物。必须克服的困难不是智力方面的困难，而是意志方面的困难。

——维特根斯坦

一、法律自主性的难题

20世纪的前夕，霍姆斯在其著名的《法律的道路》中预言了20世纪法律和法律思想的革命性发展：在并不太远的未来，那些构成法律人日常义务的传统，如贫乏的先例分析、喋喋不休的规则与教义讨论以及从中世纪传承下来的法律道德化应用传统都将被弃之脑后。相反，法律实践注定会成为一项更加理性和科学的事业——大量使用统计学、经济学和理论，这样的变化必将到来，心灵就像物质一样，简单地遵从自然演进的规律。[1] 在霍姆斯眼中，那个曾经孕育了柯克、黑尔的普通法传统，不再是一个“活生生、成长着的有机体”（梅特兰语），而只是一具毫无生机的空洞外壳，柯克鲜活的理性变成干瘪的“逻辑”，尽管我们不知道普通法传统中有哪位学者提出过“法律的生命在于逻辑”的命题，但他的名言“法律的生命从来不是逻辑而是经验”却具有巫术般的魔力，改变了传统法学思想的航线。格伦顿写道：“一个世纪后，全世界的法律都将沿着那些思想的广度和深度阔步前行。今天，跨学科的法经济学是法学研究领域最有影响

[1] HOLMES O. The Path of Law [J]. Harvard Law Review, 1897, 10 (8): 457, 468.

的力量之一，是唯一美国本土生长出来的、在国际上拥有众多追随者的法学流派。”[1]

可以说，霍姆斯开辟的道路，奠定了20世纪的法律学术议程，法律现实主义、实用主义、法社会学以及批判法学都受到他精神的感召，其最重要的精神遗产就是用新的理性（现代社会科学，如经济学、社会学、心理学等）批判传统，如今法条主义、形式主义成为法律人避之不及的贬称，在很大程度上要归功于他们想象性的批判。法律变得越来越像政治，如果政治是妥协的艺术，而法律就是权衡的艺术。法的理论如果要获得成功，就不得不在政治的世界中找寻自己的位置，政治哲学发展出不同的理论（如功利主义或罗尔斯式的正义论）来衡量政治的正当性，同样法学界也发展出相当多的理论来阐述法院如何可能促进这些政治目标的实现，如伊利的法律程序理论，使法律附属于一种政治过程，[2] 而法律过程分析使法律服从于行政治理的理性，[3] 法律经济学一如既往地推进功利最大化的目标，而另一些法学学者则把法律与罗尔斯的正义观念联系起来。所有这些似乎都增进了我们对法律的“深层”理解，让我们看到了法律更广阔的图景与不同面目。

但是我们看到的可能只是一半图景，或者只是表层。如果从另外的角度看，特别是从法律实践的角度看，霍姆斯预言的激进变革以及他的追随者反复宣扬的主张并没有真正发生，律师和法官还像以前那样按部就班行事和谈论法律。法律史家诺曼·肯特甚至认为，“如果把1540年的英国大律师迅速冷冻，然后让他在

[1] 玛丽·安·格伦顿. 法律人统治下的国度［M］. 沈国琴，胡鸿雁，译. 北京：中国政法大学出版社，2010：191.

[2] ELY J. Democracy and Distrust：A Theory of Judicial Review［M］. Cambridge：Harvard University Press，1981.

[3] HART H，SACKS A. The Legal Process：Basic Problems in the Making and Application of Law［M］. New York：Foundation Press，2001.

当今的纽约复活过来，他只需要在纽约大学法学院学一年就可以在市中心或华尔街律师事务所以合伙人的身份从事民事业务。”[1] 就连霍姆斯精神的传承人波斯纳也感叹，大多数律师、法官和法学教授仍旧相信大多数法律问题，甚至那些疑难和有争议的问题有明显正确的而不仅看似合理的答案，他们可以从权威性文本，如制定法（包括宪法）或司法判决中推导出来，而不需要诉诸各种理论、资料、洞见和社会科学的经验方法，或者，个人或政治的价值。[2] 尽管很少有法律人公开宣称自己是严格意义上的形式主义者，[3] 但大多数法律人仍相信法律具有很大的确定性与自主性，常规案例仍体现一种三段论式的推理结构，以及法律解释中文本的重要性。他们努力把法律实践区别于政治过程，相信他们的裁决不仅仅是他们个人偏好的表达；他们相信法律是规范性的，但不同于道德的规范性；他们也相信法治体现和反映了政体的特点，但它不仅仅是政治派系的产物或派系之间利益的权衡。[4] 法律形式主义的主张不仅仍然存在，而且以不同的形式活跃在法律实践和理论话语中。[5]

---

[1] CANTOR N. Imagining the Law：Common Law and The Foundations of the American Legal System [M]. New York：Harpercollins，1997：192.

[2] POSNER R. Overcoming Law [M]. Cambridge：Harvard University Press，1995：20.

[3] 魏因瑞伯可能是少数的例外，他极力为法律形式主义正名，认为它恰恰体现了法律内在融贯的真。参见 WEINRIB E J. Legal Formalism：On the Immanent Rationality of Law [J]. The Yale Law Journal，1988，97（6）：950.

[4] KAHN P. Judicial Ethos and the Autonomy of Law [J]. Pennsylvania State Law Review，2006，110（933）：2.

[5] 英美法理学界在20世纪的最后10年中出现“形式主义”的复兴，呈现出不同的面目，如魏因瑞伯私法中康德式的概念论、斯卡利亚宪法解释中的文本与原旨主义、绍尔和亚历山大的以规则为基础的实践推理等。WEINRIB E J. The Idea of Private Law [M]. Cambridge：Harvard University Press，1995；SCALIA A. The Rule of Law as a Law of Rules [J]. University of Chicago Law Review，1989，56（1175）；SCHAUER F. Formalism [J]. Yale Law Journal，1987；ALEXSANDER L. With Me，It's All er Nuthin：Formalism in Law and Morality [J]. University of Chicago Law Review，1999（66）.

如何解释这种事实上的明显反差?

一种可能的解释是法律人天然具有保守性，他们像托克维尔所描述的那样“生性喜欢按部就班，由衷地热爱规范”,❶ 因此，他们对激进的社会变革始终保持一种警惕甚至抵制的态度。除了这种保守性的习性外，制度也可能是一个十分重要的因素，韦伯曾把形式理性的法律和科层制治理方式看成西方理性化的标志，它不但可以确保资本家所要求的稳定性和可预测性，也使普遍的正义和自由得以实现。因此，特别是在大陆法系国家，官僚化的形式主义加强了守法主义的保守性❷。当然，还可能有经济学或社会学的解释，因为法律形式主义恰恰是最有效率的，确保了交易安全，降低了交易成本。相反，通过法院去促成社会政治的变革最终可能成为落空的希望。❸

以上诸种解释具有相当的道理，它既符合我们日常经验的直觉，也获得了一定程度的理论证成。但是，仍有些问题需要进行解释。因为无论是法律人保守的习性，还是形式性规则和程序所具有的价值优势，都无法“充分地”证成，也不是不可置疑的“事实”。法律人并非“天性”就是保守的，其实托克维尔本人也意识到法律人存在一定的内在紧张。“500 多年以来，法学家在欧洲一直参加政界的各种运动。他们时而被政权用作工具，时

---

❶ 托克维尔．论美国的民主：上卷［M］．董果良，译．北京：商务印书馆，1997：303.

❷ 施克莱．守法主义［M］．彭亚楠，译．北京：中国政法大学出版社，2005：14.

❸ 比如美国的布朗案，宣布在公立学校中适用“隔离但平等”的条款违宪，但法院采用了社会科学和政策论证的方法来促成她欲达成的目标，尽管法官表现了相当高的政治敏锐性，但结果并没有如法官们所预想的那样真正实现“无肤色差别的对待”，反而造成了群体的分裂，如今美国公立学校各种实质性种族隔离现象随处可见，最高法院却对此视而不见。对美国“新政”时期最高法院积极的司法政策及后果的讨论，参见吉洛德·罗森伯格．落空的期望［M］．高忠义，译．台北：商周出版社，2003。

而把政权作为自己的工具。在中世纪，他们为王权的扩大效了犬马之劳，从那以后，他们却坚定不移地致力于限制这个权力。”❶法律人不但要为自身的独立而努力斗争，同时当把所有的政治问题都转化为法律问题时必然会面临重大的政治冲突，这些都不是“保守”的本性可以解释的。美国联邦最高法院一直徘徊于保守与激进之间，这不仅仅因为它掌握了司法审查的大权，而且更重要的是，法院需要不断面对社会带来的各种挑战。从某种程度上说，改革的可能性内在于法律的发展过程之中。

另外，韦伯意义上的形式化法律也不一定能兑现资本主义所需要的确定性与可计算性。很多人误以为形式理性的法律最大的价值就在于它的确定性与可预测性，因而，它对于资本主义的发展具有相当高的亲和性，因为资本家追求效率需要以确定的产权和交易安全预期为前提。这个命题之所以被很多人接受为真，在于人们相信了一个不假思索的预设：法律形式理性具有的确定性必定与资本主义经济行为的可计算性存在正相关关系。无疑，如果没有相对理性的法律体系，现代资本主义几乎不可能发展起来。但这不意味着理性化的法律是资本主义的充分条件，更为关键的是，资本主义对其经济行为的确定性与可计算性要求不等同于法律理性化所具有的确定性。换言之，这两种确定性之间只存在偶然的关联。韦伯眼中的理性化法律所具有的确定性完全是法学家主观建构的产物：“法律上重要的事实特征借着逻辑推演而解明含义，并且以此而形成明确的、以相当抽象的规则之姿态出现的法律概念，然后被加以适用”，❷其结果是，现行的客观法律必然是法命题的一个毫无漏洞的体系，凡是未能在法学被理性地建构者，即和法律无关。因此，概念法学的确定性完全是逻辑

❶ 托克维尔．论美国的民主［M］．董果良，译．北京：商务印书馆，1997：303.

❷ 韦伯．法律社会学［M］．康乐，简惠美，译．桂林：广西师范大学出版社，2005：28.

封闭的、抽象演绎的，它与现实的具体行为无任何直接的关联。就法律本身的结果而言，意义的逻辑分析具有可预测性，但此种可预测性不但不必然带来行为人的可预测性（因为一般性规则的语言包容程度、适用规则的不确定环境等），而且有时会损害资本主义所要求的可计算性，因为形式性的法律既不会考虑资本家的合理预期，也不会考虑法律上的解决所产生的后果。❶ 一旦法律概念和原则的确定性无法满足经济上的功利要求时，反"形式主义"的时代就会接踵而来。比如，在欧洲经济一体化愈加明显的时期，荷兰法学家海塞林克就注意到，当前欧洲的私法文化正经历着从形式到实质的转变："欧盟指令采用的工具主义、印象主义方法、欧洲法院判决的实用主义风格、比较法的功能主义方法以及所扮演的破坏性角色、法律学者提出的外在的经济、文化以及政治视角、基于实质权威而非形式立法而造就的软法的成功以及因博洛尼亚宣言之实施而促发的法学教育的解实证化趋势等一系列因素的共同促成之下，较之于国内法律文化，在很大程度上，欧洲法律文化日趋呈现出更少的形式化、教义化以及实证主义的样态。"❷

尽管法律上反形式主义的声音不绝于耳，而且法律形式主义有时确实无力回应他们的挑战，由此导致法学的内在变革，❸ 尽管有时简单地借助一些经验性直观也无法"充分地"解释法律的形式性，有些理论上的证成看起来也未必那么可靠；但是，我

❶ RABAN O. Modern Legal Theory and Judicial Impartiality [M]. London: Glasshouse Press, 2003: 37.

❷ 海塞林克. 新的欧洲法律文化 [M]. 魏磊杰，译. 北京：中国法制出版社，2010: 207.

❸ 最著名的莫过于耶林的"大马士革"的转变，关于耶林概念法学与目的法学之间的关系，可参见吴从周. 概念法学、利益法学与价值法学 [M]. 北京：中国法制出版社，2011。

们不但仍可描绘法律的形式特征,❶ 而且相信那些激进的理论家（特别是社会科学家）未能很好理解法治的特性。因为我们确信，如果法律没有统一性与融贯性，我们就无法区分法律与政治，无法区分法律推理与政治推理，法治就会退化为个人偏好的选择或主观的价值决断。如果这样的确信是有道理的，那么我们就需要对法的统一性基础进行考察和论证。概念法学和兰德尔的法律形式主义之所以在遭遇利益法学、评价法学以及法律现实主义的批评后迅速衰落，甚至声誉扫地，问题不在于他们试图为法律建立的基础不够牢固，恰恰是因为太坚固了，以至完全忽视了法律和法学自身的性质。法律现实主义（包括后来的批判法学）留给我们最重要的遗产之一，就是告诉我们试图模仿自然科学来建立法律知识的客观与确定性基础根本行不通。法律话语是论证性和诠释性的，当然也是实践性的，但绝不是公理演绎性的。承认这点，是我们重新理解法的自主性的起点，但仅仅是一个“否定性”的起点。如果形式逻辑不再是法律自主性的基点，那么法律在什么意义上可以说是理性的，或科学的？如果不是理性的，法律的确定性与客观性如何保证？如果是理性的，在什么意义上又可以说它能成为法律自主性的基点？可以说，一种法理论是否成功取决于如何令人满意地回答这些问题。法律实证主义、法律论证理论和论题学等似乎都在寻找一个可靠的答案，但似乎都不大成功。一个核心问题在于无法令人满意地解决形式与实质之间的关系，从而使得对法的自主性的解释摇摆于这两极之间，而中间的道路似乎显得也不那么可信。有学者说道：“这里的关键问题是，我们怎样在法学的思考中同时将两种似乎截然不同、甚至对立的思考方式结合起来？或者说，一个从情境（推论之关联结构、问题、困局）出发的实践思考和一个非情境（公理推演）

❶ SUMMERS R. The Formal Character of Law [J]. Cambridge Law Journal, 1992, 51 (2): 242 -262.

的形式化科学思考之圆融如何可能?”❶

完全形式化的思考与情境性的思考如何可能融通?放弃法律公理体系的梦想而迈向一种“开放的体系”真的能把两者结合起来?如果我们仍从分析哲学、逻辑和语言学来理解法律的自主性(如体系化建构与解释),这种结合的努力恐怕不会太乐观。问题在于,逻辑与语言学只能解决纯形式性的问题,比如规范(特别是规则)是如何构造的、法律推理如何具有形式上的有效性,它无法解决情境性思考所具有的实质维度,比如判断推理前提的正确性。换言之,形式的“框架结构”与实质的“片段性省察”仍处于分离的状态,只不过它们分别解决不同的问题,而无法体现“结合”,与其说是结合还不如说是一种组合,类似于阿列克西的“内部论证”与“外部论证”的区分。即使这样,也不能说是与一种“公理学的演绎推理方法”的结合,因为论题学获得的推理前提并非“公理”,即使经过反复商谈而达成的共识仍然是一种“意见”而不是“真理”。阿列克西的内部论证完全剥离了概念法学中概念内容作为推理前提的当然有效性,只保留了纯粹的演绎推理方法,它与外部论证只存在程序性的关联,而不具有任何实质意义的内在关联。

问题的根源可能还不在于形式的框架结构与实质的片段化思考存在难以跨越的鸿沟,而在于我们理解“形式”与“实质”的思维方式。似乎只有逻辑(演绎推理)才是真正的“形式”,而具体、特殊与实质的东西都是与形式相对立的,是等待被克服或“提升”为普遍性的东西,因为它们之中不存在普遍的形式性。概念法学被清算后,科学理性不再作为法律自主性的来源,但科学的思考方式仍保留下来,那就仍相信一种抽象的形式性和普遍性。阿列克西的论证理论很明显地承袭了康德哲学的认识论

❶ 舒国滢.法学的论题学立场[M].北京:法律出版社,2012:37.(参见菲韦格:《论题学与法学》代译序)

路向，一方面通过设计抽象的论证规则来保证推理前提获得的有效性，另一方面通过演绎推理来保证推理过程的有效性，两者都使法律论证得以理性化，尽管不能彻底解决论证中的实质判断如何客观化问题，但至少使论证不那么任意与专断。当然，他们清楚地意识到自己理论的局限（比如只能解决外部约束问题），并具有理智诚实之美德（如容忍不同价值与意见）。❶ 但这些都不足以消除人们的疑虑，因为抽象性规则并不会如人所愿的起很大

❶ 阿列克西的程序主义论证思路，在国内也有部分学者认同，代表性学者如陈林林。作品参见陈林林．法治的三度：形式、实质与程序［J］．法学研究，2012(6)；陈林林．裁判的进路与方法［M］．北京：中国政法大学出版社，2007。另外，雷磊很明显地承袭了这一理论路向，他把类比论证完全纳入阿列克西的“内部论证”与“外部论证”的框架之中，分别用涵摄和权衡来解决推理过程与前提的有效性。参见雷磊．类比法律论证［M］．北京：中国政法大学出版社，2011。同样的思路也体现在他对法律规则逻辑结构的理解上，认为法律规则的逻辑结构是为了正确和有效地进行推理，因此，法律规则的逻辑应构造为“构成要件”和“法律后果”的模式。可参见雷磊．法律规则的逻辑结构［J］．法学研究，2013（1）。这种表面上看似乎合理的解释（当然我赞同他对我国新旧三要素说的批判），实则误解法律规则的意义，同时也误解了法律推理本身。第一，他假定了法律规则是脱离其他规则和原则而独立的个体（这一点遵循了拉兹法律个别化思想），目的是使法律规则成为明确、完全、一般和简单的逻辑结构，但这样的逻辑结构只是表面上或适用后才显得如此，实际上我们很难找到一个真正明确、完全和简单的规则，这不仅因为我们的语言表达与理性能力，更重要的，我们无法脱离其他规则和原则来理解一个规则，特别是规则的“构成要件”。这不能说仅是意义结构问题，而涉及一旦我们需要借助其他的资源来理解规则，其逻辑结构可能需要重新理解。第二，法律规则之所以看起来呈现出“构成要件”与“法律后果”的模式，其目的不是正确和有效地进行法律推理，至少不是为了获得一个形式上有效的法律结论。法律规则的首要意义在于立法者为了使某一或某类事态获得相对明确的意义。如果是为了获得形式上有效的结论，那如何解释那些有弹性的法律规则（比如抢劫加重情节，处十年以上有期徒刑、无期徒刑和死刑）。第三，法律推理不只是演绎性的，或者权衡加演绎性的，这种对法律推理的理解是科学化（理性化）思维的残余，是抽象化的理解规则与事实关系的结果。在那里，要么只有刻板的逻辑，要么是没有任何逻辑的权衡，总之，看不到法律的意义。法律推理或论证不在于通过推论的逻辑强制性地让我们接受一个结论，而在于创造使结论得到理解的途径。尽管这种法律论证理论努力要摆脱法律形式主义和法律现实主义的痼疾，但却在不同的层面陷入相似的困顿中。

限制作用。比如“不得说谎”这样的绝对命令，它并没有告诉我们在何种情况下不得说谎，当然康德是把这样的戒律当成无语境的，否则就丧失它的普遍有效性，但这恰恰是问题所在，这个戒律之所以获得人们的理解与认同，不是因为它是先验的孤立存在的原则，而是因为它早已编织在人们的经验结构之中，只有联系整个的生活背景我们才得以理解。因此，它可以允许有例外。就像孩子吃奶，这是再普通不过的事，但如果这孩子他娘没有奶水呢？孩子吃奶是有道理的，那我们就根据这些道理，想办法把别的有营养的东西做成糊状给他吃。❶ 如果按康德的绝对戒律，孩子只能吃奶，如果没有奶水，那就怪他命不好，活该饿死。但没有人会按康德的意思去做，不是因为人们搞不懂抽象的理论，而是理论本身误解了生活。把普遍的形式与具体的实质对立起来，导致对普遍性和形式性的理解完全脱离了历史语境，无时间的抽象形式性似乎看起来最有效力，但也最贫乏无力。

那么，为何如今在法律和道德领域中仍有相当多的人认同这种形式性呢？其中有一个担忧或反对意见是，如果把原则和概念的理解放入历史语境中，那么很可能导致相对主义，或者说我们根本无法精确地理解一个概念。比如大家都同意一个原则“不得滥杀无辜”，如果有人觉得这个原则根本没有什么意义，因为全部的问题都在“无辜”的解释上，什么才算“无辜”呢？战争中误杀平民算不算“无辜”？要真正理解这个原则必须联系一定的文化和历史背景，但这里可能出现问题，不同的人如果联系不同的文化进行理解呢？基督教徒和原教旨主义的信徒之间对“无辜”就有不同的理解，在“9·11 事件”的策划者看来，所有的美国人都不是“无辜”的，他们恰恰“死有余辜”，因为他们从宗教信仰的角度来理解罪与罚。如果不同文化背景基于不同的历史语境都可以作出正当化的解释，那么很可能“不得滥杀无辜”

❶ 陈嘉映．普遍性种种［M］．北京：华夏出版社，2011：23.

这样的原则几乎不起什么作用，有的只是每个人对“无辜”的判断，这不仅会导致我们无法借助概念来思考和交流，而且很有可能通向价值上的虚无主义。

我认为这些质疑有一定道理，但可以从两方面来回应。第一，可以诉诸陈嘉映提出的“翻译的同一性”来解释这个问题，从历史和文化背景来理解普遍性和形式性不一定要认同相对主义或虚无主义，也不必定取消普遍性的可能性，而是要转换我们对“普遍性”的理解方式，不能从抽象的同一性或乔姆斯基普遍语法中的同一套规则或同一个机制来理解，而要把它理解成可翻译和可解说的同一性。

> 不同语言之间的理解是一个翻译和解说的过程，不是一个寻求或创制第三种语言的过程。在发现或发明尺子之前，我们就能够比较两张桌子是不是一般长。哲学语法或一般哲学思想，并非通过“共有的形式”获得普遍性，而是持守在翻译－解释活动这种互相通达的普遍性中……以种种不同形态体现出来的道理在对话中互相通达，在对话中被确定为同一或不同的道理。我们并不需要创造出某种超级道理、某种“共有的形式”，才获得同一的道理。如果“同一的道理”总是把我们引向超级道理的渴望，那我们不妨放弃这个用语，用“道理相通”或“相通的道理”等取代之。❶

从翻译的可解说性来理解普遍性之所以可能，不是因为在种种不同形态的道理背后存在某些“超级道理”，也不仅仅是我们共享一种“生活形式”，而是联系到共同的生活经验，联系到“周边环境”。我们不能对阿育王时代的人谈罗尔斯式的民主宪政，我们也不会对幼儿园的小孩谈什么是爱情。正是基于共同的生活经验，我们才能获得理解，不同的文化和生活经验之间要获

❶ 陈嘉映．说理［M］．北京：华夏出版社，2011：233．

得理解，就需要借助翻译的中介，通过对话来理解某些相同或不同的道理。对话的目的不是达成共识，因为所谓的共识仍是一种抽象的普遍性，而是增进理解，理解共识或相同道理的背后蕴含的生活世界与历史背景，更深的理解当然有可能把我们引向共识，但不一定能真正达成共识。真诚的沟通与对话也许能化解基督教世界与伊斯兰教世界的激烈对抗，只有真正理解另一种信念的可能性，才不会去寻求一种“原旨主义”宗教形态。但我们不能过高地期待理解的作用，它不能从根本上消除分歧与争议，也不能消除某些极端的行为。不仅理解本身就非常困难，而且理解根本上不可能取代信念，正如理由或理性不取代意志一样。

第二，承认价值多元及其之间的规范冲突并不必然导向相对主义或虚无主义，只有把价值判断看成纯粹个人的主观偏好才会引发这样的问题。价值判断尽管是主观的，但却不是任意的偏好性选择，判断总是与某些既定的事实或情况相联系。比如对同一份情报，不同的人可能会作出不同的判断，有人主张进攻，有人主张按兵不动，这不是说不同的人把不同的价值偏好粘贴到事实上，而是把同一个事实与不同的情况联系起来。[1] 在此，我们无法抽象地谈论价值的重要性，或抽象出某个元价值，我们不但无法找到这样的一个形式原则，而且即便有，它也是一个相当稀薄的概念。我们说一个事物很美，它不完全是主观性的评价，因为美不美存在于事物之中，“存在”不是说有一个现成的客观的物体，像岩层中的金子，而是基于我们对美有共同的观看方式与经验，在这个意义上我们可以说美是客观的，但我们不能把它抽象出来成为一种“绝对标准”的美，这样终极的美其实没有多大意义。

以上论证更多地是针对道德领域的形式伦理学原则，但法学中情况会有所不同吗？毕竟法学试图建构一个与道德完全不同的

[1] 陈嘉映．说理［M］．北京：华夏出版社，2011：265.

规范世界，它有自身理解事实和世界的独特方式，可以说概念法学为我们创造了一种理解法律的新方式。因此，有必要再简单地回顾一下概念法学理解法律和世界的方式。

概念法学的核心在于体系化建构法律的一套法律技术，这种技术完全是形式性的。比如在《罗马法精神》（第二册）中，耶林认为法律技术的目的在于“尽可能地透过其积极的实用性代替素材广泛的丰富性，用一个概念或原则来达成相同的目的”❶。法律技术主要表现为在量及质上简化法律。就量的简化而言，目的在于减少法律素材的数量，即用尽可能少的数量去传达尽可能多的素材。❷ 而质的简化包含了三个重要的法律技术，第一种技术是法学分析或法律字母，其核心任务是分解法律素材，发现法律最简单的要素，就像我们把字拆成字母一样，法律的任务就是拼出法律字母，最终使抽象而普遍的事物与法条中的具体事物分离。第二种技术是逻辑的集中，此技术与分析技术目的相同，但方式不同，它不是分解而集中，即从个别性的素材中透过原则的抽象作用而进行的逻辑操作。主要目的在于将多数的法律规定还原成基本原则。第三种技术是法学的建构，它被区分为“低级类型”和“高级类型”两个层次，前者关注法律技术的初级阶段，即对规则进行解释，并通过原则的运用抽离出它的一般性意义；后者通过自然历史的方法把法律素材建构成一个制度体系。由此，法律不再是个别法条的凝聚物，而是有生命的法律本体。法学体系的意义只有通过法律概念才能认知，从而，法律的规范性完全改变了其形态，它不再等同于一些简单的法律规定，人们做

❶ 吴从周. 概念法学、利益法学与价值法学［M］. 北京：中国法制出版社，2011：85.

❷ 耶林在量上简化法律素材有五个法律技术：第一，将素材分解或还原成简单的基本要素；第二，素材在逻辑上的集中；第三，素材的体系整理；第四，法学术语；第五，熟练地运用现存事物之技术。参见吴从周. 概念法学、利益法学与价值法学［M］. 北京：中国法制出版社，2011：86。

什么或不做什么，以及行动引发的法律后果立即进入法律制度的界定中。比如，所有权人的财产一旦遭受他人的过失损害，在损害发生的时刻，私人财产权利从逻辑上被转换成对侵权行为人承担损害赔偿的请求权。因此，在法律建构的过程中，涉及向所有权人承担侵权责任的侵权法规则就整合成私人财产权的一个特征：在发生损害的情况下，财产权就由向侵权行为人提出的请求权所取代。[1] 在耶林的眼中，法学体系是一个权利体系，但它不需要借助于目的而得到界定，因为权利只是一种工具，它可以服务于多种目的。法学体系的建构当然具有它的实践性或实用性（practicability），即便于裁判，但这种实践性完全是自我指涉的，是经由法律技术建构起来的形式妥当性，法律技术内在于法律概念中，没有法律技术则无法律的发展，没有法律的形式性则没有法律。

概念法学通过法律体系化的建构使法律制度与其他制度区隔开来，法律成为一个完整的自主性结构，通过概念的演绎便可以推导出法律上正确的结论。法律知识成为法学家精通的科学，门外汉无法通过阅读法条就能明白法律是什么。这个过程与17世纪的科学建立一种新的理解世界方式非常相似。科学的兴起与借助新的技术手段观察世界密不可分，科学家通过多种多样的仪器和实验发现了我们日常经验不到的现象，人们通过望远镜看到月亮，看到月亮上有山脉而没有嫦娥。这样的发现使以前的宇宙观发生颠倒，天体是物质的而不是混沌一体的世界，它不仅挑战了宗教权威，也完全改变了人们对世界的经验结构。

> 科学热衷于实验和观测仪器为我们提供的事实，这些事实不再是我们直接经验到的，它们不曾参与塑造我们的心智，相应地，旧有的心智也不能理解这些现象。要解释这些

---

[1] SOMEK A. Legal Formality and Freedom of Choice. A Moral Perspective on Jhering's Constructivism [J]. Ratio Juris, 2002, 15 (1): 56 -57.

新现象，以往的概念和理论显然远不敷用。科学家们改造旧概念，营造新概念，用这些概念建构新理论。这些概念不是直接从我们的经验中生长出来的，它们的意义在于解释观察资料和实验结果，而不是理解我们的直接经验。它们是些技术性的概念，逐渐不受自然语言的束缚，而在一个理论体系中互相定义。❶

耶林在他的概念法学中大量使用自然科学的语言，如“自然历史的方法”“元素”“结构”“身体”等来解释法律现象和建构法学本身，很明显，他把法学类比于科学，法学家就是法律世界中的建筑师，而法律概念则是他们手中最有用的工具，犹如科学家手中的观测器，通过它不断地“敲打”，杂乱无章的“素材”或“质料”变成内在融贯的体系。法学因这种新的建构世界的方法而赢得自主性地位，法学变成一门真正的科学。尽管法学获得科学的尊荣，但也为此付出了沉重的代价，法学通过营造新概念而切割日常经验，不但使法学远离了人们的日常经验，而且也远离了哲学，甚至与习惯法与制定法相隔离。如果法学的“内在理想”（built - in ideal）是实践性的，那它就不可能像自然科学那样仅仅为了发现与我们经验无关（至少无必然关系）的事实，它可以在一定程度上切割日常经验，因此营造一个与日常经验不同的规范世界，但这样的世界不可能与日常经验无关。概念法学的失败不在于它试图建构一个与众不同的世界，而在于它建构世界的方式，模仿自然科学用纯粹理性的声音取代作为主体——人的声音。其实，在概念法学的背后一直有一些现实的目的，如当时德国民族国家的统一，特别是法律上的统一。耶林把概念法学与权利享有者的自由选择联系在一起，不过，由于概念法学的自我指涉体系必定与这些外在目的发生冲突，因此导致了概念法学的自我挫败与反叛，耶林正是因为认识到本是作为工具

❶ 陈嘉映. 价值的理由［M］. 北京：中信出版社，2012：154.

性的权利体系最后变成压制自由的社会权力，才有目的法学。而后的利益法学、自由法学、价值法学以及美国的法律现实主义，都在解放过于封闭的体系，而迈向一种更多正义的开放体系；但是，无论是利益还是价值或法官的自由判断都未能有效地解决法律自主性的问题，因为正如吉尔莫所言，这场革命仅仅是一场宫廷革命，顶多是更换了门前的卫兵。[1] 把传统法律教义论者的“法律是一门科学”的信念变成了“法律是一门社会科学”的口号。而且，他们借助于外在于法律的利益、经验事实或心理事实来主张法律知识的正确性，把司法过程变成了政治论坛，法律的规范性逐渐被边缘化，[2] 法律成为经济、政治或道德的附随现象，在强调法律与政治区分的民主时代必然会引发自身的正当性危机。

二、权威与实践理由：法律实证主义眼中的形式性

（一）形式与实质区分的两种传统

1. 技术模式

无论是概念法学还是法律现实主义者，尽管在建构法学的知识原则上存在分歧，但它们在如何理解法律秩序的问题都诉诸了同一种思维形式，即抽象的理性原则。这种思维形式在西方有非常悠久的传统，它植根于古希腊的理性和科学思维，并在近代的

---

[1] 格兰特·吉尔莫. 美国法的时代［M］. 董春华，译. 北京：法律出版社，2009：138.

[2] 当然赫克的利益法学稍有不同，因为他坚决捍卫法官在解释法律时应受制定法拘束，不过问题是，利益法学所强调的利益如何可能与制定法拘束相融贯？赫克也未能令人满意地解决这个难题。并且，法官为何一定要受制定法拘束？他认为这是一个宪法问题，这当然是一个宪法问题，但在赫克的心中就是严格地服从权力分配的安排，特别是司法机关对立法机关的服从。这本身是大陆法系国家早期对宪法的想象，即立法者在宪政秩序中处于中心地位。

社会契约论和自然法思想中取得决定性的发展。由于这个传统用无时间的理性原则来重塑政治经验和人的精神秩序，政治结构是理论家运用抽象的正义原则“制作”的结果，因此我们把这种传统称为“技术模式”。

技术模式反映了古希腊哲学家理解和组织世界意义的一种特有方式，它取代了神话思维，试图以一种理论的态度对世界作出整体性解释。理论态度不是指注重经验和实用的理性态度，恰恰相反，这种理性态度是反理论的。因为这里的理性更多地与个别的经验和实用目的联系在一起，注重实事求是、就事论事的言说方式。理论态度则从个别经验开始，但不仅仅停留在就事论事的解释上，而是要不断追问原因，探究事物的根本之道，最后形成对世界整体和系统性的解释。因此，与神话感应思维不同，原因与结果不处于同一平面之上，而是处于不同层次，原因是本质，而结果是现象。本体世界与现象世界的分离对理论的建构具有根本的意义。“由于现象和实在的分离，世界被给予了一种深度。数标志着隐秘的、不可见的世界结构和运行。理论是对本体世界的把握，从而具有理论深度。”❶ 理论在此表现出超越现象世界的普遍性，这种普遍性不是对现象的简单归纳或概括，抽象出共同的特点与规律，这样还达不到理论，因为这仍是有待解释的“初级反思”。理论的普遍性指涉事物产生和发展的实在，即事物普遍的原理或道理（logos），唯有它才决定现象的演变。而本体世界隐藏在事物的背后，是肉眼看不见的，只有通过人的理性能力才能通达它，但不是所有的理论都正确地解释了实在，只有经过确证的理论才可以称之为科学或知识（episteme）。

因此，在西方的话语体系中，知识总表现出一种命题性或推论性的知识，它具有论证或证明的品性，旨在追求一种永恒不变的确定性。因此，知识的真正基础是智慧，它把握不变的事物，

❶ 陈嘉映. 无法还原的象［M］. 北京：华夏出版社，2005：101.

而把握可变的事物也有两种知识，即技艺和实践。[1] 技艺和实践都指向一定的目的或善，但技艺的目的外在于活动本身，所以这种活动可以称为“制作”，而实践的目的内在活动本身，亚里士多德用明智（phronisis）来表述。在表面上，这两种知识皆是普遍原理或道理的个别运用，比如说医术的目的在于使人健康，造船术的目的在于船舶，战术的目的在于取胜，家政（domestic economy）的目的在于财富，政治科学在于达到至善等。但实际上，技艺与科学的关联更加密切，可以说技艺是科学在生活中的反向运用，如果科学表现为“因为……所以”的推论模式，而技艺则是“如果……那么”的演算模式。我们只有先获得事物普遍原理或道理的理解，在人的理性能力所及之处，我们再由此向人类的生活目的推进。因此，技艺也可以从形式与质料的关系中来理解，“形式”类似柏拉图的“理念”，而质料可以是自然界任何的存在物，而技艺是如何把形式运用于质料之上，比如在建造房子时，我们头脑中先有一个房子的“形式”，而后把这个“形式”运用到手边的砖头瓦片上，最后盖成现实的房子。[2]

---

[1] ARISTOTLE. Nicomachean Ethics（Book I）[M]. Cambridge：Cambridge Univeristy Press，2004：4－5.

[2] 学者曾对亚里士多德关于形式与质料的关系存在争论，有些人认为质料的存在独立于形式，因此，形式与质料的关系是偶然的，另有学者认为质料的存在依赖于形式。前一种观点主要从亚里士多德的“运动”理论中得出结论，实体的生灭有三个原则：缺失、基体和形式，缺失是形式的对立面，实体生灭的基体就是质料，运动被看成基体或质料从缺失形式到获得形式的过程，比如从一个块青铜而获得荷马的样子，最后成为荷马像。青铜在荷马像之前、（毁灭）之后都存在，所以质料独立于形式。后一种观点是亚里士多德身体与灵魂的关系得出结论，灵魂是实体，是身体的形式，失去灵魂的身体不再是“身体”，就像瞎了的眼不再是真正的眼睛一样。我赞同在亚里士多德的形式与质料关系中，质料是依赖于形式的。前一种观点误解了质料的性质，质料不是一种单纯的物理性存在，它处于“形式”的“渴望”和努力之中，为何是青铜而不是其他的东西成为荷马像的质料，那是因为青铜有成为荷马像的潜能，现实性高于潜在性，但只有经过技艺的中介成为现实的雕像，因此人造物的“荷马像”只是偶然的统一体，不同于生物体那种严格的统一体。相关讨论可参见曹青云．亚里士多德的形式－质料关系与功能性质料和构成性质料的区分［J］．世界哲学，2011（2）。

因此，技艺的过程其实就是制作的过程，它的背后预设了科学的理由作为其正确的基础，意味着“形式”对“质料”的支配关系，这导致了把握普遍本原的理性与把握个别的感觉之间的分离。相对技艺，实践的逻辑强调人和做事本身的意义，同样是盖房子，它考虑的不是如何把石头变成房子，而是把盖房子当成我的一件事，当成我人生目的的一部分。因此，一个明智的人就是能够知道在做一件个别事情的时候，这件个别事情与人生活得好这个整体的目的联系起来。亚里士多德把这种把握人的整体意义与个别事物联系的实践理性能力称为努斯（nous）。这条路线直接影响到后来西方的实践哲学，特别是海德格尔和伽达默尔的解释学。这不是此处讨论的重点。由此看来，亚里士多德的知识论传统包含了两条完全不同的道路，一条沿着智慧、科学和技艺的路线，探索事物终极原因和真理；另一条明智之路不是探求正确的道理或真理，而是把握做事之中的“真”，关注要达成此种实践能力需要什么样的德性伦理。[1] 但是这两条道路并不是并行发展的，在古代和近代，哲学-科学话语处于一种主流地位，它们成为解释和构造政治结构的强势话语，形成了西方理性主义的法律传统。[2]

柏拉图是理性主义典范，他从人的灵魂等级秩序出发探讨正义和国家建构的原则，人的灵魂秩序（欲望、激情和理性）对应于国家的等级秩序（工匠、军人和哲学家），对于国家和个人而言，就是要用理性的慎思来驯服当下的欲望，而哲学家是理性的化身，哲学家成为国王时城邦才可能有真正的正义，柏拉图式

---

[1] 李猛．亚里士多德的两条道路［EB/OL］．［2012-08-20］．http：//www.douban.com/group/topic/27384719/.

[2] 参见葛洪义．法与实践理性［M］．北京：中国政法大学出版社，2002：64-85。芬兰法学家尼米把形式与实质区分的形式主义或理性主义传统归到亚里士多德那里，我想他误解了亚里士多德更为重要的实践理性传统。NIEMI M I. Form and Substance in Legal Reasoning：Two Conceptions［J］. Ratio Juris，2010，23（4）：479.

的政治统治和自我治理就是理性功能的完美发挥，正义不是纯粹的技艺（赛法鲁斯），不是强者的意志（色拉叙马霍斯），也不是人为的约定（格劳孔），而是人的灵魂中的理性秩序。人的理性与城邦的完善、宇宙的自然秩序是和谐统一的，城邦就像生命一样，遵循着生命循环的内在逻辑，正义的城邦不可能维系在某一个点上，而是迈向自己的原初状态，它是事物最大可能的完美整体，正如从生到死是生命的完整循环一样。❶ 柏拉图认为城邦是有机体的观念，明显体现在前现代欧洲国家的政治想象中（权威的神圣性），政治秩序的发展与衰落有自身的秩序和节拍。

尽管在柏拉图的哲学观念中，理性居于世界秩序的中心，但是柏拉图并没有像后来的自然法学家那样，把理性完全抽离出来成为评价城邦或政治的一个标尺。这样的观念只有在近世自然法和社会契约论中才突显出来，他们完全反对把政治看成一个有机体的观念，政治权威不是自然的，而是统治者与被统治者有限行动的结果，换言之，政治是人造物，它像所有的人造物一样，可能造得好也可能相当糟糕，政治可能腐化，但也可以修补。正因为如此，启蒙哲学家才特别相信理性，相信理性能够建构起一个完善的城邦，而政治建构的基点是抽离了社会规范性的自然状态，在这个想象的前法律和政治的世界中，人们直面的是欲望、激情，并且因他们之间相互竞争而产生的威胁，因此，所有理性的人都会接受的“自明”原则——安全和物质利益的保障来达成一种“普遍的社会性联合”。近代理性自然法学说实际上借助了罗马私法中的“个人人格”概念，从抽象人的原则出发来理解财产所有权的交换和人的平等契约关系，并把这种私法性关系想象性地运用到政治的权威关系中。但是，以自愿联合为基础的国家其基础并不可靠，它只能产生涂尔干意义上的“消极团

❶ 林植坚. 柏拉图的宇宙论与自然法思想 [J]. 台大法学论丛，2002，31 (3)：84.

结”，无法使个人的意志趋向于一个共同的目标。因此，霍布斯仍需要借助外在强制的国家权威来保障社会稳定所需要的规范秩序。这是近代自然法的悖论。解决这个悖论的一个办法是不断诉诸理性原则来重新订立社会契约，因此，启蒙哲学家尽管在政治倾向上有差别（如霍布斯与洛克对自然状态的不同理解），但大多数都是革命理论的信奉者，革命不仅针对前现代的政治秩序，而且也针对当下，因此，启蒙运动是面向无限可能的未来的一项伟大“工程”。联邦党人的理性慎思与杰弗逊的不断革命理论是政治科学的一体两面。但是，尽管存在这种内在的紧张，现代政治秩序的塑造被认为政治科学运用于特定共同体及其政治结构的一个结果。《联邦党人文集》在一开篇就提出了一个重大的政治原则问题：人类社会是否真正能够通过深思熟虑和自由选择来建立一个良好的政府，还是他们永远注定要靠机遇和强力来决定他们的政治组织。❶ 联邦党人认为，仅有民主不足以建立自治政府，因为正当的政治秩序不一定代表好的政治，如果缺乏共和建构的政治技艺，单纯的民主不足以抵御权力的滥用，医治派系政治的危害，从而使政治制度变得相当不稳定。政治科学作为治国的技艺，其目标就是要创造一个既良善又自由、既科学正确又具有政治正当性的政治秩序。因此，运用科学原则于政治生活的技艺概念模式完全支配了联邦党人的论证。❷

如果说政治科学努力通过政治建构的技艺来摆脱霍布斯个人功利主义与外在强制的二元对立难题，那么，法学则发展出另一种技艺来摆脱政治行动本身的不确定性，那就是概念思维与体系建构。前面论及耶林的概念法学即是这种思维的体现。它承担着两项重要的任务，第一，认识论功能。第二，伦理意义。前者在

❶ 汉密尔顿，杰伊，麦迪逊. 联邦党人文集［M］. 程逢如，在汉，舒逊，译. 北京：商务印书馆，2004：3.

❷ KAHN P. Reason and Will in the Origins of American Constitutionalism［J］. Yale Law Journal，1989，98（449）：8.

于解决如何认识法律关系和法律结构，对它们的认识不能仅借助于偶在的表面性材料，比如制定法或裁决，因为实定法仅残缺地呈现了事物的法律意义。❶ 相反，应借助这些材料背后的概念结构，这些概念表达了法律内在的、固有的理性，它决定了法律之所以是法律而不是别的事物的根本所在。在魏因瑞伯看来，法律概念或法律形式有三个相互关联的面向：第一，法律的形式具有一个确定的特性，它是法律各特征的集合，这就使得我们能够界定法律是什么。但是，我们不是要去掌握法律所有的个别特征，而是要挑选那些决定性的特征，区别那些仅仅是偶然性的特征。第二，法律的形式是一个结构原则或统一体。法律的形式不是独立可认知的一些特征的集合，也不是由单一的特征构成的同质性单元，而是由一系列特征构成的单一的实体。第三，法律的形式表明了法律的本质属性。因为在阐述法律特征集合时涉及区分法律的本质与非本质的品性，因此，法律的形式指的不是法律个别化的特殊性，而是指它的一般性的类别。因此，借助形式性的法律概念，我们就可以识别法律的内容，而无须借助任何外在的立场（无论是历史学还是社会学）。因此，它的意义不仅在于使法律呈现出单一的结构，使法律具有可认识性，而且在于它有相当重要的伦理意义，使我们对法律的理解完全摆脱了工具主义的立场，从而把政治的理解完全排除在法律之外。另外，由于法律结构本身具有的概念融贯性，它能区分不同事物的法律意义，做到相似案件相似处理，不同案件不同处理，从而达至形式正义。❷

2. 命令模式

从某种程度上讲，西方的法学和法治传统渊源于理性话语，理性的力量在于它本身宣称知识论的普遍有效性。对于传统的法

❶ WEINRIB E. Legal Formality：On the Immanent Rationality of Law［J］. The Yale Law Journal，1988，97（6）：957.

❷ NIEMI M I. Form and Substance in Legal Reasoning：Two Conceptions［J］. Ratio Juris，2010，23（4）：482.

教义论者而言，现代法律秩序尽管不一定是逻辑必然演绎的结果，但至少可以描述出法律秩序在认识论上的一些基本特征。比如，法律必定是客观的，如果在法律裁决者之外不存在一个客观的法律，那就无法保证法律专家在法律问题上达成一致意见。法律同时也必须是中立的，如果没有了法律知识的中立性，法律裁判的过程必定为裁判者个人的偏见和利益所支配。最后法律也必定是一个合理融贯的体系，从一个命题推演出另一个命题，必须借助合理的论证链条来完成。❶ 这些认识论条件确保了法治的可能性，因为在大多数法治论者的心中，法治最重要的价值莫过于法律的安定性，只有在一个获得法律确定性和安定性的社会中，公民才有可能在相互信任中过上自主的生活。❷

但是，这种从法律的内容来理解法律的自主性本身也会遭遇到相当多的麻烦。首先，理性的法律秩序如何因社会变动问题，因为理性的法律原则或教义的无时间性，而世界却又是连续的永无休止的流变过程，一旦进入现实的时间隧道，普遍的理性原则可能变得不适或朽坏。法律现实主义者对法律形式主义的批判，其要害就在于抽象的普遍原则必定在现实世界无法发挥其作用，变成一种“超验无意义的东西”。❸ 现实的世界往往是复杂多样的，人们的行动无法事先通过一般性原则来加以确定，这不仅是因为人的理性有限，更重要的是这两者之间存在无法化约的认识鸿沟。因此，很多具有社会科学倾向的法学学者把法律教义论（他们眼中的法条主义）当成他们首要批判的靶子。

法治并不是一套抽象的无背景的原则和规则，而涉及一

❶ KAHN P. Approaches to the Cultural Study of Law［J］. Yale J. L& Human, 2001, 13（141）：4－5.

❷ MACCORMICK N. Rhetoric and the Rule of Law［M］. Oxford：Oxford University Press, 2005：16.

❸ COHEN F. Transcendental Nonsense and the Functional Approach［J］. Columbia Law Review, 1935, 35（6）：809－849.

> 个知识体系。一个活生生的有效运作的法律制度需要大量的不断变化的具体的知识……任何法治建设的规则也不可能穷尽关于一个社会中法律活动的全部信息或知识，无法对社会中变动不拘的现象作出有效的反映。因此，我们不可能仅仅依据我们心目中的理想模式或现有的理论来规划建立出一个能有效运作的现代法治。❶

我们姑且不论社会科学对法治的解释是否成功，如果承认法律是一种实践，法学不仅是对“什么是法”的客观认识，我们就需要认真对待法律的时间性。

其次，理性的法律秩序还需要面对法律理由的可论辩性。法律的可论辩性是我们在法律实践中经常遭遇的事实，双方当事人就同一问题都提出同样合理的法律论证，是否有更强的理由来证明某项主张更加“充分”？而如果如此主张，本身又会遭遇法律理由的主观性问题，即在什么意义上可以说你主张的理由就更有说服力？从根本上说，理由无法保证能产生确定性的解释规则，司法裁判需要比理由更强的基础。

最后，理性的法律秩序如何跨越普遍性与特殊性之间的裂隙？这几乎成为司法裁判最为难解之难题，边沁曾把普通法的裁判看成一个循环的过程：从无一般性规则和先例的自由裁量过渡到严格的遵循先例，但由于先例规则的过于严苛而产生相当多的不幸，而当公众意识到眼前的恶是如此明显之际，钟又摆回原初的位置。❷ 对于这个难题，法治论者一方面当然会承认这样的不幸，但想必同时又会提出更合理的论证：严格遵从规则尽管会导

---

❶ 朱苏力. 法治及其本土资源［M］. 北京：中国政法大学出版社，1996：17－18.

❷ POSTEMA G. Bentham and the Common Law Tradition［M］. Oxford：Clarendon Press，1986：280；ATRIA F. Adjudication and the Particular［G］//BANKOWSKI Z，MACLEAN J. The Universal and the Particular in Legal Reasoning，Burlington：Ashgate，2006：70－71.

致部分的恶，但成全了普遍的善。问题不会这么简单，不仅这种善恶论证很难当然成立，而且正如耶林所言，在个案中坚持遵从既定的规则所产生的普遍的善更少为人关注，而法官在具体案件判决所产生的部分恶却昭然若揭。❶ 因此，疑难案件往往成为裁判和法律推理关注的焦点，因为严守普遍性规则而无法令人满意地解决这个问题，法律形式主义常被法律界人士讥为机械司法，是早已过时甚至是错误的观点。❷

以上这些诘难使得以普遍理性奠基的法律观很难维系，如果仍要坚持法律的自主性，就必须另觅他途。法律实证主义从总体上代表这样一种努力方向，即摆脱法律形式主义与法律现实主义的二元对立，或者说克服法律形式主义的规范封闭和法律现实主义的规范迷失问题。很明显，这里的法律实证主义更多地指向哈特及其后继者（如拉兹、夏皮罗、绍尔等人）的法理论，法律实证主义看起来把法的自主性建立在完全不同于技术模式的基础之上，它奠基于一种实践的权威和意志而不是纯粹的理性。相对于技术模式，我们把它称为命令模式。命令模式的说法容易产生混淆，我们当然不会否认康德说的假言命令或绝对命令是一种命令模式，推而广之，既往自然法诸多理论也都是一种理性命令，但此处所称的命令模式不同于康德的理性命令，它的根基是意志，尽管也与理性有关，但从根本上不同于理性，法律是人造物而不是某种既定或预先确定的东西。另外，这里的命令模式也不同于更为古老的命令形式，如上帝的意志或主权者的意志，这一切形而上学的残余都是法律实证主义要驱除的对象。在这方面，命令模式更多地借助理由论，构成解释法律存在（或有效性）和正当性的重要资源，哈特对现代社会法律有效性提供了一种规

---

❶ 译自耶林的《罗马法精神》，参见 ATRIA F. Adjudication and the Particular [G] //BANKOWSKI Z, MACLEAN J. The Universal and the Particular in Legal Reasoning, Burlington: Ashgate, 2006: 71.

❷ 徐昕. 司法过程的性质 [J]. 清华法学, 2010, 4 (2): 108.

则的实践理论解释，背后预设了规则对于现代社会的治理（如合作效率）不可或缺的重要性。拉兹通过实践理由的类型化阐述解释了法律规范的权威性基础。但既然如此，为何还要用命令模式这样的说法或名称呢？这样的说法不但会与最为古老的命令观点相混淆，如古希腊色拉叙马霍斯就说过“法律不过是强者的利益”，而且哈特在《法律的概念》中着力批评了奥斯丁的“命令说”，用命令模式来表征哈特以来的法律实证主义理论似乎有点背道而驰，或许用德沃金的“规则模式”来形容更合适？

对于这些疑虑，可以从以下几方面进行回应。第一，哈特虽然批判奥斯丁的“命令说”，而且有针对性地提出了法律规则学说，但哈特的批判意在表明，奥斯丁意义上的“命令”只适合于初级规则的社会，一旦进入到大型的现代社会，那种“命令”无法解释义务的存在，因而无异于抢匪行为。因此，哈特批判的不是命令本身，而是一种特定的命令形式，即主权者强制意义上的命令。第二，我们可以反过来设想，如果法律是迥异于命令的规则，那么如何来解释规则本身的性质？在哈特看来，法律规则包括初级规则与次级规则，初级规则为一般民众设定义务，而次级规则解决初级规则的缺陷而产生，法律体系要存在就必须满足两个条件，即初级规则得到普遍遵守，而次级规则得到政府官员的接受。[1] 规则要求普遍遵守就意味着一定的强制性，尽管其强制性的基础不同于奥斯丁的主权论。哈特明确地指出：“强制力存在的必要条件，还需要至少有体系中的某些人自愿合作且接受它的规则。在这个意义下，法律的强制力确实预设了其被接受的权威。”[2] 由此看来，哈特规则理论的背后预设了一种不同于奥斯丁的法律权威论。但这不等于说规则理论完全不同于命令，如

---

[1] 哈特．法律的概念［M］．许家馨，李冠宜，译．北京：法律出版社，2006：110.

[2] 哈特．法律的概念［M］．许家馨，李冠宜，译．北京：法律出版社，2006：187.

果我们不只是把命令看成一种特定主体（上位者）对另一主体（下位者）发出的服从指令，而是看成具有行动理由的普遍性要求。[1] 第三，基于上述理解，哈特把批判奥斯丁的命令理论作为自己理论的起点，根本的用意不是要彻底否定命令理论本身，而是清除奥斯丁命令框架中形而上学的残余，由此建立新的普遍性命令理论，它的主要理论对手是特定版本的自然法理论，即对法律有效性的识别必须借助于道德考量。因此，规则理论首先是对法律有效性的一种解释理论，而后才可能是一种法的要素构成理论，德沃金在批判哈特规则理论时一开始仅限于这种构成要素层次上的批判，认为法律不仅由规则构成，也包括原则和政策。[2] 这种批判不仅完全误解了哈特规则理论的真正意图，而且实际上也构不成根本性的挑战，相反有时还陷入法律实证主义的观点中。[3]

实际上，如果我们不只看到哈特树立起命令理论的强盗形象，也不仅关注规则的内在观点，我们就会发现，规则理论与传统命令理论有着相似的概念模式。命令理论意在于重新奠定法律规范性的基础，试图说明法律不仅是一种规范，而且还是一种特

---

❶ POSTEMA G. Law As Command：The Model of Command in Modern Jurisprudence [G] //VILLANVERVA E. Legal and Political Philosophy. Amsterdam：Brill Rodopi，2002：264.

❷ DWORKIN R. The Model of Rules [J]. University of Chicago Law Review，1967，35 (4).

❸ 德沃金的原则理论引发了法律实证主义家族内部的争论，所谓包容性法律实证主义与排他性法律实证主义之争，前者认为法律体系可以（但不必然）安置道德原则，而后者却反对法律体系中安置道德标准的可能性。但是，无论他们之间观点有多大差异，但两者都认为法律从概念上能与道德分离开来。只有在德沃金提出法作为一种整全性的解释理论时（以《法律帝国》的出版为标志），才对法律实主义的规则理论构成一种根本性挑战，在这之前，他对规则的理解基本上与哈特一致，如规则具有全有或全无的特点。对包容性法律实证主义与排他性法律实证主义的共同前提的批判性检讨可参见：PRIEL D. Farewell to the Ex – clusive – Inclusive Debate [J]. Oxford Journal of Legal Studies，2005：675 – 696。

殊类型的规范。作为法律实证主义的先驱，霍布斯在那场与普通法学者的著名对话中，明确地表达了法律规范的性质："制定法也好，普通法或其他富有争议的技艺也好，都不是哲学，只是应当遵守的命令或禁止。"❶ 世俗主权在霍布斯的法律秩序中具有神圣的地位（利维坦的隐喻），因为它是法律的来源，"法律就是拥有主权的一人或多人的命令，向其臣民公开明确地宣布他们何者可为，何者不得为。"❷ 由此出发，才能真正理解法律的性质或本质，而普通法学者根本混淆了法律与理性之间的逻辑关系。对于普通法学者引为经典的布雷克顿的法律定义，霍布斯说道：

> 法律是正义的制定法，命令人们做正派的事情，禁止人们反其道而行之。从中可以得出，在任何情况下，使命令成为法律的必定是正派或者不正派；然而你知道，就像圣保罗所说的，如果没有法律，我们本来不知道什么是罪；因此，这个定义成不了任何关于法律的进一步推论的基础。正派与否的规则与荣誉有关，法律所考虑的只是正义和不义。在一部由人类制定的法律中确实可以发现不公平（iniquity），但谈不上不正义（unjustice）。❸

可以看出，霍布斯认为法律在逻辑上先于理性或权利，因为如果没有制定法，人人对万物皆有权利，社会就会退回到自然状态。在那样的状态下，自然也谈不上什么正义与不正义，甚至可能也很难有公平。换言之，是法律成就了人的人性，法律的到来

---

❶ 霍布斯．一位哲学家与英格兰普通法学者的对话［M］．毛晓秋，译．上海：上海世纪出版集团，2006：35.

❷ 霍布斯．一位哲学家与英格兰普通法学者的对话［M］．毛晓秋，译．上海：上海世纪出版集团，2006：37.

❸ 霍布斯．一位哲学家与英格兰普通法学者的对话［M］．毛晓秋，译．上海：上海世纪出版集团，2006：35.

犹如基督的降临，使人摆脱了“自然”的深渊，获得意义的洗礼（罪与恩典/义务与自由）。因为法律有着起源上的不可置疑的正当性，所以，法律不可能不正义，而只可能存在不公平的问题。这个重要的区分，对于法律“实证性”的理解具有关键的意义。不正义只能针对违法制定法或人法而言，不公平则针对的是违反理性法，如果运用当代政治哲学家的说法，制定法正义或不正义指的是法律的正当性（legitimacy），而说制定法是否公平指法律是否具有证成性（justification），两者不可混淆。[1] 正当的法律可能产生不公平问题，比如在权利的分配和救济上的不公平，但不能由此否定法律的正当性。美国宪法产生时宣称人人生而平等和自由，实际上却对黑人和妇女另眼相看，但并不影响美国人民对宪法及其产生的政治体制的认同。相反，也不能由法律的理性内容推出法律本身的正当性，不正当的统治即便生产再多的正义也抹杀不了其不正当的本质。霍布斯当然不否认理性的力量，但他看到法律与理性之间的决定性差异，法律因为它是主权者的命令而本身具有约束力，而不是因为法律符合正义（Ius）才是法律（lex）。自霍布斯以来，把法律看成一种独特的规范已成为法律学者的基本共识，甚至在普通法学者那大多（如黑尔和

---

[1] SIMMONS A J. Justification and Legitimacy [J]. Ethics, 1999, 109 (4)；国内学者周濂对这一概念区分作过详细的梳理，正当性是一种回溯性的概念，它关注的是权力的来源和谱系，从发生的进路去评价权力或国家；而证成性的概念关注的是权力的效用和达成的目的，也即从目的的进路去评价权力或者国家。参见周濂．现代政治正当性的基础 [M]．北京：生活·读书·新知三联书店，2008：41。很明显，这种解释针对的是现代政治（包括法律）的两个维度及内在紧张，但是用“评价”的说法来指称正当性概念具有相当的误导性，既然正当性指的是权力的来源，就不完全取决于主体的理性态度，不能说我们需要一个国家，就有一个正当性的国家，这样的说法很容易滑向证成或正义理论。对于主权（正当性）与法律内容（证成性）的区分，也可参见 KAHN P W. Putting Liberalism in Its Place [M]. Princeton：Princeton University Press，2004：250-258。

布莱克斯通）也认同法律的这种定义。❶

按波斯特玛的说法，边沁在很大程度上修改了传统的命令理论，他对命令的性质有不同的理解。❷ 但边沁并未完全抛弃命令理论，而是经历了一次对主权概念的理解变化，从形而上的主权意志转到形而下的经验观察。在边沁早期的著作中，他对法律的理解与霍布斯没有什么差别，“法律是政府的一般性命令”，是一种意志行为而不是理解行为。但在后来的《论一般法律》（1782 年）中偏离了传统的命令理论，他认为法律作为命令的观点过于狭窄，法律不仅包括命令，还包括允诺和反向命令，❸ 而且更重要的是，以制裁作为不服从的威胁在逻辑上并不必然，在实践也不必然发生。法律最重要的功能不是制裁，而是认识和理解。他认为，以前的治理模式是通过意志对意志施加影响的方式达成的，而不是通过理解影响理解的方式达成的，因此，边沁反对传统的命令理论，它把法律的义务完全奠基于意志之上，没有考虑法律主体的个体意志与慎思理性，否定了主体理解的可能性，法律的正当性便成问题。由此看来，尽管主权意志在边沁的

---

❶ 这里需要指出的是，普通法学者认同法律是一种主权者的命令，不等于认同一种法律实证主义观点，除非加上一个条件，法律的概念为实在法所穷尽。而这恰恰是多数法学家都不会认可的，他们之所以区分 Ius 和 Lex，在于认为后者是引导自由理性人的一种特定类型的规范，这种区分不是道德与法律的区分，而是作为整体性的法秩序（Ius）与个别规则或规范的区分（Lex），换言之，在命令理论的背后有一个存在论的背景。See POSTEMA G. Law As Command［M］//VILLANVERVA E. Logal and Polifical Philosophy. Amsterdam：Brill Rodopi，2002，235－242.

❷ 波斯特玛认为边沁在实质意义上偏离了传统的命令理论（17 世纪以降），迈向一种经验性的命令理论。在边沁看来，命令不是直接地表达法律主体的意志，而是表达主体的理解。法律的命令首先要实现的是它的认识论功能，即有利于社会互动的协调，为达此目的，法律应清楚地和公开地标明社会和政治关系，以及相应的互动模式，法律规则应清楚、公开和真实，以便每个法律主体都有理由去遵守它。制裁尽管很重要，但仅扮演一种辅助性的角色。POSTEMA G. Law As Command［M］//VILLANVERVA E. Logal and Polifical Philosophy. Amsterdam：Brill Rodopi，2002：262.

❸ 边沁. 论一般法律［M］. 毛国权，译. 上海：上海三联书店，2008：124.

法律秩序中仍有其位置，但其地位明显下降，本身并不构成一种决定性的行动理由；相反，更加理性的功利原则成为法律正当性的重要来源。难怪，哈特曾经抱怨边沁没有像霍布斯那样把命令中意志的表达作为主体行动的理由。[1] 但是，在我看来，边沁比霍布斯更接近哈特及后来的法律实证主义者，因为边沁的理论实际上表达了法律实证主义的一种道德理想，即抽空法律中的实质内容，其目的恰恰是更好达成法律的各种背景性目标，只不过边沁的法律目标最为激进，也最为确定和单一。作为法律实证主义的传承者，哈特和拉兹等人结合了传统的命令理论，沿着边沁开创的工具主义道路阔步前行，在他们的理论中看不到形而上学色彩的主权命令，但命令模式仍然存在，是没有命令者的命令，哈特的“独立于内容的理由”与拉兹的权威性命题，以及绍尔提出的“有限领域”命题等，无不是这一命令模式的延续。

同时，边沁的功利主义不再作为法律正当性的一个基础，而只是有可能（不必然）作为法律权威论证的一个背景，因为法律本身创造了理由。法律形式与实质的区分不再根据一般性概念和具体的法律规则或裁决的差别，而是从法律的渊源处得到理解。法律形式指的是特定类型的法律渊源，而实质则变成理性的内容，与法律的权威性没有必然关联。法律实证主义对法律的形式性这种理解是否有说服力？他们是怎样论证的？它最终塑造一种什么样的法律形象？

（二）独立于内容的理由与游戏规则：哈特规则理论的内在紧张

1. 命题提出的背景

在阐述哈特的独立于内容的理由这个命题之前，我们需要对这个命题提出的理论背景有所理解，这个背景就是哈特的规则理论。

---

[1] HART H. Essays on Bentham［M］. Oxford：Oxford University Press，1982：253.

法律实证主义一个最重要的理论努力就是试图区分法律与其他规范之间的界限，无论是霍布斯还是边沁或奥斯丁，都从不同角度推进这一区分，而哈特以一种全新的方式推进了这一事业，他的目标不仅在于说明法律是一种特定类型的规范，更重要的是如何识别和判断一条规则是不是法律规则，它的必要条件或根据是什么，这个问题被法理学者称为合法性条件（the condition of legality）。哈特认为这个问题相当重要，因为它涉及我们如何理解法的性质，我们在生活中可能感知到一些规则是法律，比如我们会说全国人大通过的《刑法》或《民法通则》是法律，道理很简单，我们通常认为立法机构通过的草案或文件即为有效的法律。但对于为何人大通过的规范性文件可以被认定为法律，大多数人可能不会深究，也无法作出清晰的解释。而且我们经常感受到法律造成了行为的实践差异，我们行为的选择并不总是任意的，甚至直接感受到法律的强制力。但有时我们简单地把法律等同于强制。总之，在哈特看来，人们能模糊地感觉到法律的存在，并从不同的角度阐述法律的形象，但并不清楚如何从概念上澄清法律的性质，这导致了相当多的混淆。哈特在《法律的概念》开篇中提出的三个法理学核心问题，[1] 即是要从分析性的角度来消除这些疑虑和困惑。

哈特的分析性进路也就是他所谓的“描述社会学”方法，当然这个用词特别具有误导性。因为这很容易使人误以为哈特对法律概念的解释是从经验性的社会科学角度进行的，但完全相反，哈特坚决地反对奥斯丁和法律现实主义对法律的还原论式的解释，而且我们从其书中也未发现任何经验性的资料与数据分

[1] 这三个问题分别是法律与威胁所支持的命令的关系、法律义务与道德义务的关系以及法律在何种意义上属于规则。前两个问题主要是针对奥斯丁的法律还原论（法律现实主义与此接近）和自然法学派的理论主张，在批判前述两种理论的基础上提出一种规则的实践理论，从而解释了最后一个问题。哈特：法律的概念[M]. 许家馨，李冠宜，译. 北京：法律出版社，2006：13.

析。因此，哈特可能是在另外一种意义上使用“描述社会学”，在我看来，哈特的“描述社会学”可能有两层意思。第一，描述社会学不是指一种具体和实质意义上的社会学方法，而是一种观察和理解法律的角度，而这与他提出的实践的规则理论紧密关联。一方面它具有否定的意思，这种理解法律的进路不是从法律的定义出发；另一方面也有肯定的意思，它从现实中人的行为与态度出发，但又不局限于对人的规律性行为进行简单记录和描述，而是要从人的态度（内在观点）来理解人的行为。因此，如果描述社会学可以称之一种“方法”的话，它的目标不像社会学那样旨在通过经验事实的描述而达到对事物之间因果关系的解释效果；相反，它要从行动者的态度本身来理解法律的“存在”，此处的“存在”在哈特看来是一个新的用法，它“不再是单纯地习惯规则情况下的样子，而是一项内部陈述”（interal statement），❶ 只有从这个角度才能真正理解法律的有效性。这样的说法当然具有相当的合理性，但哈特会面临一个问题：我们会问你怎么知道内部陈述的是一条法律规则？哈特的回答是，因为这里存在一个为人们普遍接受但未道明的承认规则，而承认规则的存在是一种外部事实的陈述（external statement），它不是关于价值的陈述，也不是凯尔森式的基本规范预设。❷ 因此，第二，描述社会学不仅是一种观察和理解法律“存在”的方式和角度，更重要的是，它与哈特对法律实证主义的理论具有高度的融构性，即法律是人造的或实证性的事实。对于这样的事实我们不可采取价值陈述的方式加以理解，价值陈述只发生在法律体系的外部，任何人可以对有效法律的优劣作出评价，但这不影响法律“存在”的事实。这样的评价当然有其意义，但哈特认为，分析

❶ 哈特. 法律的概念［M］. 许家馨，李冠宜，译. 北京：法律出版社，2006：13.

❷ 哈特. 法律的概念［M］. 许家馨，李冠宜，译. 北京：法律出版社，2006：102－103.

法学的任务不是去“评价”，而是要分析和澄清法律规则的性质（包括误解）。

要理解哈特的实践规则理论，关键在于理解承认规则的性质。内在观点只是观察法律存在的一个起点，因为在简单的初级规则体制下，内在观点也会以最简单的形式呈现出来，人们使用这些规则作为批判的基础，以及对遵从要求的合理化，而对违规行为施加社会压力和惩罚。但要理解现代社会的法律体系，必须引入次级法律规则，而次级规则中最为关键的是承认规则，因为它为民众和官员提供了辨识义务性的初级规则的权威性判准。哈特认为，在法体系的日常运作中，承认规则很少被明确地陈述为一条规则，但当我们识别出某条规则是一条有效的法律规则时，它就显现出来。比如，当我们问《民法通则》是不是法律时，我们最终会根据“凡全国人大通过，主席公布的即为法律”这条规则来识别，这条规则即为承认规则。而这条规则之所以存在，是因为我们对它采取了一种特殊的信念与态度，即反思批判的态度，也就是哈特一再强调的内在观点。因此，承认规则的存在取决于采取内在观点的人对某一社会规则的普遍性接受态度。接受规则的社会实践不同于单纯习惯服从的简单事实。但哈特认为，普遍性接受在现代社会是一个相当复杂的问题。第一，一般公民与官员在普遍接受的问题上存在不同，官员在法律制定、识别和适用中通常是主动地接受承认规则，而一般公民大体上表现为对官方运作结果的默认，也就是说这种接受是相对被动的接受。第二，接受态度背后的动机或理由是分歧多样的。

> 不仅许多遭受法律强制的人们不认为它具有道德约束力，甚至那些自愿接受体系的人，也不一定认为这是他们的道德义务，虽然这样的体系十分稳定。事实上，他们对于体系的忠诚可能基于许多不同的考量：长期利益的计算；对他人无私的关怀；不经反省的习惯或传统的态度；或者只是想要跟着别人走。当然，那些接受体系权威的人，可以审视他

们的良知，虽然在道德上他们不接受这体系，但是为了许多理由，还是决定继续这么做。❶

正是由于这些复杂因素的存在，哈特承认，承认规则的内容和范围甚至存不存在的问题，在有些情况下，实在难以清晰或肯定地回答。但这不等于承认规则不可能被检测出来，因为人们对承认规则是否接受、接受的程度和范围，这些完全是单纯的事实问题。既然是事实存不存在的问题，我们就可以从实际的运作中去查证，看看是否存在这样的事实：一定的行为模式实际上是否被接受为一项准则，并是否具备作为社会规则所应该拥有的特征，而能够与纯粹是众人一致的行为习惯区分开来。因此，哈特特别强调我们要从官员的接受态度中发现承认规则，因为官员是比较主动地接受，并把承认规则看作公共的标准而不是个人所服从的规则，所以他们的接受就显得更重要，当然也容易显现出来；而作为普通大众大多基于默认地接受法律结果，就不那么容易检测。❷ 人们如何接受承认规则，以及如何检测承认规则的存

---

❶ 哈特. 法律的概念［M］. 许家馨，李冠宜，译. 北京：法律出版社，2006：187.

❷ 哈特认为官员与民众对法律接受态度的区分是现代社会法律体系的一个重要特征。前法律的社会结构中之所以仅存在初级规则，而没有次级规则，很重要的一点是没有分化出“政府官员”这个独立阶层，因此初级规则必须广泛地被接受为整个群体的共同行为之批判标准。由此可以看出，哈特给我们描绘的现代法律如何由前现代法律过渡而来的历史风景画面，它完全是古典的自由主义，个体从初级规则的体制中解放出来，变成自主的主体，而国家权力的运作则主要交由科层制的官僚，但自从个体成为现代社会的伦理前提时，就一直面临着个体与社会之间的二元紧张，如何整合它们之间的关系也成为现代社会和社会学理论要处理的一个中心问题。很明显，哈特意识到个体之间很难形成有效的整合，所以他就把焦点对准了科层制下的官僚，试图从中发现接受承认规则的共同标准。但这种自由主义的努力注定要失败，一方面，它仍然面临官员接受与民众接受之间的张力；另一方面，哈特的理论在某种意义上是古典自由主义的倒退，因为它试图从政府官员中寻找真正接受承认规则的态度。还有最重要的一点，哈特以及大多数自由主义从根本上误解了现代政治的基础，它不是个体的，也不能从个体出发去论证。有关哈特的论述，可参见哈特. 法律的概念［M］. 许家馨，李冠宜，译. 北京：法律出版社，2006：106，111；对于现代社会的个体与社会关系的张力，以及政治和社会理论的最初处理方法可参见李猛. “社会”的构成：自然法与现代社会理论的基础［J］. 中国社会科学，2012（10）。

在不是哈特承认规则理论的重点，关键在于人们普遍接受了承认规则存在这个事实，而且人们对于为何要接受这样一条承认规则，其理由或动机是开放和多元的。在这里，我们可以清楚地看到，承认规则之所以在哈特的规则理论中扮演关键性角色，乃是因为它构成了区分法律实证主义与其他法理论的分水岭，如果不把接受态度看作是一个事实，而把它还原成接受事实中的内容即接受理由，法律实证主义所建立的分离命题和渊源命题将全线崩溃。

但也是在这个地方，哈特理论遭到相当多的质疑。作为终极判准的承认规则是不是一条法律规则？它明显不是成文法，也不是习惯法，或者说它不属于任何“严格意义上法律”体系中一种，如果它不是法律规则，而是事实，那么法体系的根基就在法律之外，这无异于把法律的基础建立在流沙之上，因为接受的事实总是存在很大变化。如果人们改变了承认规则这个事实，那么以前的法律体系还能称之为严格意义上的法律吗？悖谬的是，哈特曾经批判奥斯丁的命令理论无法有效解释法律的连续与稳定性问题，似乎再一次用到了自己的身上。哈特对此问题的回应是，这是一个分类问题，并指出承认规则所具有的双重性质：

> 一方面，我们若把承认规则称为“法律”，是因为承认规则提供了鉴别体系内其他规则之判准，可以说，它是法体系内尺度的提供者，也因此，鉴于其重要性，使得它值得我们称之为“法律”；另一方面，若我们把承认规则称为“事实”，则是因为主张承认规则存在，就是在对一件实在的事实作一项外部陈述，这件事实是关于在一个有实效的法体系内，规则是如何被鉴别出来的。这两个面向都值得我们关注，但如果我们只选择法律或事实其中之一作标签，则我们就无法窥得全貌。[1]

[1] 参见哈特．法律的概念[M]．许家馨，李冠宜，译．北京：法律出版社，2006：106。着重号为笔者所加。

但哈特这样的回应显然没有多大说服力，因为承认规则是否是法律规则，这根本不是一个分类问题，因为分类问题已经预设了一个确定的法律标准，而承认规则不是在确定了的标准下如何归类的问题，承认规则本身是检测一条规则是否是法律规则的标准，它是一条元标准，正因为如此，哈特才说“鉴于重要性”，可以把它称为法律，但这样的说法只不过是一种修辞。承认规则实际上最重要的面向在于它的事实性，而“法律”面向实则是基于另一种角度即内在陈述下“看到”的结果，换言之，“法律”的面向恰恰是因为我们已经接受了一个承认规则这个事实而带来的结果，如果没有承认规则这个事实的存在，我们就很难谈一条规则是不是法律规则。在此意义上，内在陈述只有在承认规则这个事实中才能获得内在的意义。但是，正如前文所述，把承认规则看成事实问题可能会面临法律还原论的指责。

由此看来，哈特面临最严峻的挑战是法律规范性的根基问题。波斯特玛就批评哈特的承认规则，认为它是一个失败的理论。因为它只是告诉我们法律和社会规则的存在条件，但未真正说明法律与社会规则的规范特性。“规范性不是一种经验事实，也不是隐含在接受这个事实里的某一个理由。相反，它是一个人所具有的信念、态度，以及所采取的立场问题。”[1] 我国台湾学者庄世同也附和波斯特玛的质疑，认为如果对于法律规则的接受只是从旁观者的角度来叙述（如接受对象、接受者、接受方式）的话，充其量只不过是在说明具有规范效力的法律规则的存在条件而已，而非寻求证立法律规则的规范性。因为规范性是一种确认关系、提出理据与作出当为判断的概念，它是为某物提出某种

[1] POSTEMA G. Norms, Reasons, and Law [J]. Current Legal Problems, 1998, 51 (1): 158.

理据的概念，而不是说明某物存在的概念。[1]

这些质疑看起来相当有道理，但都不是致命的，甚至有可能把问题引向错误的方向。在哈特承认规则理论的背后是“任何理由命题”（any reason thesis），即对承认规则的接受可以基于任何理由，如果波斯特玛基于一种实践哲学论证出一种更好的接受理由，我想哈特也会同意把它纳入“任何理由”中，但这并未改变承认规则是基于普遍接受态度的事实，尽管我们有一个很好的理由。但如果完全基于论证的好坏，即一种道德理由来建立规范性根基，就像庄世同所说的“对法律规则的接受，不可能不是一种道德上的接受”，[2] 哈特会坚决反对，因为这会把法律的基础引向一种无休止的道德纷争。正如波斯特玛正确指出的那样，哈特在元伦理学问题上是一个非认知论者，他反对目的论式的自然法观念，而采取了霍布斯和休谟式的经验论，道德完全是基于人类现实的功能需求，哈特提出的“最低限度的自然法”正是此意。他明确说道，“如果有人主张在最低限度内容以外，法律还必须符合某些道德，这时候就特别小心检视这些主张，这样的主张不是没有搞清法律与道德之间所谓必然关联的意义，就在指出

---

[1] 庄世同．法律的规范性与法律的接受［J］．政治与社会哲学评论，2002（1）：69．相似的评论也可见于王鹏翔，“如果承认规则只是关于合法性条件的规则，它似乎无法说明，为什么法律事实具有规范性意涵，它如何能够提供行动理由。”参见王鹏翔．独立于内容的理由与法律的规范性[J]．中研院法学期刊，2012（11）：210－211。

[2] 庄世同．法律的规范性与法律的接受［J］．政治与社会哲学评论，2002（1）：78．庄世同的观点很明显采取一种道德原则来为法律规范奠基的做法，他把几乎所有的价值和原则都化约一种道德理由，无论是哈特的“规则具有指引行为的价值”，还是颜厥安所说的法律规则的安定性原则。在他看来，这些原则或价值之所以必然是一种道德理据，因为如果不是，便难以说服我们为什么法律规则这个事实是值得大家普遍接受的。我认为，这种观点是反对法律实证主义者最容易走向的错误道路，它表面上看起来有相当正确的理据支持，实则误会了现代法律权威的基础，它不能仅建立普遍性的道德话语之上，无论这种道德话语有多融贯和统一。

某些重要事实时，误以为那就是两者的必然关系。”❶

除了伦理学的考量外，哈特认为承认规则之所以是一个事实问题，还在于避免把法律义务与道德义务相混淆。那些接受法律体系权威的人，从内在观点去看待它，当他们在说明它的要求时，会以规范性语言的内在陈述去表现，而这些语言是法律和道德所通用的，比如“你应该”“我必须”或“我有义务”等，但当人们在表达这样的法律要求时，这不是在作一种道德判断。这是因为，承认规则在此扮演一个关键的角色，成为法律体系权威的支点，人们无须再去追溯承认规则背后的理由，而作为内部陈述的法律则可成为人们的行动理由。

2. 独立于内容的理由的性质及意义

正是出于对承认规则性质的理解，哈特坚定地站在法律实证主义的立场之上，强调法律与道德的分离。承认规则不仅作为检测一条规则是否是法律规则的判准，也即解决合法性条件问题，在某种程度上也暗含着对法律规范性根据的回答，它的基础不建立在别的规范（无论道德还是假设的规范）之上，恰恰就存在于人们对它的接受事实之中。哈特晚期提出的“独立于内容的理由”命题正是进一步明确法律实证主义的规范性立场，❷ 如果套用夏皮罗的说法，在于澄清“蕴含问题”，即如果法律的规范性根据是一个事实，它具有什么意义呢？至少有一个答案很明确，它为我们提供了一种特殊的行动理由。

哈特在批判边沁的法的命令理论基础上，提出了“独立于内

❶ 哈特．法律的概念［M］．许家馨，李冠宜，译．北京：法律出版社，2006：187。

❷ 王鹏翔认为哈特提出“独立于内容的理由”在于解决法律规范性的困惑。笔者认为，这根本不是哈特的意思，因为，哈特对规范性问题根本不存在什么困惑，他很清楚自己的理论立场，之所以提出这个命题，只不过在于进一步澄清法律规则的性质及意义。也许这样的困惑是提问者自己的，而不是哈特本人的。参见王鹏翔．独立于内容的理由与法律的规范性［J］．中研院法学期刊，2012（11）：211。

容和阻断性理由”（content independent and peremptory reason）这个概念，他认为引入这样一个权威性的法律理由观念，既能放弃边沁的法的命令理论，又能坚持法律与道德在概念上的分离。[1]在哈特看来，边沁命令理论中的一个重大缺陷在于他几乎完全从描述的意义上来界定主权，由此主权失去了它的规范意涵，变成臣民习惯性地服从，而主权者不服从于任何人。这导致边沁对命令的理解与仅仅以命令形式提出的建议没有多大差别。相反，哈特认为霍布斯的命令理论抓住了命令的独特特征，即命令者意图的表达旨在使听者把命令者的意志而不是他本人的意志作为行动的指引。这时，命令者的意志表达不是要在听者如何行动的诸多考量中发挥作用，也不是作为最强或支配性理由，而是命令者意图切断或排除听者的考量。[2] 因此，命令者这种意志表达构成了行动者的一个阻断性理由，哈特认为这是命令的一个特征。另一个特征即他所谓的“独立于内容的理由”，对此，他说道：

> 命令的独立于内容的特性在于，命令者可能对相同或不同的人们下达许多不同的命令，这些被命令的行动可能并无共同之处，然而，在以上所有情形中，命令者都有意要其意图的表达被当成去做这些行动的理由。因此，它意在成为独立于要去做的行动之性质或特征的理由。就此而言，它当然非常不同于典型的行动理由，因为在典型的行动理由中，理由与行动存在内容上的关联：在此，理由可能是行动作为手段所要达到的某些价值或可欲的结果（比如，我关窗是为了御寒），或者理由也可能是某些给定的情境，在此情境下，行动成为追求可欲结果的手段（如我关窗的理由

[1] HART H. Essays on Bentham ［M］. Oxford：Oxford University Press，1982：243.

[2] HART H. Essays on Bentham ［M］. Oxford：Oxford University Press，1982：253.

是我感觉冷）。[1]

自从哈特引入“独立于内容的理由”这个观念，它在法理学和哲学领域就引了起广泛的讨论和争议。有相当多的学者认为这个观念成功抓住了法律规范性的关键特征和权威性质，他们认为正当性权威和其他形式的正当权威指令必然为其行动者提供独立于内容的理由。[2] 当然也有不少学者反对这种观念，认为人们有做某事的理由不仅仅因为法律要求我必须这么做。[3] 但无论支持还是反对，我们首先得弄清楚这个观念的核心要旨。

要理解“独立于内容的理由”，关键在于理解“独立于什么内容”，以及“独立于”是什么意思，是命令者自身的背景内容，还是接受命令者行动的内容？从哈特的表述来看，更多地指向后者，因为命令如果本身有其背景内容的话，也包括在命令者所要传达的意图之中。因此，“独立的内容”应该指向被命令的行动者。如果结合哈特前面谈到命令的第一个特征即“阻断性”，我们也能理解此点，它关系到被命令者行动本身以及行动者自己的考量。因此，我们可以反过来理解哈特的独立于内容的表述，即从依赖于内容的行动着手。通常情形下，人们行动总有

---

[1] HART H. Essays on Bentham [M]. Oxford: Oxford University Press, 1982: 254 -255. 部分译文参考了王鹏翔的翻译。

[2] See RAZ J. The Morality of Freedom [M]. Oxford: Clarendon Press, 1986: 35 -37; GREEN L. The Authority of the State [M]. Oxford: Clarendon Press, 1990: 41 -62; HIMMA K E. Hart and the Practical Difference Thesis [J]. Legal Theory, 2000, 6 (1): 1 -43; SCHAUER F. Authority and Authorities [J]. Virginia Law Review, 2008, 94 (8): 1931 -1961.

[3] MARKWICK P. Independent of content [J]. Legal Theory, 2003, 9 (1): 43 -62; Law and Content - Independent Reasons, Oxford Journal of Legal Studies, 2000, 20 (4): 579 -596; GREENBERG M. The Standard Picture and Its Discontents [EB/OL]. http://ssrn. com/abstract =1103569.

一定的目的和价值考量，[1] 正如哈特所说，行动与理由之间存在内容上的关联。比如，我关窗是为了御寒，是因为我考量了御寒的目的而采取了关窗这个行动。但是，一旦命令加入进来，情形就不一样了。同样是关窗的行动，但它如果来自船长向某个船员发布的命令，在这时我之所以采取关窗这个行动，不是基于我自己对于御寒目的的考量，而仅仅是因为它是船长的命令，这个命令可能与我对关窗理由的考量一致（比如都是为了御寒），也可能不一致（如船长可能考虑货物不能受潮），更重要的是，船长的命令本身就创造了一个新的理由，使得我关窗的行动根本不依赖于（或独立于）我自身对行动理由的考量，而是直接按命令的要求去做，而且我的行动可以由此（而不诉诸内容的考量）被正当化。所以哈特才说，独立于内容的理由“意在成为独立于要去做的行动之性质或特征的理由”。但是，有学者指出，这样以内容为基础来思考独立于内容的理由根本搞错了它的特征，忽视了它的本质特征是意图。[2] 这里有一个问题，是哈特搞错了独立于内容的理由的特征，还是我们误解了哈特的独立于内容的理由？西亚拉法（Stefan Sciaraffa）的说法似乎是兼而有之，一方面，哈特明显是以内容为基础的方式来谈论独立于内容的理由；

[1] 这样的说法当然不能适用于所有行动，其实相当多的行动也不是完全基于目的和价值考量的结果。有些道德行动就不是基于一种理由的考量，如我见到落水的小孩奋不顾身地跳下水去救人，这不是在考量了小孩的生命重要还是我的命或健康重要的情况下作出的选择，而是我的本性使然，是道德的性情“推动”我不顾自身安危去救人。如若先考虑一种道德标准或理由（如获得报酬）才决定去救人，这样的行动说它是道德的，未免有点虚伪。陈嘉映．跳水救人时想什么了？［M］// 陈嘉映．价值的理由．北京：中信出版社，2012：11 – 18；MICHELON C. Being Apart From Reasons：The Role of Reasons in Public and Private Moral Decision – Making［M］．Dordrecht：Springer，2006.

[2] SCIARAFFA S. On Content – Independent Reasons：It's Not in the Name［J］．Law and Philosophy，2009，28（3）：234．王鹏翔对独立于内容的理由的理解基本上与西亚拉法的一致，分别批判了“可以有任何内容”和“与行为性质或价值无关”的两种理解。参见王鹏翔．独立于内容的理由与法律的规范性［J］．中研院法学期刊，2012（11）：213 – 220。

另一方面，哈特也在其引用的文献中触及到了“意图”这个本质特征，根据在于，哈特引入这个观念受到格莱斯（Grice）对自然意义（依赖于内容）和非自然意义（独立于内容）的区分的启发。但很明显，西亚拉法的目的是纠正哈特以内容为基础的理解方式，重新强调格莱斯非自然意义（意图要素）对理解独立于内容的理由的关键作用。无论是出于对哈特的理解，还是出于对独立于内容的理由本身的理解，有必要检讨一下以内容为基础的理解方式为何是一种误解，而不是某些学者自身的误解。

在西亚拉法看来，一种误解[1]是将独立于内容的理由的特性理解为与行为的性质或价值无关。格林（Leslie Green）是这种观点的代表，“独立于内容的理由的标志在于它们的力量不依赖于其所要求之行为的性质或价值。”[2] 很明显，格林对独立于内容的理由的理解基本上与哈特一致，关键的问题在于独立于内容的理由与它所要求行为的性质或价值的关系。西亚拉法的质疑正在此处。他说，我们可以考虑一个典型的独立于内容的理由的行动，比如船长命令水手清洗甲板。思考一下清洗甲板行动的性质和价值，清洗甲板的行动是基于船长的命令，因此，它部分的性质正是回应船长的命令，回应船长命令的行为也能达到某些可欲的结果（如使甲板清洁）。[3] 而格林把独立于内容的理由理解为

---

[1] 另一种误解是认为独立于内容的理由指的是“可以有不同的内容的理由”或“可以有任何的内容的理由”，这种观点代表是夏皮罗，可参见王鹏翔．独立于内容的理由与法律的规范性［J］．中研院法学期刊，2012（11）：213；SCIARAFFA S. On Content - Independent Reasons：It's Not in the Name［J］．Law and Philosophy，2009，28（3）：237 -242. 由于西亚拉法和王鹏翔的批评主要针对的是以内容为基础的方式来理解独立于内容的理由，因此，尽管两种“误解”基于不同的角度（命令者与行动者），但以一种为例足以说明他们批判的重点。

[2] GREEN L. Legal Obligation and Authority［EB/OL］［2018 -07 -27］．http：//plato. standford. edu/entries/legal - obligation/.

[3] SCIARAFFA S. On Content - Independent Reasons：It's Not in the Name［J］．Law and Philosophy，2009，28（3）：236. 也可参见王鹏翔．独立于内容的理由与法律的规定性［J］．中研院法学期刊，2012（11）：217。

不依赖于命令所要求的行动的性质或价值，因此他的论证前后不融贯。

西亚拉法然后进一步设想格林会如何回应，格林可能会承认清洗甲板的部分价值或性质确实是对船长命令的回应，但仍坚持认为船长的命令是一种与行为的性质或价值无关的理由。也就是说，尽管水手清洗甲板的行动是回应船长的命令，但他如果有一个独立于内容的理由这么做，他的力量就不依赖于这个行动是否具有什么的性质或好处。比如，不依赖于清洗甲板是否会使甲板变得清洁。西亚拉法认为，这样的解释只是一种回避难题的驼鸟战术。我们可以考虑一个典型的依赖于内容的理由的例子，如甲板脏了要清洗，按格林的逻辑，甲板肮脏是独立于内容的理由还是依赖于内容的理由，取决于去污是否是清洗甲板一个相关的性质或价值。似乎对船长命令的回应不是清洗甲板一个相关的性质或价值，而去污却是，因而船长的命令是独立于内容的理由，而甲板肮脏是一个依赖于内容的理由。但是为何这样区分呢？格林没有很好地回答这个问题。

西亚拉法对格林的批评，看起来非常有道理，但我认为他错误理解了格林的关注重点。[1] 像哈特一样，格林对独立于内容的理由的关注更多地集中在命令对被命令者的行动产生的影响上，因此，以内容为基础来看待独立于内容的理由的性质具有关键性地位。因此，格林说独立于内容的理由与行动的性质或价值无关，指的是命令全然不依赖于行动本身的性质或价值，船长命令水手清洗甲板之所以成为一个独立于内容的理由，是因为水手对船长命令的回应不需要考量清洗甲板的行动具有什么样的价值，如使甲板清洁或使人感觉舒适等。换言之，在命令与被命令的行动所具有的价值或性质之间不存在直接的关联。不存在直接的关联，并不是说它们之间没有任何关系，在很多情况下，命令者通

[1] 由于王鹏翔几乎完全追随西亚拉法的分析思路，所以这样的批评也适用于他。

过命令所要追求的效果，总会考虑到行动背后的价值，比如船长明知甲板很干净而却命令水手去清洗，这样命令不是不可能，但其效果有多大值得怀疑，因为船长命令水手清洗甲板，大多考虑到甲板过于肮脏需要清洗。西亚拉法没有考虑哈特和格林等人关注的重点，而把批判的矛头转移到命令本身，即他所谓如何区分“船长的命令”（独立于内容的理由）与“甲板肮脏”（依赖于内容的理由）。这个问题涉及命令本身的性质，即命令的基础是理由还是意志，很显然，哈特认为是一种意志，在这方面，他非常赞同边沁对命令和其他命令性言语行动的分析：

> 命令是一种明确表达的断言，说话者希望听者在为一定行为时以这样的方式呈现出来，不仅要表达让听者去行动的意图，还有意要听者认识到这是说话者的意图，并且有意要此种认知至少成为听者行动理由的一部分。❶

在此意义上，西亚拉法说得没有错，哈特认为独立于内容的理由是一种基于意图的理由，但这只是对命令性质的一种说明，而哈特提出独立于内容的理由不是为了说明命令的性质，而是为了说明命令产生影响的方式和特征。当然，这两者存在紧密的关联，由此我们可以把意图作为独立于内容的理由的一个积极要素，即命令者意在使他的意图表达成为一个行动理由，而命令独立于行动的性质或价值作为一个消极要素。❷ 但是，不能以第一个要素的存在而否定第二个要素；相反，至少在哈特的理论中，

❶ HART. Essays on Bentham [M]. Oxford: Oxford University Press, 1982: 251.

❷ GUR N. Are Legal Rules Content - Independent Reasons? [J]. Problema, 2011 (5): 179.

独立于内容的理由更多地指“可以有任何内容”的理由,[1] 以及“独立于该去做的行动的性质或价值”。西亚拉法没有看到这两者的关联，特别是它们之间的区别，导致他一心想恢复格莱斯的非自然意义理论来解释独立于内容的理由，却错失了独立于内容的理由的关键特征。而且，意图作为命令的一个内容要素，其自身能否说明命令的本性也不无疑问，其实哈特引入“阻断性理由”和“独立于内容的理由”恰恰是为了说明命令的特性，命令不仅是一种沟通意义上的意图表达（类似于边沁），而且具有阻断性和独立于内容的效果。西亚拉法把独立于内容的理由仅仅理解为一种意图的理由，不但没有领会哈特引入这个观念的真正用意，而且把命令的性质化约为一种意图，完全忽视了哈特分析问题的语境。[2]

哈特在论述完命令的两个特征后，立刻转入对这两个特征与一般性立法和法创制（law - making）的相关性的讨论。哈特意识到，一方面，命令者主要的阻断性意图不一定能够实现，比如，有时被命令的人不把命令接受为一种阻断性理由，有时根本

[1] 王鹏翔对“任何内容的理由”的批评，其理由有二。第一，权威或许可能命令一个人去做任何类型的行为，但权威总是有限的，每一种权威只有在特定的行为领域内，它的命令才构成理由，即他所谓的“有限性原则”。第二，即便“可以有任何内容”这个特征限定在某个有限范围内，这种挽救策略也不会成功。因为有限领域的界定仍会涉及行为的性质，从而使得独立于内容的理由成为一种与行为的性质或特征相关的理由。我认为王鹏翔以上两点理由都成问题，“任何内容的理由”绝不意味着命令可以针对一切的行为类型，只是想说明命令在其权限范围内（超出权限其正当性就成问题）对行为决定的任意性，如船长可以命令水手甲也可命令水手乙或其他人去清洗甲板，可以命令这些人去干凡是船长能决定的所有事。只要在命令的权限范围内，其命令所针对的行为不一定会与行为的性质相关。

[2] 西亚拉法引用格莱斯的非自然意义理论，把独立于内容的理由的本质特征界定为意图，因此他认为不仅哈特的命令是独立于内容的理由，而且像权威性指令、请求、承诺，以威胁为后盾的要求和建议都有独立于内容理由的性质。SCIARAFFA S. On Content - Independent Reasons: It's Not in the Name [J]. Law and Philosophy, 2009: 254 - 259.

不服从命令，或者对命令的服从仅仅基于害怕惩罚而反复权衡后作出的结果。但另一方面，命令者仍然有意使其命令得到实现，并且希望命令能被接受为阻断性理由，以便使听者在服从命令时不需要考量被命令的行为的价值。而且更重要的是，命令者在发布命令之前有充分的理由相信，接受命令者承认命令语词是作命令要求之事的阻断性理由。哈特认为，持续地承认命令者的语词是一种阻断性和独立于内容的理由，本身构成了一种规范性态度，它区别于一种单纯的服从习惯，是理解相关规范性现象（包括一般性的权威观念、立法或法创制、法律义务与道德义务的区分等）的关键所在。❶

由此可以看出，哈特引入阻断性和独立于内容的理由，其根本的目的是理解现代社会中法律权威的特性，他首先要批判的是边沁对命令的化约论理解。在边沁的法命令理论中，法律权威和法创制仅仅理解为上位者的命令和下位者习惯性的服从，换言之，在哈特看来，边沁的命令理论没有规范性意涵。如果现代社会中法律权威仍然还是一种命令的话，那就必须确立命令的规范性基础。在前面我们对哈特承认规则理论的讨论中已知，这个基础就是人们（特别是官员）对命令者意志表达的一般性接受。如果说承认规则讨论的是法律的规范性基础，而独立于内容的理由则主要关注权威性命令如何实现，在这里，我发现哈特引入此一观念的更深层用意，而且由此可以进一步表明，用“意图”来理解独立于内容的理由完全是错误的。

在哈特把一般性法律权威观念和独立于内容的理由联系起来时，我们可以注意到一个细节变化。他不是用“意图”来指称命令，而是用“语词”来表明独立于内容的命令。这个变化与他对规范性命令的不同模式的理解有关。与哈特对法律规则作出

---

❶ HART H. Essays on Bentham [M]. Oxford: Oxford University Press, 1982: 256.

初级规则与次级规则的区分一样，规范性的命令也有初级和高级模式的区分。在初级的规范命令模式中，命令当然具有独立于内容的理由的特性，但这种模式有重大缺陷，因为它缺少了法律体系发展的一个重要特征，即有效的司法和执法机构。正是由于这些机构的存在，以及它们对命令的有效应用，从而使承认命令作为一种独立于内容的理由的规范性态度得以制度化，相比个体权威的意图表达，命令的语词作为独立于内容的理由更易于一般化。如此一来，立法者的法律权威或行使的法律权力就不是简单的强制性权力，而是受到法律限制的。而且，在把命令者的语词作为阻断性理由时，其语词也不仅仅是确保得到服从的命令了，而是某种规范性的结果。在哈特看来，独立于内容的理由观念的一般化，使得我们摆脱了传统的命令观点，即个人意志表达的简单命令模式。法律的命令不再使用“命令”“规定”这样的语词，而使用更具有操作性、技术性的施为性语词（performative words）。法律命令的一般化和制度化并未失去其阻断性和独立于内容的理由的特性，而是形成了一种不同形式的阻断性理由，它既是一种信念上的理由，同时也是行动上的独立于内容的理由。为了说明这种一般化和制度化的法律权威具有独立于内容的理由的特性，哈特以科学权威作为类比。比如，我们相信科学家在专业领域的权威，当他在自己专业领域发言时，我有理由相信他说的话，而无须独立于去评估他的论证，也无须从理论上思考信念理由（reason for belief）所具有的价值或力量。原因很简单，因为他是专家，所以我有独立于内容的理由相信他所说的话，按他所说的去行动而无须考量这种行动本身所具有的价值。同样，我们有好的理由把立法机构的制定法看成一种阻断性的行动理由，至少我们有好的理由相信可以这样做。[1] 但是，这样的类比可能

[1] HART H. Essays on Bentham [M]. Oxford: Oxford University Press, 1982: 263.

会面临一个问题，即理论权威与实践权威是否并行？我们之所以相信一个医生，是因为他或她具有专业的医学知识和技术，而如果理论权威与实践权威具有某种对应性，则我们相信法官的权威是不是因为他或她掌握了专业的法学知识？而且更重要的是，立法机构是否具有道德上的正当性？或者立法本身是否能带来安定的秩序、协调社会生活呢？这个问题再一次涉及，接受权威性法律理由是否必然需要道德正当性的基础，在这方面，哈特依旧作一个标准的实证主义的回答：把法律理由接受为阻断性和独立于内容的理由，不需要道德理由的判断。尽管在这个根基问题哈特认为仍有探讨的必要，但若要理解法律权威的特性，有必要理解独立于内容的理由这个观念。

至此，有必要总结一下哈特对独立于内容的理由的理解和论证。

第一，哈特之所以引入独立于内容的理由，最主要的目的是理解法律权威的特性。一方面，他要批判边沁对法律权威的化约论理解（习惯性服从），重新赋予法律权威的规范意涵。当然，独立于内容的理由并不直接解决这个规范根据问题，它只有助于理解法律权威的特点。另一方面，他要表明在法律权威的运作中（法律创制、司法和执法等），权威性的法律规则与个体对行动价值的考量乃至一般性的道德论证之间的关系，用哈特的话说，就在抛弃边沁的法律命令理论的同时，如何坚持法律实证主义的分离命题。

第二，独立于内容的理由是命令的一般性特点，它的力量不依赖于命令所支持的行为具有某种价值或好处。哈特对独立于内容的理解，主要关注命令如何影响了个体自身作出的价值判断，无论是在简单命令模式，还是在一般性和制度化的权威模式中，都体现出命令的这个特点。因此，它主要是以内容为基础的方式来理解法律权威；相反，以意图为基础来解释独立于内容的理由，尽管有一定哲学根据，但不适合分析现代社会中的法律权威，至少我认为哈特没有这么去理解。

第三，独立于内容的理由解释了法律理由的性质以及给出理由的方式。独立于内容的理由是一种权威性理由，它不是建议或请求，因为它直接干预了行动者作出决定的自主性。其方式是通过排除或增加理由来改变实际决定的过程，同时也改变了正确决定的标准。因此，独立于内容的理由与阻断性理由连在一起，说明权威性理由如何排除了命令所要求的行为的价值内容考量，造成了规范与评价之间的潜在规范缝隙。❶ 当然，独立于内容的理由在排除其他理由时，也创造了新的行动理由，告诉行动者如何正确地行动。

因此，哈特引入独立于内容的理由这个观念，对于法律实证主义解释法律权威有着重大的意义，它完全改变了传统命令理论中强制权威的消极形象，而以理由论来解释法律权威的特性和运作方式。在此，法律权威的基础在于人们把法律作为独立于内容的理由而加以接受，这种接受既可以是民众对立法机构制定法的承认，或对习惯法作为一种独立于内容的理由的承认，当然也可以是对法官在判决中创设的一般性法律规则的承认。由此产生的法律权威是一般性和制度化的权威，它不仅为人们提供了一般性的行为指引和评价他人行为的标准，而且它创造一种特殊类型的理由，即在按法律要求而行动时不需要通盘考量行动的价值或好处。很明显，哈特用独立于内容的理由来说明法律理由的特性时，是想要把法律实践推理与道德实践推理区分开来，坚持法与道德在概念上分离的立场。无论哈特的法概念理论是否成功，他用独立于内容的理由来解释法律的权威特性还是获得了相当多的理论家回应，我想很重要的一个原因在于：它确实符合我们对法律实践的经验观察，法律是一种特殊的规范类型，它有着不同的

❶ RAZ J. Reasoning With Rules, in Between Authority and Interpretation [M]. Oxford: Oxford University Press, 2009: 208

做事方式。[1] 哈特描述社会学的方法就是要为我们描绘一幅现代社会法律运作的图景，人们基于各种终极理由接受了普遍性的法律规则，法律机构则把普遍规则当成独立于内容的理由加以适用和执行，这样的法律体系不仅有法律权威，而且真正实现了法律的有效治理。[2] 哈特描绘的图画是否准确或正确？我们仍需要加以认真省察。

3. 语言游戏与法律的规范区隔

（1）规则的意义中心与开放结构

相比于化约论的法命令理论，独立于内容的理由对法律权威具有较大的解释力，但仍有一些问题有待澄清。其中一个非常重要的问题是，在法律实际运作中，比如在司法裁判中，独立于内容的理由如何可能？哈特认为，法院承认命令是一种独立于内容的理由的规范态度，对于法律体系发展和裁判公共标准的确定有重大作用。但这是否意味着在运用法律规则（如制定法、先例）时，法官不应、也不能依赖于任何实质性理由的考量？如果可能的话，那法官通过何种方式做到呢？哈特自己曾承认，他对裁判问题的关注的确较少，并认为这是他理论的一个缺陷。[3] 但哈特在很多地方似乎暗示问题的答案，比如在谈到法律义务的陈述是否是一种道德判断时，哈特明确予以否认。“当然，很多法官在说到主体的法律义务时，可能会像许多普通公民那样相信立法的道德正当性，并且认为有遵守立法规定的道德理由，而不考虑立法有什么具体内容。但我不认为，法官只能要么相信立法的道德正

---

[1] TINTURE M. Law Does Things Differently [J]. American Journal of Jurisprudence, 2010, 55 (201): 1 -13; RAZ J. Between Authority and Interpretation [M]. Oxford: Oxford Univerity Press, 2009: 7; 埃塞特称为规范理由直觉和解释理由直觉，参见 ESSERT C. Legal Obligation and Reasons [J]. Legal Theory, 2013, 19 (1): 63 -88。

[2] HART H. Essays on Bentham [M]. Oxford: Oxford University Press, 1982: 220 -242.

[3] 哈特. 法律的概念 [M]. 许家馨，李冠宜，译. 北京：法律出版社，2006: 240.

当性，要么伪装成这样，我看不到这样解释责任或义务有多大的说服力。”❶ 哈特接着说道，“其实有第三种可能，至少在法律被清楚地确定时，法官说到主体的法律义务，是以一种技术限定的方式来谈论的……当法官赞同具体法律的内容时，可能结合了这种道德判断，但这并不必然是法官对法律义务陈述的意涵。”❷

哈特虽没有详细地阐述“技术限定的方式”，但结合他对边沁命令理论的批判，以及上下文，可以推知，所谓“技术限定的方式”至少一部分是指立法通过一般性语言来明确界定规则。哈特曾强调命令者语词的一般化是简单命令模式转变的关键。现代大型社会不同于“前法律社会”，它不能个别地对每一个个人下达特定指示或命令来进行社会控制，而必须通过设置一般化的行为标准让人们能够理解应该做什么。但如果一般化行为标准无法有效传达，则法律如同虚设。法律之所以能够成功地运作于社会生活中，是因为社会的成员广泛地有能力将特定行为、事物和情况涵摄到法条文字所作的一般分类当中。❸ 而且相对于实例（判决先例）的不确定性，用明示的一般化语言来传播一般化标准，似乎更清楚、可靠和确定，他只需要去确信清楚的词汇所包含的事例，将特定的事实涵摄于一般性的分类项目之下，进而就可以导出简单的三段论结论。

在此，我们可以看出哈特对法律规则的理解包含以下几层关键的要点。第一，一般性法律规则由一般化语言所构成，而一般化语言具有相当程度的普遍性与确定性。第二，法律规则在传达信息方面具有个别命令无可比喻的优越性，从而能够适应现代社会的治理方式。第三，一般性语言的确定性突出表现为它的适用

❶ HART H. Essays on Bentham [M]. Oxford: Oxford University Press, 1982: 266.

❷ HART H. Essays on Bentham [M]. Oxford: Oxford University Press, 1982: 266.

❸ 哈特. 法律的概念 [M]. 许家馨，李冠宜，译. 北京：法律出版社，2006：119.

是三段论式涵摄，因此，“这些规则，使个人在无须进一步地求助于官方指示或裁量的情形下，能够在一个个的个案中，自行加以适用。”[1] 很明显，语言在哈特的规则理论中扮演了一个关键的角色，甚至可以说离开了语言几乎无法清楚地说明规则的特性。对于一般化规则与一般性语言的关系，我们在哈特论述的基础上再作些延伸讨论。

如果一般性语言具有哈特所期待的确定性与普遍性，那么它的功能就不仅仅是更有利于传达一般性的行为标准。在这背后还包含了哈特未曾言明却又内在其中的看法，即一般性规则必须被有效传达。也就是说，让民众知晓和理解法律不仅是社会控制的需要，而是社会统治正当性的基础，如果社会存在承认规则，则必须首先假定人们都能知晓和理解法律。[2] 否则，承认规则的社会认知基础就会遭到侵蚀。因此，一般化语言问题与法律的规范基础联系在一起。对于它们之间的关系，在后文会作进一步讨论。

另外，我们注意到，哈特假定了一般语言适用的方式是三段论，因此，法官对规则的适用在多数情况下是可以排除其他理由

---

[1] 哈特．法律的概念［M］．许家馨，李冠宜，译．北京：法律出版社，2006：131.

[2] 在富勒论述的八项法律内在道德中，大多数都与民众能否知晓与理解法律有关，特别是其中的第一条、第二条和第四条。参见富勒．法律的道德性［M］．郑戈，译．北京：商务印书馆，2005：47。这倒不说前现代的雷克斯国王（借用富勒的说法）不会让民众知晓法律，而在于让民众知晓与否不是统治者的义务，而是一种统治的策略。有些法律可以公示，有些法律则秘而不宣。从根本上讲，这些法律并不是民众“自己”的，而是出自国王。现代法治，如果存在所谓的普法型法治与专法型法治区分的话，它的前提必定是统治者有让民众知晓法律的义务。因此，普法型法治中的“普法运动”就不仅是把法当成统治的工具，用以实现治理模式的转型，更重要的在于，人民是法律真正的作者，必须使民众看见法律。而专法型法治也不仅是法律人用刀笔划定法律的疆界，在其背后仍有人民主权的身影隐而不现，如果不理解这点，也就无法理解司法审查的正当性，所谓反民主的司法或反多数难题只是不恰当地理解人民主权表达的一个假想结果。关于两种法治模式的说法，参见凌斌．法治的两条道路［J］．中外法学，2007（1）。

论证，在某种意义上也保证了法官把法律规则看成一种独立于内容的理由。当然，哈特借用魏斯曼的语言哲学，认为规则的一般化语言存在开放结构，在这些领域如何规范必须由法院或官员去发展，也就是法院根据具体个案情况进行自由裁量。但这并不妨碍哈特对法律规则基本特性和作用的看法；相反，它倒是有利于反击所谓法律形式主义的指责。因为，在哈特看来，一方面，开放结构领域法官并不受既定规则所约束，属于法官造法，因此，它不能否定规则在多数情形中的拘束力。况且，法官造法的结果最终会形成一般性的规则，对类似的行为将会产生普遍的拘束力。另一方面，哈特似乎仍确信，这只是语言和规则的边缘情形，立法者在设计出某项行为的一般化规则时，自然地呈现出清楚的典范个案。如“任何车辆禁止进入公园”的规则，立法者想到的是汽车、卡车等机动车辆，而滑轮车只是边际情形。因而，“法律的生命在很大程度上，仍然在于借用意义确定的规则，作为官员与私领域之个人的指引。这些规则不像可变的标准，其适用不需要随着不同的个案而重新作出判断。即便任何规则在具体个案的适用上都可能发生不确定性，这个社会生活的显著事实仍旧是真实的。”❶

也许哈特对语言的一般结构解释是正确的，但关键的问题是，语词意义的确定性在何种意义上决定了法律规则适用的自动性？法律问题在简单案件中为什么最终都可以转化为语言和逻辑问题？哈特对这个问题的回答表面上从词与物的内在包摄关系来论述的，如“车辆”这个词内在地“涵摄”了某部汽车，但实际上也隐含了一个实质性的看法：法律问题与语言问题存在相当的一致性。从此种观点看来，法律争议从根本上是语词意义与用法的争议，其原因要么出于语词本身的模糊（自然语言本身不可

❶ 哈特．法律的概念［M］．许家馨，李冠宜，译．北京：法律出版社，2006：130.

避免），要么由于立法者面对社会复杂性而缺乏事无巨细的预见能力，由此导致目标上的相对不确定性。对于这些争议，哈特认为我们必须在各种利害间作出最能令我们满意的抉择。但当不存在语言的开放结构，能够进行“涵摄”适用规则时，“解释”就成为多余，因为语词的意义决定了法律规则适用的结果。尽管哈特在多处讨论了开放结构，[1] 但他似乎更关心语言、规则和法律所具有的确定性意义。在开放结构问题上，哈特部分赞同规则怀疑论者的观点，承认司法决定的预测不可否认地在法律中占有重要的地位。但这种预测不是对法官行为规律的预测，而是依赖于规则之非预测面向和规则之内在观点的理解。换言之，规则对法官的自由裁量权构成一定约束，尽管不一定能排除。

哈特从一般化语言来分析规则，并区分所谓语义的内核与开放结构，其首先的动机当然要回应法律形式主义和法律现实主义的挑战。初看起来，哈特的开放结构似乎很好解释前两种法律裁判理论的问题所在。法律形式主义过度强调规则的确定性，却以牺牲选择的需要为代价；相反，法律现实主义则过度强调规则的不确定性，没有看到规则在大多数案件中所具有的拘束力。但是，开放结构命题并没有促使哈特提出一个新的裁判理论或法律论证理论，很明显，哈特真正关心的问题不是裁判的方法和裁判的正当化，而是说明一般化规则如何存在于法律实践活动之中。前者属于特殊或规范法理学研究的范围，后者属于一般性或描述性法理学研究。分析法学把后一类问题作为自己的研究对象。这倒不是说哈特对裁判问题没有自己的看法；相反，从前面对法律规则与语言的关系角度看，哈特事实上表达一种实质性的裁判立

[1] 哈特认为初级规则和承认规则都存在开放结构，而且并未严格地区分“开放结构”的诸多层次，如语言的开放结构、规则的开放结构与法律的开放结构。参见陈景辉．实践理由与法律推理［M］．北京：北京大学出版社，2011：163。陈书主要指出哈特未能清楚地区分规则的开放结构与法律的开放结构，从而错误地理解了规则的性质。

场：裁判要么是三段论的推理，要么是法官的自由裁量。如果单从裁判理论而言，哈特其实没有任何创新，他只不过重新“组合”了法律形式主义和法律现实主义的看法，抽去了法律形式主义中的概念逻辑，代之以语词的意义结构，并以此为中心来划分法律解释的界限和范围。这种“组合式”的二分法，尽管汇集了前两种法律裁判理论的优点，却没能比它们更好地解释法律裁判的实践，既不能解释疑难案件，也不能完全解释简易案件。正如德沃金指出的，疑难案件往往超出法律文本中的语词争议，其解决也不是诉诸政策的自由裁量，而需要诉诸原则论证。❶ 同样，词义清晰是大多数简易案件的特点，但不由此推出词义清晰的案件一定是简易案件。如救护车是车辆，但不适用于“任何车辆禁止入公园”的规则，如果公园发生急紧病情的话。反过来也一样，词义不清晰的案件也不一定是疑难案件，比如刑法中“情节严重或轻微”的表达比较模糊，但这完全可以根据具体案件加以确定，不一定会成为疑难案件。从某种意义上讲，哈特以词义为中心的“组合”式裁判观念，使法律论证几乎不可能。如果当下案件事实落入规则的意义中心，则直接运用涵摄就可以，根本不需要法律论证。❷ 而如果案件事实处于开放结构之中，法官则可以使用自由裁量，尽管哈特强调自由裁量仍受约束（像一位诚心的立法者），❸ 但是，在这种情况下法官所给出的理由完全

❶ DWORKIN R, Hard Cases［J］. Harvard Law Review , 1975, 88（1057）: 1064.

❷ 在此，我们应强调论证与严格形式推论的不同，论证是先有看法或主张，然后用理据来论证这种看法或主张的真或正确性，理据本身并不能提供论证的方向。而近世以降，对于真知的看法却采用推论模式，似乎在推理之前根本无结论或看法，从自明之理开始，然后采用逻辑推论才能确保结论之真或正确。以推论的形式来理解论证，恰恰忽视了论证的情境，把实践推理化约为形式化的长程推理。关于这一区分，可参见陈嘉映. 说理［M］. 北京：华夏出版社，2011：194－199。

❸ 哈特. 法律的概念［M］. 许家馨，李冠宜，译. 北京：法律出版社，2006：254.

在法律之外，因此，很难称之为法律论证。否则，我们就可以把一般人的道德考量，立法者的利益权衡与政策论证看成法律论证，因为，它们之间没有任何实质性的分别，不能仅仅因为是法官作出的而当然成为法律理由。

由此看来，哈特的裁判观念确实有很多可质疑之处，但在此，我并不打算在批判哈特的裁判观念上，提供一种全新的裁判理论。原因在于，其一，哈特无意通过语义中心与开放结构的区分提出一种裁判理论，因此，对此批判可能有点无的放矢。其二，更重要的是，要澄清和理解哈特为何会得出这样一种裁判观念，这与他对法律概念的看法有何关联？在我看来，哈特的裁判观念是他的法律实证主义理论的一个结果。为何这样说呢？哈特又预设了一个什么样的法理论，致使其得出这种裁判观念呢？

（2）裁判观念与游戏规则类比

我们可以从哈特对法律现实主义的批判中找到一些答案，因为这个批判其修辞的意义远远甚于论证和理解，其目的是突显他的规则理论。哈特认为法律现实主义最大的问题是忽视了规则对法院的拘束力，不当地夸大了开放结构的范围。为此，他作了一些理论上的澄清。第一，规则未被实际遵守并不意味着规则不存在。比如，我承诺去拜访一位朋友，承诺本身就构成一种有约束力的规则，但当我正要动身去时，我身体突感不适，因此我未能履行我的承诺。在这种情况下，规则存在一个恰当的例外，我生病成为我不遵守承诺的适当理由。因此，我未能遵守规则这个事实不意味着没有任何要求遵守承诺的规则存在。第二，对规则的接受态度与行动者在行动时的心理过程不同。尽管对规则的接受往往表现为行动者直觉性的行动，比如接受了交通规则的人在遇到红灯时会下意识地停下车来，但如果要证明我是接受一条交通规则而作出此种行为，则可以通过如下方式，即我的行为受到挑战时引用规则来证立，并且对他人偏离规则的行为进行批判。由此，规则的遵守与偶然性的一致行为区分开来。第三，司法实践中，法官接受并遵守规则的行为不同于伪装依规则的行动。在某些判决中，法官可能是先直观地达成决定，然后再从法律规则的目录中选择一条伪称与当下案件相符的规则。但哈特认为，这只是部分裁判过程可能像这样。"大多数的裁判都是像下棋者移动棋子一样，法官若非努力地通过遵守规则来作成决定，有意识地将该规则作为决定的指引标准，就是以直观先构想出决定，然后借用规则来加以证立，此规则法官一开始就有意遵守，并且它与系争案件的相关性也普遍地被承认。"❶

哈特的论证看起来有些道理，但大部分错误地理解了法律现实主义的主张。从严格意义上讲，法律现实主义并不是一种法的理论。被称为法律现实主义者的卢埃林，甚至认为法律现实主义不是一种学派或运动，也不是一种理论，而仅仅是一种方法。❷如果他们之间有什么共同点的话，那就他们都对法律形式主义的方法不满。形式主义过于追求原则的统一而忽视了"起作用的事实"，因此，他们的首要目标就是要批判这种过于形式化的研究案例的方法。比如，作为卢埃林精神导师的科宾（Arthur Linton Corbin）在谈到合同与约因的关系时说，"不存在也从来没有存在过这样的东西或者叫作约因的原则。在不同的时间、不同的地点、千变万化的各种情境之下，法院经常适用合同责任。研究这一领域的唯一目的是决定在什么情况下应该适用合同责任。"❸作为结果，法律现实主义更倾向对事实（包括心理事实）的描述与分析，驱动这一描述方法的是他们背后的规范诉求，即改善法律或判决。当然，他们所理解的法律不同哈特意义上的规则，

❶ 哈特. 法律的概念［M］. 许家馨，李冠宜，译. 北京：法律出版社，2006：135.

❷ LLEWELLYN K N. Jurisprudence：Realism in Theory and Practice［M］. Chicago：The University of Chicago Press，1962.

❸ 吉尔莫. 美国法的时代［M］. 董春华，译. 北京：法律出版社，2009：127.

更多地具有“应然”的品性。

基于上述对法律现实主义的初步理解，哈特对法律现实主义的批判很明显错失了重点，甚至误解了其旨趣所在。比如，对于哈特的第一个区分，法律现实主义可以回应说，未得到实际遵守的规则当然是法律规则，但问题不在于从“效力”上承认这个规则是否有约束力，而在于探求为何一个有效的规则没有得到遵守，我们是否可以通过原因的分析进而改进法律或裁判。至于第二个区分，法律现实主义当然也不会认为遵守规则仅仅偶然的一致性行为。法律现实主义不只是描述一些规律性行为，而是通过对这些行为事实的描述，进而追求一种规范性态度，尽管这种规范性不同于既定的规范性。对于第三个区分，我认为，法律现实主义对法官裁判过程的描述比哈特设想的更为真实，法官大多数情况下是先有结论然后再寻找理据（法律与相关事实），这不能仅仅归结为“发现脉络”的心理过程，而是法律论证的逻辑顺序。法律论证不是从自明的法律和事实往下推理，而是先有一个规范性判断，再通过论证连接起前提与结论之间的关系。这个过程不是把法律规范看作“主观判断”结论的伪装，相反，法官自己不相信能从既有法律规则推导一个正确的法律结论，却不顾事实和后果而勉强依规则而裁判，这样的法官才是把法律当作一种伪装。

尽管哈特的批判大多建立在误解基础上的，但这并不妨碍他提出和坚持的法律规则理论，因此，我们可以把哈特的批判看成是一种修辞性而非论证性的，也许这不一定是哈特的真实想法，但至少达到他要追求的效果。哈特的规则实践理论旨在解释一条规则的存在，什么才可以称得上真正地遵循规则。可以看出，哈特的一些想法与维特根斯坦对语言游戏的解释基本一致。维特根斯坦通常把语言类比于游戏规则，以此突出语法规则像游戏规则一样具有相当高的任意性与自治性，也是就维特根斯坦所说的“盲目地遵循规则”。因而不同的游戏之间是可以相互转换，比如，两人端坐在棋盘两端，一步步地在那里走棋，我们假如看见了，会说他们在下棋。但我们完全可以设想，某个原始部落根本不知下棋为何物，却以同样的行动表达尖叫与跺脚。我们不能根据行动与规则的符合来理解规则的存在或在遵从规则，因为我们可以使任何一种行动方式和一条规则相符合。[1] 下棋与表达尖叫和跺脚尽管从外在观察的角度看具有相似性，却是完全不同的两种游戏。要理解一种游戏规则的存在，必须从应用的角度看。遵循规则是一种实践，不能说“以为自己在遵循规则”就是真正地遵循规则，“私自遵循规则”根本不可能。正如只有存在一种稳定的用法，一种习俗，才说得上一个人依照路标走一样。但为何要遵从一种规则完全是任意的，“如果我把道理说完了，我就被逼到墙角，亮出我的底牌。我就会说，反正我这么做……我遵循规则时并不选择。”[2]

维特根斯坦之所以讨论游戏规则，是因为它作为一种典型的实践规则，拥有最高程度的任意性和自治性，任意性在很大程度上来自于自治性。自治性与工具目的性相对，规则越是不受制于外在目的，其自治性程度就越高。比如象棋是没有目的，或者说下棋的目的内在于象棋规则之中。下棋好玩或下棋能锻炼智力与象棋本身的目的无关，我们不能因为好玩或锻炼智力而改变了象棋规则。当然，有时我们为了使象棋更好玩或更能锻炼智力而修改规则，但这时就很难说我们在进行下象棋的游戏。

除了游戏规则，其他的大多数规则都与外部目的有所关联，比如交通规则、烹饪规则等。如果借用塞尔对规则的区分，游戏规则可以称之为构成性规则，而其他的规则可以称为调整性规则。调整性规则规制先前存在或独立存在的行为形式，而构成性

[1] 维特根斯坦．哲学研究［M］．陈嘉映，译．上海：上海世纪出版集团，2005：94.

[2] 维特根斯坦．哲学研究［M］．陈嘉映，译．上海：上海世纪出版集团，2005：99.

规则不仅规制行为，而且创造或界定新的行为形式，前面谈到的象棋规则，还有体育比赛规则就是这类规则的典型，正是这类规则创造了这些游戏存在的可能性。[1] 这些规则的不同主要表现为自治性程度的差别，由于调整性规则受外在目的约束，我们总会不断地探问规则制定的道理或背后的目的，在此意义上，它不同于象棋这类游戏规则的完全自治性，即盲目地遵循规则，总是存在规则修改的可能性。因此，在我们分析任何一种规则之前，需要认真对待不同规则之间在自治性上的差别。

另外，在游戏规则中，我们也要区分遵循规则与具体的应用技术。比如，在象棋中，马走日象走田，这些是象棋的规则。我们移动棋子是在盲目地遵循这样的规则。但我们经常用马来将军，或用象来保帅，这些是下棋的技术，当我们用马将军时，不只是在遵循“马走日”的规则，而是在按棋理行棋，我们不能把按棋理行棋的应用技术等同于按规则指令行事。[2]

在简要地澄清游戏规则的特点后，我们再来看看哈特是如何理解法律这类规则的。有很多学者指出，哈特对规则的分析借用了游戏规则的范型。[3] 确实，在《法律的概念》一书发现多处使用象棋或体育比赛规则的类比，如“承认规则很像比赛中的得分规则”,[4]“在许多情形中，对法院将会做什么的预测就像以下我们可以做出的那种预测，好比国际象棋的参赛者将会依对角线的方向移动‘象’”[5] 等。哈特借用游戏规则来类比法律，不是为了说明事理，比如我们生活中面临艰难选择时会使用“丢车保

[1] SEARLE J. Speech Acts［M］. Cambridge：Cambridge University Press，1969：33.

[2] 陈嘉映. 说理［M］. 北京：华夏出版社，2011：97－99.

[3] 施莱克. 守法主义［M］. 彭亚楠，译. 北京：中国政法大学出版社，2005：92；ATRIA F. On Law and Legal Reasoning［M］. Oxford：Hart Publishing，2002：6.

[4] 哈特. 法律的概念［M］. 许家馨，李冠宜，译. 北京：法律出版社，2006：96.

[5] 哈特. 法律的概念［M］. 许家馨，李冠宜，译. 北京：法律出版社，2006：141.

帅”的说法，而是要说明两种规则之间的相似性，更准确地说，法律就像是一种复杂的游戏。之所以这样说，是因为哈特在关键的几处使用这种类比。我们知道，规则的实践理论关键在于它的承认规则，而哈特认为承认规则就像比赛中的得分规则。法律这种游戏之所以存在，就是因为我们接受了它，正如我们要玩板球运动，就必须接受内含其中的得分规则。得分规则对于板球运动而言具有构成性的意义，同样，法律规则对法律实践也具有构成性的意义。除了承认规则借用游戏类比外，哈特在反驳法律现实主义的“预测论”时也使用游戏规则的类比，特别区分了“记分员自由裁量的游戏”与“常态的游戏”。

> 虽然得分规则和任何其他规则一样，具有必须由记分员做选择之开放结构的范围，但是它却具有确定意义的核心。这个意义的核心是记分员不能恣意偏离的，而当发生偏离时，也就是这个意义的核心，对参赛者所发表关于得分的非正式陈述，与对记分员正式地做出的裁决，构成了判断二者正确与否的标准。也是由于这个意义的核心，使得我们确实可以说，记分员的裁决虽然是终局性的，但绝非不可错误的。这在法律的领域中也是同样真实的。[1]

如果记分员的裁判偏离太频繁或拒绝使用得分规则，则必定会产生一个临界点，即参赛者不再接受记分员偏离正轨的裁决，如果他们接受的话，则游戏就改变了，它不再是板球运动，而是“记分员自由裁量的游戏”。因此，哈特认为，在所有的游戏中记分员的裁决是终局性的这个事实，并不意味着所有的游戏都是“记分员自由裁量”这个游戏。相反，大多数的裁判都是像下棋者移动棋子一样，通过遵守规则来作出决定，有意识地将规则作为决定的指引标准。

---

[1] 哈特．法律的概念［M］．许家馨，李冠宜，译．北京：法律出版社，2006：139.

引用游戏规则来类比法律，对于哈特阐述规则的实践理论上具有重大意义，它解释了“法律在何种意义上属于规则”这个令人困惑不已的问题，使法体系区别于其他的规范体系，特别是道德具有概念上的可能性。

第一，既然法律类似于游戏规则，那么它同样具有游戏规则最为显著的特点，即游戏规则的任意性。任意性完全符合哈特对承认规则的理解，因为承认规则是一个事实，这个事实是否存在依赖于人们遵循规则的实践，至于实践的内容则可以是任意性的。我们吃饭是用筷子还是用刀叉取决不同人群的实践，这两种不同的方式之间可以转换。同样，法律规范可以有任何内容，尽管哈特认为，法律体系要获得稳定性依赖于法律和道德的某些对应（承认“最低限度的自然法”），但不能因为有些特定的法律在道德上是邪恶的，而拒绝承认它们是法律或具有法律效力。正如我们不能说，拳击比赛过于残忍，因而不是一种体育比赛。

第二，游戏规则的任意性在很大程度上来源于自治性，自治性回答了规则之所以正当的规范性条件。游戏规则的实践具有内在的构成性意义，使得不同的游戏规则之间得以区分，并同时规定了实践的行为模式及其意义。比如，中国象棋规则创造了象棋这一实践活动，因而中国象棋不同于国际象棋，凡是参与中国象棋游戏的人都必须接受这套规则，并按这些规则去游戏。如果有人问“为何马要走日”？那么他必定提出一个错误的问题。因为这里没有原因，知道中国象棋规则的人不会提出这样的问题，这是下棋的前提。哈特的承认规则也扮演类似的角色，它告诉我们哪些是有效的法律，并说明这些法律为何有效，但不能追问承认规则本身是否有效，因为承认规则既非有效亦非无效，它很单纯地因为妥当而被采用。❶ 我们不能把“妥当”一词看成是道德上

---

❶ 哈特．法律的概念［M］．许家馨，李冠宜，译．北京：法律出版社，2006：103.

的评价，而是类似于巴黎的标准米尺，其妥当性依赖于人们对这个测量标准的接受。至于人们为何会接受这样的一种标准，可能有多种原因，其后的目的与规则本身无直接关联，所以，哈特认为对承认规则的接受可以有任何理由，可以是道德上的自愿接受，也可以纯粹基于功利性的计算，当然也包括简单地服从习惯。正是因为承认规则（如游戏中的构成性规则）成功地实现了规则与外在目的的区隔，因而使法律体系成为一个不同其他规范的自治性整体，无须再借助于其他外在理由来证成它的正当性。

第三，如果法律被想象成一种完全自主的游戏，其结果是，它的应用必定大多无争议。在游戏规则中，大多数情况下直接运用规则作出裁判，不需要考虑规则的目的，也不需要考虑规则应用时的具体情境。在足球比赛中，如果球员站在的位置比球和站在最后第二位的对方球员更靠近对方球门底线，则该球员处于越位的位置，如果球员与对方最后第二名球员或最后两名对方球员的位置平行，则不算越位。这是现行足球中的越位规则。但在早期的越位规则中，最后两种情况中的任何一种都算作越位，这使得很多球队的打法过于保守或偏向防卫，1990 年世界杯之后国际足联决定修改越位规则，鼓励进攻性足球，以增强其观赏性。但是，在引入新规之后，裁判员不能为了促进国际足联修改规则的目的，而不太严格地适用新规，对于球员身体明显越过对方最后第二位球员的情境视而不见。裁判员在运用规则时不能考虑规则的目的，一旦引入这些外在目的来规范规则的运用，则整个游戏将完全改变。

这当然不是说，在游戏中规则的应用不会发生任何争议，而是不会发生规则的背景理由论争。游戏中的争议大多表现为事实性争议和规则语义争议，比如在与英格兰那场著名的比赛中，马拉多纳用手进球，是故意的还是无意的？这既有事实也有语义争议，必须承认，裁判员由于各种客观原因很难作出准确无误的判断。但是，裁判员（包括球员）无论如何都不能根据规则之外的理由来证成用手碰球的正当性，比如说“我儿子在场边看球，如果不算进球，他会很难过的”。如果某位球员这么说，裁判员不会太当真，认为这个球员只不过在给他开一个玩笑。可见，游戏规则由于它的封闭性，从而有效地使规则与规则的背景理由区隔开来，在某种意义上，哈特关于规则意义中心的说法，实际上成为规则区隔最重要的手段。如果规则有争议或可辩驳性，它也只发生规则之内，即语词意义的开放结构中。

（3）法律规则是否是一种游戏规则？

哈特把法律规则类比于游戏规则令人印象深刻，并且如果这种类比是可能的话，它确实解决了法律实证主义要回答的几个核心问题。比如，法律在何种意义是一种规则？判断法律是否存在需要借助于道德论证吗？根据规则裁判为何具有一种独立于内容的理由的性质？由于游戏规则高度的自治性，因此，它对于一直致力从概念上区分法律与道德的法律实证主义来说具有相当大的规范吸引力。但是，有规范吸引力是一回事，能否真正说明和解释法律以及法律理由的性质又是另一回事。我认为，哈特以游戏规则类比法律不但面临规范性条件解释上的挑战，而且在法律理由性质的说明上存在严重的问题。

A. 法律规则，特别是承认规则是否是任意性的规则？

说法律规则是任意性的，确实具有经验直观的基础，不同的国家有不同的法律体系，不同的法律体系之间内容当然并不完全一致，甚至有的完全相反。即便在同一国家的不同时期，法律规则有时表现出截然相反的内容。我们有什么理由认为法律规则必定以某个确定的内容为基础呢？除非我们相信世界存在一种永恒不变的自然法，并且它能成功地指引我们的行动。而且，我们也可以发现，不同各国法律体系有不同内容，而且它们各自的承认规则也各不相同，比如法律体系相似的英国法和美国法，其承认规则之间有差别，这些都是事实。

游戏规则的任意性大多约定的结果，在某种程度上，我们确实可以任意约定的一种游戏规则，只要参与游戏的人认可。但是，法律规则，包括承认规则我们可以任意约定吗？我们可以约定一家基金会而不是议会具有法律权威吗？[1] 显然，法律规则看起来确实是人为约定的产物，但这种约定并非没有道理可言，我们之所以如此约定而非那样约定，总与我们对约定事物的看法与观念联系在一起，因此，它不仅仅是一个事实就可以解释的。另外，把法律规则看成任意性的，似乎可以在不同的规则之间进行任意的转换，法律发展的历史特性就被降格为选择的偶然性。游戏规则一个最大的特点就是它的无历史性。

B. 法律规则是完全自治性的吗？

游戏规则的自治性来自规则本身具有的构成性意义，它与外在目的无直接关系，正如我们前面分析过的，下象棋的目的不是为了好玩或发展智力，它本身就是目的，即创造一种新的活动形式。而法律规则从本性上讲是一种调整性规则，我们“发明”法律不是为了创造一种全新的活动，相反，我们是想规制既已存在的活动、行为、关系等，比如之所以出现合同法，不仅为了使我们能够交易货物，而且使我们在交易中要有一种义务观念，因为这比纯粹的交易更有利（比如更有安定性）。因此，作为调整性规则的法律很难避免与外在目的的联系，规制性目标会影响到规则本身。

比如，有这么一个案件。双方当事人订立了一份房屋租赁合同，双方约定租赁期限 20 年，从内容上看意思表达清楚，并且双方在合同上签字盖章，因此从形式上看合同完全有效。但是，双方当事人都非常清楚，这份房屋租赁协议实际上是承租方要求出租方为其借贷（民间融资）提供的一种担保，而后出租方把

---

[1] 王鹏翔．独立于内容的理由与法律的规范性［J］．中研院法学期刊，2012（11）：235.

房屋出售给第三方，并且完成房屋过户手续。当第三方接收房屋时，承租方却拒不交还房屋，理由很简单，因为与出租方有20年的租赁协议。法官判决租赁协议无效，其根据在于租赁协议本身不是出于租赁的目的。

在法律中出现这种情况完全正常，因为像合同这类法律制度，其发展背后有实质理由的支持，因此可以把法律规则看成“实质理由的普遍化”。[1] 它排除了一些实质理由的考量，但不可能完全隔离实质性考量。而在游戏中则不可能出现规则与实质性理由之间的互动，比如在足球比赛中假如规定每队最多只能换三位球员，对方球队最后换上一位特别有实力的球员，而我也是最后一位被换上场的球员，在上场时教练告诉我，为了确保自己球队不败，必须想办法使对方最后换上的那位球员不能有效发挥作用，因此，我在比赛中故意把那位球员铲倒，最后我被红牌罚下，而对方球员因严重受伤而不能继续比赛。在这种情况下，对方球队是不是可以要求再增加一位球员上场？很显然，裁判员不会理会这种要求，即便他可能知道那个犯规动作是故意的，那只是有损于体育道德，但却不能改变规则适用的结果。由于体育比赛规则是完全自主的，其规则的适用真正地实现了全有或全无的特点。而在法律中，规则的应用并不必然是全有或全无的模式，它会遭遇规则的各种例外，并不是每种例外都可以化约成规则之一部分。[2]

因此，在法律中不仅是法律概念存在可辩驳性，而且规则也存在可辩驳性，消除规则可辩驳性的概念空间恰恰是游戏活动的特色所在。回到哈特对法律现实主义的批评，很明显，他的批评

---

[1] ATRIA F. On Law and Legal Reasoning［M］. Oxford：Hart Publishing，2002：45.

[2] FINKELSTEIN C. When the Rule Swallows the Execption［G］//MEYERL. Rules and Reasoning：Essa－ys in Honour of Fred Schauer，Oxford：Hart Publishing，1999：55－57.

未切中要害，法律现实主义并未否定既有法律规则是法律的一部分，而是认为既有法律规则不能（至少不能完全和事先）决定案件的结果。当哈特通过司法裁判来分析规则的内在面相时，严重地混淆了两个关键的区别。第一，遵守规则与规则的具体应用之间的区别，比如哈特认为，对法院将做什么的预测，就像国际象棋的参赛者将依对角线的方向移动“象”。依对角线移动“象”是维特根斯坦所说的“盲目地遵循规则”，但我们对参赛者如何移动“象”的预测不是（或至少不仅是）对他或她是否遵守象棋规则的预测，更多的是他或她将会如何依棋理来移动“象”。游戏中的这种区别当然也存在于法律规则之中。第二，不同制度语境中，规则的具体应用存在区别。游戏中规则的应用与法律的规则应用不可简单类比，如果说两种规则中都存在开放结构的争议，但用开放结构的争议来涵盖所有的法律争议显然不充分，德沃金提出的理论争议在哈特的框架中似乎无法解释。

C. 法律规则能自我正当化吗？

如果法律规则类似于游戏规则，那么它的意义不仅可以成功地实现法律与外在理由的区隔，而且能够很好地解决（实质上消解）正当性问题的困扰。由于游戏规则对实践活动是构成性的，实践活动的正当性来源于游戏规则，而游戏规则的正当性无须诉诸其他的实质性理由。哈特同时代的牛津哲学家威尔顿（Weldon）同样如此处理法律正当性问题：“‘为何我应服从英国的法律？’这个问题与‘我为何要服从板球规则’一样没有什么意义。问题的根源在于语词的混淆，它影响了我们在科学和政治用法中谈论法律。”❶ 似乎只要我们理解法律规范一词的正确用法，正当性问题就不存在了，要在社会规范中寻找更深的基础，无异

❶ WELDON T D. The Vocabulary of Politics [M]. London: Penguin, 1953: 62; PRIEL D. The Place of Legitimacy in Legal Theory [J]. McGill Law Journal, 2011, 57 (1): 15.

于在机器中寻找幽灵（赖尔语）。

但我们不注定生活在机器中，面对法律也不只是简单地非此即彼的选择，要么加入变成机器人，要么不加入就与法律绝缘。把法律类比于游戏规则，等于掏空了法律的规范内容，使得法律与实质性理由的关系变成纯粹外在和偶然性的。对于构成性的规则而言，行为人加入这一规则之中不需要相同的背景理由，所需要的只是对这个实践的意义有一个粗浅的理解。如果遵守法律的终极理由或目的是分歧多样的，那么法律规范性的根源似乎不必也不可能有统一的说明。❶ 因此，假若法律规则像游戏规则一样具有构成性的意义，但也正如游戏规则一样，它的规范基础是相当稀薄的，薄弱到我们可以自由地选择进入或退出。但是，我们可以自由地选择进入一个政治社群吗？即便在某些例外情况下（如归化宣誓），个体可以选择放弃一种国族身份，而选择加入另一个政治社群，但是，这些偶然发生的现象也不能改变政治（包括法律）本身的空间界限。❷ 如果把法律的权威建立个体的同意与接受之上，那法律的约束力几乎无法实现，我可以不同意

❶ 参见王鹏翔．独立于内容的理由与法律的规范性［J］．中研院法学期刊，2012（11）：239。庄世同也持类似的观点，认为哈特提出的“终极理由”大多是个人的自利理论，这些理由只有涉己的规范力，而欠缺涉他的规范力，这难以说明承认规则所具有的“共同的公共标准”特点，如果承认规则是共同的公共标准，或者说承认规则具有涉他的规范力，那么接受承认规则的理由就必定涉及他人利益或责任的道德理由。参见该文注释45。与庄世同的批判一样，王鹏翔也采纳了一种德沃金式的论证，他从互惠性政治社群应有的政治原则出发来论证规范性的根据问题，“能够产生义务或规范性要求的权威关系必须是一种相互课责的关系，只有当政治社群对其成员恪尽平等义务，其成员才有守法义务，换言之，必须是我有权威要求政治社群以平等的方式对待我，我所属的政治社群所制定的法律才会给予我独立于内容的理由。”从政治社群角度来理解法律权威自然比单一的道德原则更具有说服力，但王似乎把权威的基础奠定在政治社群所应有的道德原则上（平等对待与关怀），而忽视了政治道德原则与政治社群身份认同的内在紧张。

❷ KAHN P. The Cultural Study of Law［M］. Chicago：The University of Chicago Press，1999：56.

税法而拒绝纳税吗？我可以不同意车速限制而自由地驾驶吗？我们所生活的法律世界，不像游戏世界，要么可以选择进入其中，要么可以退出，无论你同意还是不同意，我们都得生活在这个规范世界之中。所以，把法律权威限定在同意或选择之上是法律不能提供的奢侈品。[1]

哈特把承认规则看成“事实”，或把它类比成游戏规则，一个最重要的动机是使法律在概念上能与道德相分离，从而不需要借助于道德理由来证成法律自身的正当性基础。在现代社会，法律背后涉及多种道德问题，处理这些问题的时候应坚持法律的实然与应然之区别。如果只是看到法律规则的不道德，就很容易抛开法律规则，而根据道德的要求去做，这样有过度简化法律的危险，我们不能仅仅借着拒绝承认恶法的效力而一举解决复杂的道德难题。如果能把法律的有效性和法律是否符合道德区分开来，那么我们不但能很好描述法律独特的特征，而且可以根据法律是否有效地推进了它的目标来评估法律的优劣。因此，我们不难理解，为何法律实证主义把法律的概念限定在“实证性”上（法律渊源命题、社会事实命题），划清法律与道德的界线，实际上是为了更好实现法律的道德性，不过，这种道德不是一般性意义的道德，而是与权利有关的道德（right - regarding morality），或者说与愿望的道德（the morality of aspiration）相对的义务道德（the morality of duty）。[2] 换言之，法律实证主义的背后隐含了一种新的道德观念，这种新观念伴随着前法律世界向法律世界的过渡而产生（哈特著作中多处体现这种“历史进程”修辞），正因为如此，实证主义与功利主义具有历史上的关联就不是偶然的，法律实证主义最初的动机就是要努力把法律呈现为一种特殊类型

[1] SHAPIRO S. Legality [M]. Cambridge: Harvard University Press, 2011: 212.

[2] 关于两种道德观念的区分，可参见富勒．法律的道德性［M］．郑戈，译．北京：商务印书馆，2005：7－39。

的工具。[1] 不过，法律与这种道德观念的关系是外在的、工具性的，它的基础同样脆弱，一旦法律未能实现其工具性效果，法律就会变得多余。如果这样来看，法律实证主义的理论效果就与法律现实主义相去不远，它们在法律规范性的根源上都存在化约论的难题。

（三）法律规则的排他性与正当化论证的悖论

哈特试图用“独立于内容的理由”来解释法律权威的特性，即法律规定构成一个额外的、独特的、支持我们去作法律所要求的行为的理由，而不需要考虑所要求行动的价值或好处。要成功地说明法律规定具有独立于内容的理由的性质，必须说明法律理由如何能正当地排除其他规范性理由的考量，这又涉及法律规范性质的解释。哈特可能意识到价值理由的多元性，为了使法律规范的基础不建立在道德论证上，他诉诸构成性成规（游戏规则类比）来解决法律规范性根源问题。不过，这种理论努力由于完全使法律区隔于外在的实质性理由，尽管使法律获得了自主性，但却不免遭受化约论的质疑。为了解决哈特理论中规范性根据不足的问题，法律实证主义作出了相当多的理论修补工作，大致可以区分为两种思路，一种是以拉兹为代表的实践理由进路，试图通过理由论来建立法律权威的正当性根据；另一种是夏皮罗提出的法律计划理论，它结合了意志论与理由论来论证合法性根据。此处主要关注拉兹的实践理由进路，以及那些跟进拉兹理由论论证思路，却与拉兹立论稍有不同的理论主张。

1. 理由的区分与正当性权威

哈特在提出独立于内容的理由时，曾明确承认这个观念受到拉兹阻断性理由的影响。这说明他们在对法律规则乃至法律权威

---

[1] STONE M. Legal Positivism as an Idea About Morality [J]. University of Toronto Law Jounal, 2011, 61 (2): 341.

的看法上有相当多的一致性。但相比于哈特，拉兹对法律理由性质的解释更为精细，而且更为重要的是，他从实践理由出发，突破了事实的权威解释，把合法或正当权威与事实权威联系起来。根据拉兹的正当性权威理论，法律理由不但是一种行动理由，而且是一种要求我们不根据与其相冲突的理由而行动的阻断性或排他性理由。拉兹从各种实践理由的区分中来解释法律理由的特性，并通过三个核心命题论证了法律权威成立的一般性条件。此处无法全面讨论拉兹的理由分类，而是结合他的权威论证来谈一些关键性的理由区分。

（1）一阶理由 vs. 二阶理由

在我们的行动世界中，理由扮演了关键性的角色，因为我们总是试图通过理由去说明、解释、评价、正确地引导行动或作出决定。[1] 如果一个行动无法合理解释或证成，那等于是一个非理性的行动。促使一个行动者采取或不采取某个行动的理由，有可能是价值、规范或事实。增长见识是我上大学的一个理由，保持身体健康是我不吸烟的理由，法律规定不得在公共场所吸烟是我不在车站吸烟的一个理由。价值或规范之所以能成为行动的理由，是因为它直接说明或证成了行动的正确或错误，如果上大学根本无法增长我的见识，那么说明上大学对我而言就是一个错误；如果我无视法律规定而在车站吸烟，我不但可能会遭到周围人群的指责，而且还可能会被罚款。这些是从价值或规范的视角

---

[1] 这当然不意味着行动领域中完全由理由所支配，生活经验告诉我们，在一些领域或情境中，理由根本不起作用，或根本不需要理由。人们常说“爱不需要理由”，情感世界根本不是理由世界，因此理由自然无法进入，但情感可能构成行动的一种理由，比如说因为我爱他，所以我愿意嫁给他。另外，需要注意，道德行动也不必然以理由作为前提，比如在特定的情境下（如地震），有人在救人后可能会说“我当时没有多想，只是想救人”。这不是说救人行动不可以进行道德评价，而是说不要先考虑道德原则而采取行动。因此，把理由不起作用的领域只限定在习惯性领域和情感领域是有失偏颇的，而且参见陈景辉．实践理由与法律推理［M］．北京：北京大学出版社，2011：41－42。

来看行动理由，但在实际生活中，我们更多地结合事实与价值或规范来说行动理由。我之所以不吸烟，是因为烟价上涨，而我的工资没有涨。因此，“烟价上涨”和“我的工资没有涨”这两个事实成为我不吸烟的理由，这不是说描述性事实本身具有规范性意涵，[1] 而是因为这两个事实关系到我作出是否继续吸烟的决定。这两个事实以及背后的价值考量（如“省钱”）构成我不继续吸烟的理由，但通常情况下，我们都知道或能推导出事实相关联价值的存在，因此可以简化地说，一个事实或一系列事实的存在可以成为行动的理由，如“外面在下大雨是我带伞的理由”，“我孩子 3 岁了是我把他送到幼儿园的理由”等。

按照拉兹的理解，所谓一阶理由（first - order reason）是要求我们采取某个行动或不要采取某个行动的理由。拉兹认为，以一阶理由的方式行动是我们直觉性的观念，上面谈及的行动理由大多都可以归为一阶理由。获得精神愉悦是我抽烟的理由，为了身体健康是我不抽烟的理由。理由之所以是一阶的，是因为这些理由可以直接为行动提供正当化说明。但仅此还不足以理解拉兹的一阶理由，因为很明显，行为人在行动时可能面临一阶理由的冲突，比如在决定我是否要抽烟的问题上，获得精神愉悦是我抽烟的肯定性理由，而费用和身体健康是我抽烟的否定性理由。无

[1] 我认为王鹏翔把“烟价上涨”这类事实看成“具有规范性意涵”的事实是不妥当的，似乎这类事实中本身就具有规范性的意义，能够给予行动理由。在他回应审查人的注释中，试图区分规范性事实与具有规范性意涵的事实，但仍显得不够清楚，比如他把“我应该不吸烟”看成规范性事实，而把“烟价上涨”和“吸烟危害身体健康”看作具有规范性意涵的事实。这里存在一些概念上的混淆，“我应该不吸烟”并不是一个规范性事实，它只能称为一个规范性陈述，而“吸烟危害身体健康”与“烟价上涨”不可并列，前者属于规范性判断，而后者属于事实性陈述或描述（有人或许称为“事实判断”）。相关论述参见王鹏翔．独立于内容的理由与法律的规范性［J］．中研院法学期刊，2012（11）：229 - 230。

论哪种理由，都具有一定的分量或权重（dimension of strength or weight）。❶ 有些理由的分量更强，有些理由的分量更弱，何种理由更强或何种理由更弱可能不存在一个绝对的或抽象的价值次序，但这并不意味着各种不同分量的理由不可比较。裴多菲的诗句就是明证：生命诚可贵，爱情价更高，若为自由故，二者皆可抛。我国古训也说鱼和熊掌不可兼得。不同的分量或权重就意味着比较，只不过何种理由更强或更弱，在不同的语境下对不同的人可能有较大差别。如果不同的理由之间发生冲突，那么较强的理由就会胜过较弱的理由，从而成为行动的决定性理由（conclusive reason）。❷ 以我是否吸烟为例，如果对于我而言，吸烟带给我的精神愉悦是更强的理由，而吸烟有害身体健康或花费金钱的理由更弱的话，我就作出了吸烟的决定，在此，行动表现为一个慎思过程，即对相互冲突的理由进行反复的权衡。拉兹把它表述为一条实践原则：即一个人在通盘考量之后总是应该去做根据一阶理由的衡量所应该做的事情。❸

尽管以一阶理由的权衡而采取行动是我们通常见到的形式，但拉兹认为，这并不适用于一些冲突情境。比如，以拉兹其中的一个情境为例。在杰里米服役时，长官命令他去征用一商家的船只。因此，他有理由去征用船只。此时他的朋友说了一些很有分量的理由，要求他不要服从命令，杰里米没有否认他朋友说得有些道理，但他认为，问题不在于他朋友的话是否正确，而在于长官的命令就是命令，即便是错的，也要服从，这就是服从的意义，它不取决于你决定何者为最佳。命令是做你为命令所要求之

❶ RAZ J. Practical Reason and Norms [M]. Princeton: Princeton University Press, 1990: 25.

❷ RAZ J. Practical Reason and Norms [M]. Princeton: Princeton University Press, 1990: 27.

❸ RAZ J. Practical Reason and Norms [M]. Princeton: Princeton University Press, 1990: 36.

事的理由，它不需要理由的权衡。❶ 在这个情境中，杰里米有理由根据长官发布的命令去征用船只，而且更重要的是，在面临朋友提出的有分量意见时，可以排除这些意见的考量而根据命令采取行动。前者可称为积极的二阶理由，后者可称为消极的二阶理由，即排他性理由。二阶理由主要是针对一阶理由而言，它不是通过理由的权衡方式来决定行动，而是通过排除一阶理由而行动，即拉兹所说的从类型上（by kind）排除一阶理由对行动的证立。被排除的一阶理由不管有多重的分量，也不能成为行动者采取行动的理由。拉兹把排他性理由解决理由冲突的方式归结为一条实践原则：即一个人应该不要根据理由衡量而行动，如果影响衡量的理由被一个未受反驳的排他性理由所排除。❷

从一阶行动理由和二阶行动理由解决理由冲突的不同方式看，它们之间的真正差异不在于行动如何被正当化，而在于排他性理由决定性干预了行动者自主作出决定的可能性和标准。当排他性理由与一阶理由发生冲突时，排他性理由具有优先地位，排除行为人自行根据理由权衡作出通盘考量的决定。只有当排他性理由之间发生冲突时，才有可能重现理由间的权衡。

（2）规则 vs. 原则

把一阶理由和二阶理由的区分运用到法律语境中，很容易与法律规范的类型区分联系起来，即法律规则对应于二阶理由，而法律原则对应于一阶理由。❸ 这样对应可能还不完全准确，因为在拉兹看来，法律规则具有双重属性，法律规则和一般的强行性

---

❶ RAZ J. Practical Reason and Norms [M]. Princeton: Princeton University Press, 1990: 38.

❷ RAZ J. Practical Reason and Norms [M]. Princeton: Princeton University Press, 1990: 40.

❸ 这是当前英美法理学的主流意见，我国学者大多附随此种看法，参见陈景辉. 实践理由与法律推理 [M]. 北京：北京大学出版社，2011：97－107。台湾学者王鹏翔也持此种观点，见王鹏翔. 规则是法律推理的排它性理由吗？[G] //王鹏翔. 法律思想与社会变迁. 台北：台湾中央研究院法律学研究所筹备处，2008。

规范，它们既是从事规范行为（norm - act）的一阶理由，也是不按冲突理由而行为的排他性理由。[1] 当然，法律规则最突出的特点就是它的排他性，在法律规则提供的行动理由与其他理由相冲突时，可以不根据理由分量的权衡而直接按规则所要求的一阶理由而行动，在此，排他性理由对于规则的一阶理由而言具有一种保护作用，避免为其他更好的一阶理由所凌驾。因而可以说，规则是一种受保护的理由（protected reason）。[2]

相对于法律规则，法律原则更多被看成一阶理由，它无法通过排他性的方式来决定行动，而是通过不同分量原则的权衡来决定行动。持规则与原则强分离立场的学者（如早期德沃金、阿列克西）几乎都是从与规则对立的意义上来理解原则的。比如，德沃金认为规则与原则之间存在逻辑上的差别，规则以全有或全无的方式适用，如果规则的条件被满足，规则有效并且应接受其规范性后果；[3] 原则具有分量的维度，它不能直接决定案件结果，而是通过与其他原则的权衡来决定结果。阿列克西也有类似的观点，他把规则看成一种确定性理由（definitive reason），而原则是一种初显性理由（prima facie reason）。作为确定性理由的规则，其特点在于它的适用不必和其他理由相权衡就可以确定案件的法律效果。而一个原则并未包含对于自己和反面理由之间的比重关系为何的决定，哪一条原则能够成为决定案件法律效果的理由，必须透过权衡来加以解决，因此，原则是或多或少的程度性

[1] RAZ J. Practical Reason and Norms [M]. Princeton: Princeton University Press, 1990: 58 - 59.

[2] RAZ J. Practical Reason and Norms [M]. Princeton: Princeton University Press, 1990: 191. 严格意义上讲，拉兹认为只有事实才是行动理由，更完整的表述应是"由于存在法律规则 R 这个事实"才成为行动的理由。

[3] DWORKIN R. Taking Rights Seriously [M]. Cambridge: Harvard Unversity Press, 1977: 25.

适用，它意味着行动者或决定者有一定的理由空间。❶

拉兹虽承认规则与原则有差别，但不是强分离的立场。他特别批评德沃金的观念，认为规则与原则之间不存在逻辑差别，不能以是否发生冲突来界定原则的适用，因为规则之间也可能发生冲突，由此规则也具有“分量”的维度。法律规则和原则在冲突时有不同的处理方式，这不是因为它们之间存在逻辑差异的结果，而是法律政策的结果。❷ 拉兹认为，规则与原则的区分在于规范行为的特点不同。规则规定相对具体的行为，而原则规定相当模糊的行为。行为类型有不同程度的具体性，吸烟是相当具体化的行为，伤害、谋杀、强奸或车速也同样是相对具体化的行为类型，但如促进人类幸福、尊重人性尊严或提高生产力等相对不那么具体，而后一类行为是原则通常规范的对象。具体与不具体行为可能是一个对极，在两者之间存在具体性程度的差异，因而规则与原则的区分是程度问题，不存在完全明确的界线。❸ 尽管拉兹有不同于强分离立场的看法，但我们需要注意，这是拉兹早期的一种观点，他的一个出发点是阐述法律规范的个别化，而后来拉兹关注的重点在于法律权威的功能，规则在他那里具有相当强的排他性，而原则却可能成为排他性规则所要排除的一阶理由。在此，我暂时不追究规则与原则各种区分可能存在的问题，❹ 而是从排他性理由角度看，规则与原则在影响行为人或决定者的行动中所具有的不同效果。如果原则是一阶理由，而规则是二阶理由，当它们发生冲突时，只要原则所提供的理由落入规

---

❶ 王鹏翔．规则是法律推理的排它性理由吗？［G］//王鹏翔．法律思想与社会变迁．台北：台湾中央研究院法律学研究所筹备处，2008：353.

❷ RAZ J. Legal Principles and the Limits of Law［J］. The Yale Law Journal，1972，81（5）：834.

❸ RAZ J. Legal Principles and the Limits of Law［J］. The Yale Law Journal，1972，81（5）：838.

❹ 对法律规则与法律原则区分标准的批判性检讨，可参见 AVILA H. Theory of Legal Principles［M］. Dordrecht：Springer，2007：11－29。

则的排他性理由范围内，那么规则就必定优先适用，即便原则提供的一阶理由更好。如果规则保持一种向原则开放的姿态，那么规则就不具有严格意义的排他性，有可能变成经验规则（rule of thumb），即它只是建立在对经验做法的理性总结上。一旦新情况和新的理由出现，则需要重新做出调整或修改。而具有排他性效果的规则被称为严格规则（serious rules），它不需要在具体情境下的通盘考量后作出决定。[1] 但问题的关键在于，为何法律规则具有如此强的排他性效果？仅仅因为它是确定性或具体性的规则，而原则恰恰缺乏这种确定性的效果与可能性？

（3）正当性权威的论证

拉兹对于规则具有排他性效果的论证，核心在于权威论据（the argument from authority）。[2] 权威论据包含三个命题，即阻断命题、通常证立命题和依赖命题。阻断命题在于说明规则所具有的本质特征，即排他性，拉兹把它表述为：权威要求实施某个行为这一事实构成实施此一行为的理由，这一理由不是在判断如何做时附加于其他相关理由中的一个理由，而是排除和取代一些（一阶）理由的理由。[3] 所谓阻断性，在于规则从根本上隔断或屏蔽了从一阶行动理由的权衡来作出行动或决定的可能性。它不仅排除了与规则可能相冲突的一阶理由，而且取代支持规则行动的一阶理由。换言之，如果存在一个权威性指令，我可以不考虑这个权威性指令背后正反面的理由，而直接按指令行动，仅仅因为存在权威性指令这样一个事实。比如交通规则规定高速公路上

[1] RAWLS J. Two Concepts of Rules [J]. The Philosophical Review, 1955, 12 (2): 36.

[2] 另外一个是效率论据，但它不是拉兹重点讨论的对象，拉兹可能意识到仅用效率来证立权威，它的基础过于薄弱。阿蒂亚在论证形式理由的根据时基本上采用效率论据，比如降低成本、最大限度地减少错误风险等。ATIYAH P S. Form and Substance in Legal Reasoning: the Case of Contract [M] // MACCORMICK N, BIRKS P. The Legal Mind: Essays For Tony Honore. Oxford: Clarendon Press, 1986: 41-42.

[3] RAZ J. The Morality of Freedom [M]. Oxford: Clarendon Press, 1986: 46.

最高时速不得超过120公里（《交通安全法》第六十七条），也许我认为这样的标准有点低，不适用于好性能的车或驾驶技术好的司机；也许我认为这样的标准很好，高速公路本身充满各种风险，安全是第一位的，不能过于相信汽车或技术。但只要有这条交通规则，我就有理由开车时不超过120公里，而且根本不需要考虑前述任何理由。

规则为何具有这种阻断性效果呢？拉兹提出其他两个关键性命题，即通常证立命题和依赖命题加以论证。这两个命题与拉兹从功能角度看待权威观念有密切关系，在他看来，权威在影响人的行动或决定中扮演了一种服务角色，它帮助行为主体的行为更符合理性。权威的功能、工作和意义体现在这一服务中介之中。[1] 通常证立命题（normal justification thesis）说明了权威为何具有正当性，拉兹把它表述为：确立一个人对另一个人享有权威的通常方式，是要表明，如果行为主体把权威指令接受为权威性的约束力，并以此权威指令而不是直接适用于他的理由行事，这样能更好符合适用于他的那些理由。[2] 这也就是说，权威之所以具有正当性在于权威有能力帮助行动主体更好地符合理性要求行事，但要达到此点，就必须要考虑到那些原本适用于行动主体的理由，由此，拉兹提出了依赖命题（dependence thesis）作为支撑：所有权威性指令都应建立在那些适用于行动主体以及影响指令涵盖的情境的理由之上。[3] 依赖命题的核心要旨是说，权威性指令要体现行动者一阶理由权衡的结果，这样，行动者按权威性指令行事才能比自己对相关理由的权衡更符合正确理由的要求。换言之，权威性指令中的一阶理由面向必须反映或总结依赖理由的力量，因此，在拉兹看来，通常证立命题与依赖命题具有紧密

[1] RAZ J. The Morality of Freedom［M］. Oxford：Clarendon Press，1986：56.

[2] RAZ J. The Morality of Freedom［M］. Oxford：Clarendon Press，1986：214.

[3] RAZ J. The Morality of Freedom［M］. Oxford：Clarendon Press，1986：214.

的关联，它们共同表达了一种权威功能观念：权威考量了适用于行动主体的理由，并发布权威性指令，旨在帮助他们更好地符合那些理由，如果他们遵从这些指令而不是按自己对理由的权衡而行事的话。

关键的问题是，通常证立命题和依赖命题能否说明权威性指令或规则所具有的阻断性？规则的阻断性意味着行动主体在行动或决定时不需要考虑相关理由权衡的结果，而通常证立命题又告诉我们，如果规则的阻断性真正有效，必须把它的基础建立在一阶理由的权衡和正确判断之上。最理想的情况是，具有阻断性的规则完全反映了一阶理由正确衡量的结果，但这样一来，规则阻断性的意义就体现不出来。因为拉兹提出阻断性命题，一个重要的动机就是把权威性法律理由与非权威的实质理由区分开来，这与他的渊源命题和法律推理的自主性看法具有内在的一致性。但如果按规则要求行事与通常证立命题所要求的正确衡量不一致，法律规则是否还具有排他性或阻断性效果呢？根据正确权衡原则的要求，如果规则的要求偏离它意在反映的理由太远，则行动主体在此情境下可以推翻或不按规则的要求行事。如果这在理论上有可能的话，势必会出现这样种情况，即每个主体每次在接受权威性规则之前都要求考量它适用于当下案件的优缺点。但如果真是这样，规则所具有的阻断效果就无法体现。

拉兹当然意识到这样的问题，他认为提出这样的反对或质疑是有问题的，因为这混淆了明显的错误和重大错误。所谓明显的错误，就是不必再重新衡量规则背后的依赖性理由就能够发现的错误。比如，权威在发布一条规则时，根本没有把相关的原则或理由考量在内，因此，如果把这个重要的理由加入进去，很有可能改变理由权衡的结果，这时，就完全可以不按规则行事。但这不是说规则没有了阻断性，因为一条重要但未被考虑的原则或理由，本来就不在规则所要排除的范围之内，因而它对规则的排他性效果没有多大影响，这只是说明权威的正当性力量有所限制。

但拉兹告诫我们，权威允许明显错误的情况下引入一阶理由，并不意味着在重大错误时也具有相同的效果。[1] 所谓重大错误，就是必须回到依赖性理由中才能够被发现的错误，比如，权威性规则发布者对于不同依赖性理由在不同条件的分量作出了错误的判断。在这种情境下，拉兹认为不能偏离或推翻规则，因为规则中的一阶理由已经反映或总结了理由权衡的结果，即便对依赖性理由中某些理由（通常是反面理由）的重要性作出错误判断，也不能使之成为行动或决定的根据。这样看来，通常证立命题似乎并不真正预设“正确衡量”命题，[2] 或者说，依赖命题具有非常弱的地位，拉兹明确说道：

> 我们需要区分理由（即承诺、权威性指令、规则和决定所提供的一阶理由，以及为被保护理由的排他性面向所排除的理由）关联的两种方式。（规则的）一阶理由可能意味着反映了被排除的理由，或可能意味着在其中增加了理由。如一部对资本利得征税的法律，它一方面反映了从资本利得中获益的人应对公共财政有所贡献这样的理由，另一方面也在被排除的理由之上增加了理由。它（指税法）明确了一个人应交多少税、在何时交税以及根据什么要做出这样的贡献等。因此，这部法律创造新的一阶理由（比如，定期报税、定期交税以及付一定数额而不是更多或更少的税款等）。[3]

一部税法如果成为新的一阶理由，那就意味着在它颁布之前，法律背后的依赖性理由并不必然要求一些特定行为（如报

[1] RAZ J. The Morality of Freedom [M]. Oxford: Oxford University Press, 1986: 62.

[2] 关于正确衡量命题的说法，参见王鹏翔．规则是法律推理的排它性理由吗？[G] //王鹏翔．法律思想与社会变迁．台北：台湾中央研究院法律学研究所筹备处，2008：369，374。

[3] RAZ J. Practical Reason and Norms [M]. Princeton: Princeton University Press, 1990: 217.

税）。但这真是新的理由吗？新的一阶理由与依赖性理由之间真的被阻断了？表面上看来，法律似乎明确地决定了要做何种行为，通过这样的决定我们获得了新的实现依赖性理由所设定的目标，因而新的理由要求我们做什么，我们就这样做。但如果考虑到拉兹所说的，理由通常栖居于（nested）更大的结构之中，[1]我们完全可以把权威性指令的要求看成新的辅助性理由（auxiliary reason），因为交税作为一个完全理由（complete reason），它的最终力量必须依赖于操作性理由（operative reason），[2]比如从资本利得获益的人都应对公共财政有所贡献。换言之，依赖性理由并没有完全被排除在权威性指令之外，这从拉兹对排他性理由的范围变化可以看出，最初他的立场强调权威性指令对正反依赖理由的排除，后来又承认只对冲突性的依赖理由进行排除。[3]我认为，这是拉兹从实践理由角度理解权威的一个可能结果，权威性指令的阻断效果并不仅仅意味着：发布权威性指令这一事实排除了所有一切的依赖性理由而成为唯一的理由，因此阻断性理由只要求行动符合（conform to）这一权威性指令，而不要求遵从（comply with）它。从根本上讲，拉兹的权威解释在于行动理由，权威对行动主体的影响是规范性的，它影响人们的实践推理。如果只是表面上符合了权威性指令，而没有内在动机去遵从它，则对权威的遵守变成非理性，这完全不符合拉兹实践权威的规范性承诺。[4]

由此看来，通常证立命题与阻断性命题之间存在一定的紧张

---

[1] RAZ J. Between Authority and Interpretation [M]. Oxford: Oxford University Press, 2009: 152.

[2] RAZ J. Practical Reason and Norms [M]. Princeton: Princeton University Press, 1990: 33-35.

[3] RAZ J. Between Authority and Interpretation [M]. Oxford: Oxford University Press, 2009: 144-145.

[4] ESSERT C. A Dilemma For Protected Reasons [J]. Law and Philosophy, 2012, 31 (1): 65.

关系，权威性指令或规则要求行动主体在行动时排除或取代一阶理由的权衡，而作为受保护理由的规则，它的另一个面向即一阶行动理由却又来自于依赖性理由。而且，如果规则的一阶理由面向建立在依赖性理由之上，则行动主体依照规则行动可能存在理由的两次计算问题（double counting）。拉兹自己也承认，当考量行动理由时，规则的理由不能作为附加理由而加进规则本身。我们必须只算其中一个而不是两个都算，否则就犯了两次计算的错误。[1] 拉兹是在说明规则具有阻断效果时说这番话的，因为规则制定时已考虑过一阶理由的权重，没有必要再根据这些已被权衡的理由而行事。但当拉兹又把规则当作一阶理由时，似乎很难避免他自己所说的两次计算问题。[2] 这是拉兹对权威正当性论证的一个困境。正如埃塞特（Christopher Essert）所言，问题出在拉兹认为规范本身就是行为主体做某事的一阶理由，如果放弃这个主张，两次计算的问题也就消失了，同时依赖性理由也不会在规则二阶理由的排除范围之内。这样一来，通常证立命题要论证的并不是行动理由的正当性条件，而是决定理由（reasons for deciding）的正当性条件。[3] 这两者的差别在于，决定理由是由特定主体作出的，但这不意味着，如果决定是正确的，则必须保证决定的所有理由都是客观的行动理由。决定的正确与行动理由的正确存在落差，比如，以拉兹提到的投资理财的事为例。我不知道如何投资，因而我咨询投资专家，并按照投资专家的意见而进行投资，即便我实际可能因为他的建议而使投资失败，我也有好的理由决定遵从投资专家的指示，也就是说，我有理由去作一个实质上错误的行为或决定。在这个意义上，通常证立命题似乎能够

[1] RAZ J. The Morality of Freedom [M]. Oxford: Oxford University Press, 1986: 58.

[2] 对于拉兹受保护理由可能引发的两次计算问题的检讨，可参见 ESSERT C. A Dilemma For Protected Reasons [J]. Law and Philosophy, 2012: 68 - 72。

[3] 关于行动理由与决定理由的区分，参见 MICHELON C. Being Apart From Reasons [M]. Dordrecht: Springer, 2006: 114 - 117。

说明权威的阻断效果，它不必依赖于一阶理由的正确权衡，而使行动或决定更符合这些理由的要求。

（4）批判性检讨

通常证立命题在一定程度上说明了权威性指令或规则是一种阻断性理由，但是否由此证成了权威正当性的一般性条件，尚有不少疑异。菲力普·索珀（Philip Soper）认为，从法律体系的角度看，通常证立命题是错误的。❶

第一，这种权威观几乎消除了理论权威与实践权威的传统区分。理论权威的证成基于专家的专业知识，我们盲目地服从专家的判断就是做正确的事，但法律中的实践权威却不是如此。实践权威主张完全的独立于内容，而理论权威仅主张阻断性，我们服从专家的判断，但不是说，即便专家的判断是错误的也对我们有约束力。专家的错误会损毁他的权威，而法律上的错误却不会对法律权威带来如此的效果。正是由于拉兹混淆了理论权威与实践权威，致使他的通常证立命题与阻断命题、独立于内容命题不融贯。如果权威获得承认，当且仅当遵从权威指令比按自己的权衡行事更好，我们如何可能说，在权威性指令错误时对我们仍有约束力？拉兹用规则和行为功利主义的区分来说明此点，实际上也忽视了法律主张与哲学家论证的差别，立法者或其他权威机构设计的规则，在实践推理方面不一定会比个人做得更好。

第二，通常证立命题的一个后果是，一旦我们发现特定的立法机构的实践推理能力在常人之下，那权威就丧失了它的正当性。而且，即使在最好的政府下，我们也能发现某些公民比立法者更有能力作出实践判断，那么，根据通常证立命题，在法律影响他们的领域时这些人将不再把法律看成有约束力的。

第三，法律中的诸多决定代表了道德争议问题的解决，在此

❶ SOPER P. Legal Theory and the Claim of Authority [J]. Philosophy and Public Affairs, 1989, 18 (3): 221.

并不存在一个独立的成功标准。我们无法保证立法者具有更优越的慎思能力，除非在道德领域中立法者像柏拉图式的哲学王。

第四，即便立法者更可能对具体领域中最佳法律作出正确的判断，但由于法律本身的一般性，我们不能由此说对法律进行事后评估（second - guessing）比盲目地遵守规则更糟糕。比如，对交通时速的限制，立法者不可能对所有情境和个人进行正确的权衡，在我的安全记录良好以及不存在严重的交通拥堵情况下，对于车开多快，我比立法者的判断更值得信赖。

从以上论证可以看出，索珀对拉兹通常证立命题的批判主要集中在权威性规则是否总能作出更符合理性的判断上。由于拉兹的证立命题是对一般性权威的说明，在索珀看来，它更符合理论权威的特点，因此，它对法律权威的解释就大成问题，法律的权威不仅体现出阻断性，而且还是完全独立于内容的。尽管我们前面对通常证立命题与依赖命题的关系作了一定澄清，即拉兹的通常证立命题并不预设正确权衡命题，但它的理论基础仍是理性主义，就像规则功利主义（如密尔）和行为功利主义（如边沁）一样，尽管出发点和手段不同，但功利主义本色不变。如果法律权威的基础建立在立法者或其他权威机构对特定事务的实践推理能力上，那么，根据不同的领域和情境下个体推理能力可能事实上比立法者更强，就可以批驳通常证立命题对权威的正当性论证，甚至会推导出更有能力作出正确实践判断的个体可以不受法律约束的结论。也许拉兹会辩解说，通常证立命题针对的是“通常”的情形，只要在一般、大多数的情况下，遵从权威指令能够提高我们行动符合正确理由的可能性，那么这个权威就可被证立。即便在少数的、个别情况下，权威指令会出错，但只要一般来说，比起自己根据一阶理由孰轻孰重的判断而行动，遵从权威的指令还是会让我有比较高的机会作到自己原本有理由该去做的事，那么，我就应该按照权威的指令行事。[1]

[1] 王鹏翔．规则是法律推理的排它性理由吗？［G］//王鹏翔．法律思想与社会变迁．台北：台湾中央研究院法律学研究所筹备处，2008：375.

但这样的回应没有多大说服力。第一，尽管就专业领域而言，我们确实可以发现，多数情形下专家比个人自己更能作出符合理性的判断，比如前面提及的投资或理财专家，对于大多数个人而言，他们更善于理财，因而我们会相信他们的能力，即便有时出错。但法律领域与这样的专业领域有重大差别，我们不是因为立法者有比个人更强的实践推理能力而相信它的权威，事实可能恰恰相反，我们相信立法者有权威，所以我有理由服从它的实践推理及结果。因而，“通常”情形的说法只不过是拉兹理性权威观的一种修辞。第二，即便我们假设大多数情况下立法者确实有更强的推理能力，但对于权威指令未能考量到的个别情形，是否还必须严格遵从权威性指令？拉兹可能会说，这属于明显错误而不是重大错误，不在排他性的范围之内，这时可以允许一阶理由进入，推翻指令的适用。问题在于，我们很难事先区分明显错误与重大错误。比如，以王鹏翔所举的案子为例。[1] 台湾民法有一条规则：有配偶而重婚者，其婚姻无效。它可以是“一夫一妻制应予维持”和“结婚自由应予保障”两个依赖性理由权衡的结果，在一般重婚情况下，我们当然不需要考虑这两个依赖性理由，而直接适用规则。但是，如果出现特殊的重婚状况，如“与前婚姻一方相婚者系善意无过失信赖前婚姻已因确定判决而消灭，而该判决后又经变更导致后婚姻成为重婚”，在此，规则的适用是否更符合理性要求？未考虑到上述重婚事例属于立法者的明显错误还是重大错误？有学者（比如王鹏翔）认为，这属于立法者的重大错误，即对于一夫一妻制和结婚自由两大原则或理由作出了错误的权衡，在这种情况下结婚自由应给予更多的权重。但我也可以认为这是立法者的明显错误，因为这不是依赖性理由的权衡出现了错误，一夫一妻制原则是对结婚自由的限制，

---

[1] 王鹏翔．规则是法律推理的排它性理由吗？［G］//王鹏翔．法律思想与社会变迁．台北：台湾中央研究院法律学研究所筹备处，2008：372.

它直接体现在重婚禁止的规则之中。很难说它对该案重婚事例作了重大错误的判断，相反，我们可以说，立法者本应考虑到这例情形却没有考虑，在此意义上是一个明显的错误。“错误”的说法本身也体现出拉兹理性权威观的特点，其实，严格来说，在这种情况下不存在立法者的错误，无论是重大还是明显的错误。重婚禁止的一般性规则不可能考虑到所有的例外，不能因为规则存在例外而认为立法者制定的规则就是错误的。因此，权威性规则的实践判断是否更符合理性不是事先和抽象地加以确定的。

索珀对拉兹的批评关注的是权威的理性能力，尽管这很重要，但还不足以对通常证立命题构成致命性的打击，因为他没有否定正当性权威的理性基础。而另外两个反对意见，则可能更具有挑战性，第一个是程序主义，第二个是达沃尔（Stephen Darwall）的观点。

程序主义挑战服务权威观的根本主张，即权威的功能是帮助主体符合理性。在程序主义论者看来，服务性权威观念不足以理解民主社会中法律的重要特征，因为通常证立命题既不是通常也不是最重要的证立政治权威的方式。[1] 权威有不同的角色，它主要为群体提供共同的决定或行动框架，公正地裁决主体之间的纠纷，尊重他们的自主性和平等地位。因此，政治共同体一起作出决定通常比决定的正确性来得重要。[2] 沃尔德隆认为，通过民主方式制定的法律值得尊重，即便它没有通过通常证立命题的测试，因为它是以现时代整个共同体的名义作出，代表了我们在争议时通过公正程序来约束自我。[3] 如果在此过程中，政治权威也

[1] HERSHOVITZ S. Legitimacy, Democracy, and Razian Authority [J]. Legal Theory, 2003, 9 (3): 208.

[2] HERSHOVITZ S. Legitimacy, Democracy, and Razian Authority [J]. Legal Theory, 2003, 9 (3): 218.

[3] WALDRON J. Law and Disagreement [M]. Oxford: Oxford University Press, 1999: 101.

能帮助主体行动符合理性当然更好，但这不是权威的首要目的，其正当性也不依赖于它们这么做。[1] 一个政治权威可能是正当的，即使它没有满足拉兹的权威解释要求，而权威事实上满足了理性要求也可能缺乏正当性。

拉兹对程序主义作出了两点回应。第一，他对权威的解释并不特指民主权威，这是因为他考虑到服务权威观的重要性，它不受制于民主修辞，从而能以清晰和批判性的视角来看待民主制度的性质。[2] 而且，我们必须承认，民主体制有时也可能完全缺乏正当性。拉兹的回应看似有道理，民主选举的政治有可能缺乏正当性这样的论点早已为人熟知，但不由此否定程序对政治权威的重要性，拉兹过分关注权威的“输出”而没有关注“输入”恰恰是问题所在。第二，拉兹认为，程序主义论者低估了服务权威观的适应性。民主程序完全可能与服务权威观相适应，比如有些人认为，我们有义务服从多数人选举出来的任何人。如果是这样，那恰恰表明满足了服从观念。如果我们有义务服从民主政治权威的指令，则我们遵从权威性指令能更好地符合理性。拉兹这样的解释似乎化解程序论者的质疑，但它也付出了沉重的代价，使服务权威观变得空洞，因为它可以与任何实质的正当性理论相适应。

程序主义论者从另外的角度来看待权威的功能，它不仅仅是帮助主体更好符合理性。但即使如此，我们也可以说，帮助人们做理由要求之事对于权威发挥的功能而言也是好的，而且权威确实有能力帮助人们符合理由而行事。但达沃尔认为，即使通常证立命题满足了，也不意味着在任何情境下建立了权威，因为拉兹的证立命题不足以建立统治权或服从的义务。比如，可以看看拉兹举的例子。约翰是中国烹饪的专家，如果有人想做最好的中国

---

[1] HERSHOVITZ S. The Role of Authority [J]. Philosophers' Imprint, 2010, 11 (7): 9.

[2] RAZ J. The Problem of Authority: Revisiting the Service Conception [J]. Minnesota Law Review, 2006, 90 (4): 1031.

菜，那他只要遵照约翰指示他的去做就可以了。[1] 达沃尔可以假设，莎拉只想做最好的中国菜。因此，根据通常证立命题，约翰的指示为莎拉创造了阻断性理由，但这不意味着约翰对莎拉享有权威，即约翰有权利统治而莎拉有义务服从。

> 当然，莎拉如果不遵照约翰的指示去做是不明智的。但即使她不这样做，也很难看出约翰有任何根据去抱怨或要求莎拉作出解释。拉兹说，那些有实践权威的人有权利取代个人自身对事情好坏的判断。但是，在这种情况下，约翰有什么权利呢？从我们的规定中可以得出，约翰的指示不仅是建议，它提供的是阻断性理由。但很难看出这如何给予约翰权利，要求莎拉遵从他的指示或使莎拉有任何服从于指示的义务。[2]

很明显，按照某种方式做某事（如按烹饪专家的指示做中国菜）是符合理性的，与某人是否义务这样做存在差异。不能因为专家有更优越的知识和专业能力，就能证成他有权威，至少在实践权威中不能成立。拉兹在回应达沃尔的质疑时，承认了更优越的知识并不能奠定权威的基础，但他并未因此而放弃通常证立命题，而是借助于权威的协调功能加以解释。权威之所以使某个行动变得最佳，在于它的协调规划。指示行为本身就决定了被指示的行为是正确可以做的事。比如，立法者发布了一条交通规则，要求每位司机都靠马路右边行驶。因此，如果我们不按这条规则去做就非常不明智，其他的大多数人也是如此，立法者作出这样的指示似乎就有它的约束力。对主体行为的协调构成了权威要求主体服从的利益。拉兹明确说道，权威机构对主体的权利不是来自于权威中人们的利益，而是来自于权威的利益，即成为一个好

---

[1] RAZ J. The Morality of Freedom [M]. Oxford: Oxford University Press, 1986: 64.

[2] DARWALL S. Authority and Second - Person Reasons for Acting [G] //SOBEL D, WALL S. Reasons for Acting. Cambridge: Cambridge University Press, 2009: 22 - 23.

的权威。但是，拉兹对于权威自身的利益为何可以建立对主体的服从义务没有作出解释，而且这与他的服务权威观似乎不大协调，因为权威的最终目的在于使主体更好地符合理性，即符合他们的利益。

从总体上看，拉兹对达沃尔的回应是缺乏说服力的。通常证立命题或许可以说明权威有创造阻断性理由的能力，但这不等于说明了权威本身。关键的问题在于，拉兹从理由与人的关系来解释权威，这不符合日常人们对权威的理解，即建构一种人与人之间的关系。❶ 以母亲对女儿的权威为例。我们需要解释为何母亲对年幼女儿有权威，按拉兹的权威解释，因为母亲比女儿更知道怎么做才好。因此，女儿遵从母亲的指示比按自己的权衡行动更能符合理性要求。按照这样的逻辑，只要有相应的能力就可以确立母亲的权威，那么，有相当多的成年人都能确立对这个年幼女孩的权威。❷ 这显然不符合我们对母亲权威的日常理解，换言之，母亲对女儿的权威不能仅仅建立在母亲更有理性能力上。这种工具主义价值能解释母亲和女儿为何如此行为，但却无法解释母亲实际上对女儿具有统治的权利，或女儿对母亲有服从的义务。对母亲权威的解释必须放到母亲与女儿的结构关系中，母亲角色的认同具有关键性地位，正是由于母亲在家庭关系中扮演特定的角色，才使得母亲的指示成为女儿做什么或不做什么的理由。因此，从权威所具有的理性功能来解释权威的正当性是不充分的，甚至有点本末倒置。正如卡恩所言，从法律内容是否正义不能完全解释法律秩序的约束力，❸ 更何况拉兹仅仅从工具价值

❶ HERSHOVITZ S. The Role of Authority ［J］. Philosophers' Imprint，2010，11（7）：9.

❷ HERSHOVITZ S. The Role of Authority ［J］. Philosophers' Imprint，2010，11（7）：30.

❸ KAHN P. Jusitce or Legitimacy ［J］. The Journal of Asian Studies，2009，68（1）：108.

的意义上来理解法律及权威。

2. 规范性退却或规则的自主正当化

如前所述，拉兹为了说明规则为行动或决定提供一种阻断性理由，试图通过通常证立命题和依赖命题为规则正当化提供有效解释。不过，由于通常证立命题的论证只是从权威所具有的理性功能出发来说明权威的正当性，因此它的基础显得相当的薄弱，无法有效地回应民主程序论者和实践原则理论（如达沃尔）的规范性质疑。为了应对拉兹在规范性根据上存在的难题，法律实证主义者采用了不同的策略，至少可以发现两种处理方式。其中一种是放弃权威正当性基础的哲学论证，转而采用描述性的分析方法来说明规则具有的阻断性或排他性特征，在描述性方法的背后仍有规范性的论证，但不像通常证立命题那样具有较强的理性根据。进而言之，规则也不再具有拉兹意义的强排他性，而只是初显的排他性，绍尔的推定实证主义是这一规则理论的代表，由于这一理论在规则正当性说明上明显从拉兹的立场倒退，因此可以说是一种规范性退却。另一种方式与此相反，不但没有退让，反而变得更加强势，一方面坚持拉兹所说的规则具有强的阻断性，另一方面把规则的正当化提高到新的层次，即规则的正当化在于规则本身的构成性价值。我国学者陈景辉是这种规则理论的支持者，他把规则的正当化解释为自主正当化。以上两种理论主张尽管在规则的排他性效果及正当性论证上有分殊，但两者都坚持法律形式主义的基本立场，以规则为中心来说明法律规范的一般性特征和法律推理的独特性。

（1）规范性退却：推定实证主义与以规则为基础的推理

与拉兹的权威论据一样，绍尔提出的推定实证主义（presumptive positivism）旨在理解法律理由的性质，而且这种理解也着眼于规则与依赖性理由或证成性理由（justificatory reasons）之间的关系。在拉兹那里，规则是一种二阶理由，在行动或决定过程中排除或取代了一阶理由，因此，规则具有强的排他性。但如果从拉兹的依赖命题出发，规则似乎只具有比较弱的排他性。绍尔的推定实证主义比拉兹所说的排他性更弱，但又比较弱的排他性更强。在绍尔看来，推定实证主义旨在说明系谱性规则在法律裁决中具有优先性，但不是绝对的优先性。在何种情况优先，法律裁决者无法获得确定的认知，正因为如此，为了容纳认知上的不确定性，我们推定规则具有优先性的力量。

> 推定实证主义是描述一批系谱性规则与完全（和非系谱性）的规范世界之间相互作用的一种方式。在不必然有认识论的推定意义上，某些裁判者认为前者具有推定的约束力。因此，这些裁判者不会因为他们认为属于系谱集合内的一条规则产生错误或次优结果而推翻它（不管这种看法有多么可靠），唯有裁判者认为推翻规则适用的理由特别强时，才可以这么做。[1]

从上述绍尔对推定实证主义的描述中，我们可以发现绍尔对规则的理解是典型的实证主义立场，从社会事实命题出发区分系谱性规则与非系谱性规范。因为系谱性规则是经由系谱检测而有效的规则，因此相对于经验性规则（rules of thumb），它可以称为恰当规则（proper rules）或亚历山大（Larry Alexander）所说的严格规则（serious rules）。恰当规则之所以区分于经验规则，不仅在于规则的有效性前提不同，[2] 更在于它们在实践推理中发挥作用的方式不同。经验规则的推理方式是特殊主义的或通盘考量式的，它在作出决定时需要考虑所有可能的相关理由，然后权衡这些理由的分量作出最终决定。尽管在实践推理中，经验规则

---

[1] SCHAUER F. Playing by the Rules [M]. Oxford: Oxford University Press, 1991: 204. 部分翻译参考了庄世同的论文，见庄世同．规则与司法裁判[J]．台湾哲学研究，1999 (2): 7。

[2] 在此点上，绍尔与哈特不同，他不关注规则存在的有效性条件，即在何种条件下，规则可以说是有效的，或具有权威性的约束力。

呈现出“规则”的面向，而不是每时都进行通盘考量，但这只是基于节约时间成本的考虑，如果出现新的情况和理由，裁决者又需要重新通盘考量相关理由，经验规则总是对它们总结的理由或价值保持一种开放或透明的状态。[1]

而恰当规则不然，尽管它们代表了所有竞争性理由经过权衡后产生的结果，但它的适用恰恰不再考虑这些证成性的理由，即对这些理由保持一种不透明的姿态。一方面是因为规则被假定已经对所有相关理由作出了正确的权衡，另一方面规则的实践推理要求隔离自行权衡，这是规则的一般性特点所决定的。与具体命令不同，规则并不对某时某刻的具体某个人发布指示，而是对长时间内许多人的各种行为作出规定。因此规则不可避免地出现过度包含或包含不足的问题，但这不是规则本身的错，规则之所以成其为规则恰恰在于它的稳固的普遍化（the entrenched generalization of rules），[2] 即使我们能够预测规则适用的所有情形，并把正确的结果置入规则之中，这样的规则也因为过于复杂而变得难以引导行为；即使我们愿意牺牲规则的可理解性和可指引性，我们也不可能真正完美地预测未来。因此，恰当规则要发挥一般性指引行为功能，裁决者必须屏蔽一些敏感的裁决者可能会考虑的因素。在绍尔看来，这种屏蔽之所以可能，在很大程度依赖于语言的力量。语言并不像哈特和魏斯曼所言具有很多不确定的阴影地带，相反，语词具有相当的自主性。“语词传达意义至少部分地独立于说话者的意图。当贝壳冲刷至海滩形成 C－A－T 形状时，我想到的是小的家庭宠物而不是青蛙或奥兹莫比尔跑车，这恰恰因为这些标记本身所传达的意义独立于任何说话者可能赋予的意义。”[3] 语意自主性保证了规则推理的确定性效果，使得依

---

[1] POSTEM G J. Legal Philosophy in the Twentieth Century：The Common Law World［M］. Dordrecht：Springer，2011：391.

[2] SCHAUER E. Playing by the rules［M］. Oxford：Clarendon Press，1991：47.

[3] SCHAUER E. Formalism［J］. Yale Law Journal，1988，97（4）：510.

规则文义裁判可以完全排除相关脉络性因素的考量，进而寻求毫无评价的中立裁判。[1]

绍尔如此关注规则的这些“优势”特征，一方面在于理解现代社会（尤其是美国）法律存在和运作的独特方式，用绍尔的话来说就是：法律是一个有限制性的领域（a limited domain），法律论证和法律裁决受制于规范限制，使得那些看起来很明智的道德、政策或政治考量在法律体系中却行不通。[2] 另一方面，形式主义的实践推理背后有很明显的规范化诉求，即促进法治（个体行为的可预测性、权力的分配和限制等）、信赖、效率和社会合作等价值。因此，在一个大的社群中，以规则为基础的裁决方式具有长效价值（long - run value）。但是绍尔很快意识到规则推理存在的悖论性。规则由于具有一般化的特点，因而对具体案件的个别特性不敏感，遵循规则的裁决很可能与它内在的理性，或与考量了所有因素后对情境作出的道德评估相冲突。对于权威机构而言，按规则做事可能是理性的，但对个体而言却是非理性的，因而产生绍尔所谓的权威不对称性问题（asymmetry of authority）。为了解决这个问题，绍尔才提出了推定的实证主义：在大多数情境下，规则阻断了日常的通盘考量推理，只有在不按规则推理的理由足够强时规则才不具有约束力。

推定实证主义在保持规则推理的“优势”时留下了一个缺口，正是因为这个缺口才招致绝对排他性理由论者的批评。但是，我们需要注意，绍尔软化权威不对称性紧张并不直接诉诸一个规范性立场，他反复强调他的研究是描述性的。“规则的语言是否以及何时将或应当服从在个案中追求最佳结果的目标，不存在统一的答案。规则的文义导出的结果与规则的背景论证产生的

---

[1] 庄世同．规则与司法裁判［J］．台湾哲学研究，1999（2）：15.

[2] SCHAUER F. The Limited Domain of the Law［J］. Virginia Law Review，2004，90（7）：1909.

结果如果发生冲突，法律也不总是提供相同的答案。”❶ 无论是支持文义解释优先，还是支持目的解释优先，在裁判的历史中皆可找相当的例证。因而，推定实证主义才是描绘法律规则在现代法律体系中的作用最准确的图画，现代法律体系皆结合了形式主义的特征与其他的形式，法律规则与这种体系之间没有概念或逻辑上的必然联系。❷ 尽管如此，绍尔仍一再申言法律规则的重要性，法律具有不可化约的形式性，这使得法律在每个个案中并不尽能皆做正确之事，法律把更大的制度和体系价值看得更重，即使在个案中偶尔牺牲正义或效率。

（2）规则的自主正当化

推定实证主义在法律的形式性说明上向经验领域退却，从表面上似乎更能解释法律实践推理过程，但在规则的正当化说明上的模糊态度引起学者的不满。我国学者陈景辉就指出这个理论存在的严重缺陷：

> 第一，推定实证主义很难说明，规则背后的正当化理由要想取代规则，到底需要成就何种条件。如果不能清楚交代这些条件，那么规则就又会处于随时可能被取代的处境中，它们存在的必要性重新受到严重的威胁。第二，虽然推定实证主义通过推定规则的效力方式，将 G1（个体价值）的威胁降低到了相当的程度，但 G1 的威胁还是始终存在，因此规则 R 不能像真正的规则那样，获得决定行动的终局效力，它只是以非终局性的方式发挥影响行动的效果。可是，如此一来，规则 R 就又重新变成了经验规则，它的存在的必要性再次消失。❸

❶ SCHAUER F. Thinking Like a Lawyer [M]. Cambridge: Harvard University Press, 2009: 29.

❷ SCHAUER F. Playing by the rules [M]. Oxford: Clarendon Press, 1991: 206.

❸ 陈景辉. 实践理由与法律推理 [M]. 北京: 北京大学出版社, 2012: 121.

推定实证主义在权威不对称性问题上向背景理由开放，导致规则是否有排他性效果不是一个概念性问题，而是一个经验和程度问题。由此，规则就不再有绝对的排他性，但如果规则没有强的排他性，又如何区分恰当的规则与经验规则，如果规则总可能敏感于规则背后的证成性理由，如何说明规则的指引功能和法律是一个限制性的领域？

正是出于推定实证主义有可能把严格规则引向经验规则的不满，陈一方面捍卫规则具有强的阻断性效果，同时在理论上反击绍尔经验式的论证思路，提出规则自主正当化的命题。规则自主正当化命题首先承认法律规则与背景性理由❶存在的不对称性或悖论，其根源在于证成规则的两个目标（个体价值 G1 与集体价值 G2）难以同时在规则中实现，而这两个目标都是不能随意割舍，这样一来无论是否遵照规则 R 行事，最终都变成了不适当的举措。❷ 要解决规则正当化的悖论，有三条路在他看来都行不通。第一种思路认为 G1 始终具有凌驾于 G2 之上的分量；第二种思路是以个案判断的方式权衡 G1 和 G2 之间的权重；第三种思路是假定 G2 在通常情形下分量更重，但在特殊情形下，G1 仍可能重于 G2。这三种都是敏感于规则的特殊主义，由于第一种方案无法充分论证 G1 为何总是权重于 G2，因此它被排除；第二种思路会使严格规则❸完全导向经验规则，因而也被排除了；第

---

❶ 陈把法律原则等同于背景性理由（background justification），“在原则与规则之间矛盾这个问题的背后，隐含着规则正当化的难题。”参见陈景辉. 实践理由与法律推理［M］. 北京：北京大学出版社，2012：115。

❷ 陈景辉. 实践理由与法律推理［M］. 北京：北京大学出版社，2012：115.

❸ 之所以此处使用严格规则（serious rules），是因为陈景辉自己承认他的准形式主义观点比较接近于亚历山大的形式主义，而亚历山大确实不同于绍尔的推定实证主义。在他看来，法律本质上是形式主义的，就其核心而言，法律的概念与严格规则的存在密切相关，法律之益处等同于严格规则之益处。See ALEXANDER L. Can Law Survive the Asymmetry of Authority? In Rules and Reasoning：Essays in Honor of Fred Schauer［M］. Oxford：Hart Publishing，1999：53.

三种思路前面已经说明了对它的批评。因而，敏感于规则的特殊主义不能解决规则正当化的悖论。这些理论失败的共同之处都在于试图从规则之外的工具性价值中找到正当化基础，而各种工具价值目标之间存在难以化解的冲突，因而这样的尝试必然会失败。所以，他要寻找的是规则得以自主正当化的可能性。

> 所谓自主的正当化，是指当且仅当，某一事物的存在本身就为该事物的存在提供了正当化的说明，那么这个事物就具备自主的正当化；或者说，一个事物拥有自主的正当化，就意味着除了自身，它毋须再向外寻求正当化的来源。❶

由于目标 G2 与规则 R 不存在矛盾的可能性，因此 G2 就为规则 R 提供了自主的正当性，但 G2 只是其中的一个目标，规则的自主正当化只是部分的。而要获得完全的自主正当化需另觅他途。G3 的存在使这一努力有了可能，因为 G3 它始终拥有凌驾于 G1 和 G2 加在一起的分量。在他看来，G3 有两种类型，第一种 G3 没有独立的内容，而是体现了对 G1 和 G2 之间的合理安排，所以它既不是 G1，也不是 G2，而是一个同时与 G1 和 G2 相关，但却独立存在的目标；第二种类型的 G3 是一个独立于 G1 和 G2 的目标，它在内容上并不依赖于 G1 和 G2，而是一个完全独特的目标。第一种类型的 G3 体现在拉兹的权威理论上，不过，在陈景辉看来，由于拉兹的权威理论中的 G3 具有依赖 G1 和 G2 内容的特性，使得他的理论非常类似于敏感于规则的特殊主义。如果 G3 没有体现为对 G1 和 G2 分量上的正确权衡，那为什么 G3 能更好地落实 G1 和 G2 的要求？对此，拉兹未给出理性化的回答。因此，第一种类型的 G3 无法担当此任。

拉兹的理论尽管失败了，但陈认为它具有无法被忽视的原创意义，即实现了强调规则的外在价值转向注重规则内在价值的改

---

❶ 陈景辉. 实践理由与法律推理［M］. 北京：北京大学出版社，2012：124.

变。[1] 内在价值有两种，一种为构成性的内在价值，另一种为本有的内在价值。一个事物是另外一个事物的组成因素，因此该事物的存在就是有价值的，此种价值为构成性价值；一个事物的存在本身就是有价值的，这既不依赖它对那些外在价值的实现，也不依赖于它成为其他事物的组成部分而有的价值，即本有的内在价值。陈认为，本有的内在价值因为常常处于理性化或规范化的范围之外，很难与实践推理的问题关联起来，因而不在他讨论的范围之列。规则对于社会之所以具有构成性价值，在于规则为社会的存在提供了基础性的合法化框架。[2] 表现在两个方面，第一，规则的整体性或政治的构成价值，规则不但使某一社会的制度结构得以被建立起来，而且还会为共识的形成和表达提供了充分的机会。第二，规则的存在为及时解决分歧提供了合法化框架。

（3）中间讨论

如果陈景辉对于规则自主正当化的论证可以成立，那么它将彻底解决规则与其背景理由之间存在的紧张关系，同时也为强的规则排他性理由提供有效辩护。但是，在我看来这种论证完全失败，他不但误解了规则所具有的合法化框架意义，而且即便合法化框架的意义论证能够成立，规则的正当化也远非他所理解的那种自主性。具体而言，他的论证存在以下几个问题。

第一，规则不具有他所说的两个合法化框架意义。在陈文的论证中，尽管他没有明确指出规则的内在含义及类型，但通过对拉兹规则理论的讨论以及规则在实践推理中的作用，我们完全可以推想，他所理解的规则应该具有一般性和排他性的特点，而且法律应由规则构成，因为法律原则只被看成背景性理由。这种规则能否满足那两个合法化框架的论证？我认为这根本不可能。

---

[1] 陈景辉．实践理由与法律推理［M］．北京：北京大学出版社，2012：148.

[2] 陈景辉．实践理由与法律推理［M］．北京：北京大学出版社，2012：124.

首先，社会制度结构的建立和共识的形成涉及非常复杂的建构机制，既可能包含了主流政治观念的塑造，也包含了文化历史的认同，当然，法律作为一种化减机制具有非常重要的作用，尤其在现代社会。但不能由此推出，规则构成了基本社会结构和共识的基础，相反，规则恰恰是基本社会结构和共识下的产物，没有人民主权和自然法观念的认同，我们无法想象现代社会的构成。在某种意义上，我们确实可以说，无规范即无社会，但无论何种时代，其规范绝不可能是一般性的规则。在现代社会，宪法可能成为多数国家制度建构的基础，但宪法绝不仅由一般性规则建构起来，无论是形式还是内容。

其次，规则虽为解决纠纷提供了合法化的机制，但不说仅由规则就真正实现了社会分歧合法化的解决。其一，一般性和排他性规则不足以解决社会的复杂纠纷，诸多疑难案件的存在迫使法官必须为寻找更为基础性的规范，如法律原则论证，以及通过诉诸宪法的解释来最终解决纠纷。其二，一般性规则本身并没有告诉法官如何具体地解决纠纷，所谓徒法不足以自行，在具体个案裁判中，公共政策判断、社会价值观念和利益权衡等有可能影响到纠纷的解决。即使有明确规则的前提下，运用这些方法可能背离陈所说的严格规则推理，但当存在规则冲突和无规则等情况下，又如何可能化解纠纷呢？其三，并不是所有的纠纷都适合规则去解决，不消说大量的私力救济无法杜绝，真正难以解决的社会分歧，作为适用规则的法院也不是最为理想的场所，在多数情况下应交给像议会这样的政治论坛。如果说这里仍然存在规则，它也不是陈所指涉的规则，大多是程序性的规则。

第二，即使合法化框架的论证成立，也不因此说规则的正当化是自主性的，即游戏规则构成意义上的自主性。可以看出，陈之所以强调规则具有两个合法性框架意义，其言说具有相当强的针对性和语境性，也就是我们身处的现代社会，他引用霍布斯的自然状态理论就是明证。现代社会被韦伯称为理性化的法理型社会，政治权威和合法性建立在一套抽象化的规则之上，法律成为现代社会治理的主要方式和手段，而法治被说成是规则之治。但是，是否由此便可说，规则具有如此合法化框架的意义，必可获得自主的正当化？答案是否定的。

首先，我们必须承认，法治已成为现代社会政治权威的来源和实现形式，但准确地说，法治不是规则之治，而应是法律之治，至少此处的法律不能化约成陈所说的一般性规则。关于此点，前面已有澄清，不再赘述。

其次，尽管说抽象化和一般性规则构成社会秩序的基础，但是，这种基础性地位并不等同于游戏规则中的构成性意义，它不具备充分自主化的可能性。一个最重要的原因是，法律规则无论怎样的抽象和一般，它都无法摆脱实质性理由的追问。一方面，现代社会的抽象法律规则背后是抽象的价值观念（如平等、人格尊严等），法律所要解决的问题也充满价值上的冲突。政治行动和宗教观念时时可能冲破法律的界线，影响我们对待法律的态度，因而在各种不同的规范世界之间不存在概念上的边界，它们相互影响并相互塑造自身。[1] 而游戏规则的构成性不受这些实质性理由的影响。另一方面，规则成为合法化框架的基础，或者说现代社会的法治，并不是一种逻辑上的必然，它不但取决于特定的历史和现实条件，更取决于我们如何理解和想象社会。因此，从谱系学上分析，法治具有偶在性，是一系列因素建构的产物，我们之所以张扬个体权利，不是因为个体权利具有逻辑上的必然性，而首先是人们建构了特定的个体与团体，特别是与国家关系的观念。

第三，规则如果具有自主的正当化，规则的实践推理也必然会背离实践本身。陈文花了大量篇幅讨论和论证规则的正当化问

[1] KAHN P. Approaches to the Cultural Study of Law [J]. Yale J. L. &Human, 2001, 13 (14): 163.

题，其目的是为规则进行正确的实践推理奠定理论基础。其初衷当然是好的，特别是对绍尔等可能使规则的实践推理陷入经验规则的批评也具有重要警示意义。但是，为了摆脱了绍尔推定实证主义对规则背景理由的暧昧态度，也不满足于拉兹权威论证后面那个不太干净的尾巴——依赖性理由，陈最终把规则的正当化论证推向理性化的极致，同时也付出沉重的代价。即使那种自主化是可能的，其结果只能是与实践中的法律推理渐行渐远，甚至背道而驰。关键的问题出在他强调的规则（以及规则的实践推理）普遍化和理性化。

法的形式性一个核心就在于它是普遍和理性的，并且还意味着与其他形式的规范必定存在界分。但这不是说法律不需要关注也不会受到个别的或实质性评价的影响，概念法学的破产，在很大程度上要归咎于相信法学家创造的普遍而理性的概念可以彻底塑造一个不受现实污染的法律世界。陈要追求的普遍化与理性化自然不同于概念法学，而是试图从权威（拉兹的进路）或意志（夏皮罗的进路）这样具有鲜明的法律实证主义色彩中找到问题的路径。这样的思路并没有完全克服概念法学带来的难题，规则作为强的排他性理由在实践推理中确实可以获得完全的普遍化，但这种普遍化由于完全无力回应实践的复杂性和多变性，因而必定是空洞和单薄的。绍尔推定实证主义对规则在疑难案件中的实践推理所表现的模糊态度，不但确实在很大程度上更能说明现实司法裁判的过程，更重要的是，他意识到法律推理不可能获得陈所欲求的普遍化。

法律推理当然以规则推理为核心，而且应当认真对待规则，一般情况下不允许径直向一般条款逃逸，但规则推理本身不只是作无任何价值的事实判断，认为犯罪只是对构成要件作中性无色的符合性判断，不但老套过时，而且根本就没有发生过。❶ 一旦有价值判断介入其中，就可能需要考虑关键性事实和各种实质性理由，实践推理的复杂性不只是用排他性理由就能解决的，尤其疑难案件中的法律推理，不但可能牵涉不同的法律理解，也可能牵涉不同规范的冲突。规则作为法律理由，当然具有一定的排他性，但这种排他性并不是绝对的，法律的可辩驳性推理总是可能，因为规则的例外不可能全部和事先编排进规则的构成要件中。❷ 但是，这样的法律推理是不是完全就变成经验规则推理，或一般性的道德推理？如果是这样，又何从谈法律推理的自主性呢？如果法律推理不再是自主的，法律就可能蜕变成政治。把法律规则看成一种强的排他性理由，就是为了防止法外的各种异质性因素冲破法律的堤坝，它们都以形形色色的大写的正义面目出现。

这种担忧不无道理，尤其就当下中国语境而言，如果法官对法院功能存在偏颇理解，再加上缺乏严格的法律推理技术规约，法律左右摆荡于民意与政治之间就不是恶意的中伤。但是为了严格区分规则的排他性理由与背景性理由，刻意在它们之间划出概念上的疆界，不但理论上行不通，而且误解了法律推理的实践本性。在逻辑与政治之间，法律推理还有相当宽阔的领域，法律可以区分出好的论证与坏的论证，好的论证绝不是通盘考量的权衡思维，而是原则为基础的论证，它具有普遍性（或者更准确地说是整全性），但不是抽象理性下的普遍性，毋宁是修辞和叙事性的。为了澄清此点，我们还有必要对目前较为流行的利益衡量进行考察和反思，因为它代表了另一种普遍化的推理模式。

---

❶ 参见西原春夫．犯罪实行行为论［M］．北京：北京大学出版社，2006：25。很多人认为，构成要件符合性判断只是纯事实的判断是古典时代以来法律适用机械套用三段论的结果，其实不然，至少不充分，规范与事实的沟通不可能由逻辑三段论来完成，因为三段论纯粹是事物结构之间的指称关系，不指涉现实世界，这个过程必然由人（通常法官）来作出解释和判断。机械三段论表象的背后是立法者的至高无上和理性全能，法官只是个卑微的仆从。

❷ ATRIA F. On Law and Legal Reasoning［M］. Oxford：Hart Publishing，2002：137－138.

第四章　法律推理中的利益权衡

近年来，利益衡量的方法在法学理论和实践中得到不断地强调和运用，在解决疑难案件中经常成为学者和法官手中的一道利器。但自这种方法开创以来，也不断地遭到学者的批评和挑战。[❶] 什么是利益衡量？怎样进行利益衡量？它在何种意义上可以算作一种法律方法或法学方法论？鉴于目前中国法学界与实务界对此方法表现出的强烈关注和兴趣，也基于利益衡量的方法存在很多的理解和误解，本章的目的是想通过对利益衡量方法的考察，对其在司法中的适用及限度作一个初步的反思，以及更为重要的是它对司法裁判产生了怎样的影响，又是如何影响了法的形式性的理解，进而扩展至对法院或法官功能的解释，或法治观念的一般性理解。

一、不同路向的利益衡量论：异中有同

利益衡量成为当下谈论法律方法或法学方法论中一个十分热门的词汇，但包容性强、使用广泛的词汇恰恰有可能是一个歧义

---

❶ 最近刑法学界围绕形式解释与实质解释何者优先，以及更符合罪刑法定原则或法治理念产生的论争就是很好的例证，形成以陈兴良为代表（包括其弟子邓子滨等）的形式解释阵营，和以张明楷为代表（包括刘艳红、苏彩霞教授等）的实质解释论阵营。目前对此论题已积累了较多的文献，如陈兴良．形式解释论的再宣示［J］．中国法学，2010（4）；张明楷．实质解释论的再提倡［J］．中国法学，2010（4）；邓子滨．中国实质刑法观再批判［M］．北京：法律出版社，2009；刘艳红．实质刑法观［M］．北京：中国人民大学出版社，2009。还有一些反思性检讨的论著，如周详．刑法形式解释论与实质解释论之争［J］．法学研究，2010（3）；劳东燕．刑法解释中的形式论与实质论之争［J］．法学研究，2013（3）。

从生的词，人们不仅把现实主义法学、社会学法学、自由法学运动看成是利益衡量方法的代表，同时又把耶林开创目的法学和赫克利益法学看成是利益衡量方法的典型，在日本法学界，特别是民法学界也发展出一种颇具特色的利益衡量理论。在中国，对利益衡量的使用非常类似于日本，把利益衡量理论看成是概念法学提供的方法论的对立面，把它与社会学法学重视社会效果的思考方法联系在一起。[1] 而在这几种利益衡量论之间是有差别的。有鉴于此，有人提出应该区分清楚两类不同的关于利益衡量的知识，一类是赫克创立的利益法学所倡导的作为方法的利益衡量，另一类是在日本民法学界所创立的作为法学方法论的利益衡量论。[2] 其理由是：赫克所创立的利益法学基本上是一种作为补充法律漏洞的方法，只不过利益法学所倡导的漏洞补充更强调对立法者意思的把握来衡量当下个案中的利益冲突，寻求一个恰当的判决结果。它是对自身法学传统批判反思的产物，并没有推翻德国传统的法学方法论，而是在批判的基础上提出了一个新的法律解释的进路。而日本的利益衡量论不是为了探求制定法律的立法者对利益冲突的决断意思，相反是降低法律在判决中的作用，而更注重在可选择的法律解释之间作出利益衡量。这个标准常常是超越法律之外，进入到国民意识和社会潮流的考察，其目的是解

[1] 利益衡量的方法是梁慧星教授于20世纪90年代从日本引介到中国来的，此后在中国民法理论界及实务界引起的很大反响。此后如段匡的《日本民法解释学》、梁上上的《利益的层次结构与利益衡量的展开》及《利益衡量的界碑》基本上都是这个思路，也有少量谈及赫克利益法学的利益衡量论，有一个有意思的现象是中国的法官谈的利益衡量的方法几乎都是日本式的，德国的几乎从不提及。我想有两个可能的原因：其一，利益衡量的知识是从日本引入，而德国的利益衡量理论少有引入，这种单面知识的输入状态强化了人们对利益衡量的“看法”和理解。其二，中国当下的现实背景与当时日本有几份相像，都处于一个社会激剧变迁的时期，强调对法律的社会学导向的思维方式成了解决当下法律问题丛生、疑难杂症多有的药方。利益衡量的方法基本上是为中国法律中应有的或特有的疑难案件作准备的。随便提及中国台湾对法理学对利益衡量的理解也偏重于日本式的，如杨日然教授、杨仁寿教授。

[2] 张利春. 关于利益衡量的两种知识［J］. 法制与社会发展，2006，12（5）：112.

决过去盲目继受他国的法律、法学和法学方法论而带来的一系列问题，而立志探索出一条真正适合日本的法学之路的产物，它的目标不仅仅是限于对法律漏洞进行补充的方法探寻，而是扩展到对法及日本社会之间如何认识、如何协调问题的全面思索。它一方面通过具体案件的利益衡量，使得日本的民法典不断地注入新的活力，同时在利益衡量时强调坚持国民的立场，从而来调和西方法理念与日本固有传统意识的冲突。因而它属于一个崭新的法学方法论而非单纯的法律方法。❶

可以看到的是，以赫克为代表的德国利益法学传统与日本的利益衡量论确实存在差别，这种差别不但源于它们思想资源上的差异，德国的利益法学是对 19 世纪传统的概念法学进行批判和反思基础上形成的，它可能超越传统但无法完全抛弃传统，即使在对概念法学批判最为猛烈的自由法学运动中也没有完全抛弃对制定法的确信。而日本作为一个引进法学的后发展国家，其思想资源主要是美国的现实主义法学❷。另外，日本利益衡量论是在战后 60 年代才兴起，不但为了解决社会激剧变迁带来的法律裂缝问题，更重要的是法学担当了重塑日本法文化的使命。不过他们过于夸大了法官在裁判中的作用，强调法律之外的因素对裁判的影响。利益衡量论两位代表人物加藤一郎和星野英一都持一种裁判过程中实质决定论，认为法官在形成法律解释或法律判断的时候，应该和法条、法的理论构成及法的原则分开，基于具体的事实做出当下的利益衡量。具体过程是，先在一种与现行法规相隔离的状态下，以普通人的立场，依据超越法律的标准，对案件事实中冲突的利益进行衡量，得出一个初步的决断，然后带着这个决断回到现行法律中，一是为了增加自己的说服力，同时对先

❶ 张利春．关于利益衡量的两种知识［J］．法制与社会发展，2006，12（5）：115.

❷ 日本利益衡量论代表人物之一加藤一郎曾留学美国，其利益衡量论的思想就是在美国接受的洗礼。

行判断进行检测，在两者之间进行不断的试错，最终得出合理合法的判决。这不仅仅法官发现法律的心理学过程，而是隐含了法官一种特定的立场，即法官应当充当社会正义的建筑师。

而赫克的利益法学一直强调对制定法的忠实，在我看来，他主要是想在概念法学与自由法学之间找到一条中道，一方面要抛弃概念法学提供的教条、僵死的法学方法论，它在使法律获得确定性的同时却是以失去法律与生活利益的内在关联为代价的；同时，他又要反对自由法学那种极端“自由”的做法，寻找“活法”的结果可能使我们看到法律的“真实”面目，但却有可能迷失其中而使法律确定性和可预测性不存，因为对“活法”我们可能有很多“说法”。[1] 所以，从中选择的中道是捍卫制定法对生活利益的决断，而法官的任务是充当立法者的思想助手。赫克一再强调：法官的职责不是要自由地创造新的法律制度，而是要在现有的法律制度范围内参与实现那些已经被承认的观念。[2] 当然，赫克的利益法学本身是德国法学方法论传统内部发生的一种“转向”（耶林身上也特别明显，所谓1859年从扫罗变成保罗的大马士革经历），没有日本利益衡量论那样作为西方文化“他者”的焦虑。但这些是不是构成赫克的利益衡量只一种法律漏洞补充的方法，而日本的利益衡量论则是一种具有本土文化意识的法学方法论？这个问题至少牵涉两个问题：第一，法律方法和法学方法论的区别是什么？第二，我们需要一种什么样方法论？换句话说，方法论能脱离价值和文化而成为一种普遍适用的方法吗？第一个问题，我将在下文有所交代，第二个问题可能是本书很难处理的一个问题，尽管在我看来它是一个十分重要的问题，也许只能留到另篇文章处理。

---

[1] 这种“活法”观念带有浓厚的保守主义和浪漫主义色彩，对德国法治国的实质化有重要的影响。

[2] 赫克．利益法学［J］．傅广宇，译．比较法研究，2006，（6）：152.

除了存在这两种利益衡量的知识，还有第三种即是社会学法学意义上的利益衡量。如果说赫克的利益衡量更关注立法者的利益冲突的价值判断，而日本的利益衡量论（接近于现实主义法学和自由法学）更关注法官对利益的判断，而社会学法学则更关注的是利益本身的内容，庞德可以说是社会学法学的代表。他对法律应保护的利益进行了系统的划分，第一类是个人利益，涉及个人生活及以个人名义所提出的主张、要求或愿望；第二类是公共利益，涉及的是政治社会组织和以政治社会组织的名义提出的主张、要求或愿望；第三类是社会利益，涉及文明社会的社会生活及以社会生活的名义提出的主张、要求或愿望，它包括一般安全利益、个人生活方面的利益、道德利益、保护社会资源的利益和政治、经济、文化进步的利益等。法律并不创造这些利益，法律发现这些利益并对其要求进行保障。但是这些不同的利益之间是存在冲突的，如何进行利益衡量？其标准在哪？庞德认为应从经验、理性假设及权威性观念中得出判断，“法院必须像过去一样，通过经验来发现并通过理性来发展调整关系和安排行为的各种方式，使其在最少阻碍和最少浪费的情况下给予整个利益方案以最大的效果。”❶ 庞德虽对利益衡量在法律上没有一个明确的结论（他强调对不同利益的评价应站在相同的层次上，如个人利益与个人利益的对比），但其社会学法学的思考及强调对利益方案取得最大社会效果的方法论为导向一个更加精确和科学化衡量利益之间的冲突开辟了道路。所以在此意义上，社会学法学与现实主义法学有极大的相似之处（尽管激进的现实主义法学过于强调法官主观因素对裁判的影响），两者完美的结合产出一个茁壮的婴儿，即经济分析法学。经济分析方法正在通过经济学的分析工具，在法律各个领域里扩展地盘，实现霍姆斯当年的预言。

---

❶ 庞德．通过法律的社会控制 法律的任务［M］．沈宗灵，董世忠，译．北京：商务印书馆，1984：71.

利益衡量虽存在大致可以作出某种区分的三种类型，但其实这种利益衡量之间还是存有一些共同之处。换句话说，它们之所以都可以称之为一种利益衡量的方法，在某种程度上都预设了一个共同的前提，这个前提就是它们都有一个功利主义和实用主义的哲学基础。现实主义法学和经济分析法学自然不必说，从耶林到赫克的德国利益法学都受到英国功利主义者边沁及密尔的影响，边沁对耶林的影响是非常直接的。耶林曾对边沁的法律哲学作过高度的评价：

> 边沁的学说中关于道德事物具有社会性格的知识，是一个极重要的进步，但受到英国现实主义－实用主义完全对立的、观念论及思辨哲学的影响，在德国对这样的知识评价过少。这是多大的不当，也造成我们极大的损失！边沁是最独特且具有原创性的思想家之一，他透过思想的丰富与刺激，透过健全的实际感觉与远见所作成的学术研究，实要远胜于那些踩着思辨的高跷、飘着观念论战旗的大多数哲学对手的著作，而且他对伦理学的观念提供了许多贡献，这些贡献我认为是不会消失的。❶

而赫克的利益法学虽进一步深化了耶林的目的法学思想，但其利益概念的看法、对法律起源于利益衡量的思想无疑间接来自边沁（中经耶林）的影响。正因为他们这种法律工具理性主义的立场，有人把利益法学看成是一种现象学的还原方法，它为了克服19世纪法学思维上的科学主义和形式主义（主要表现为概念计算和逻辑演绎），将权利还原为利益，将逻辑演绎还原为利益平衡，最后将法律还原为利益的分配与保护的工具。❷

---

❶ 吴从周．从概念法学到利益法学［D］．台北：台湾大学，2002：116－117.

❷ 陈林林．方法论上之盲目飞行－利益法学方法之评析［J］．浙江社会科学，2004（6）：64.

二、利益衡量能否成为一种法律方法或法学方法论?

利益衡量论在历史上可以追溯到这些知识的源流，而且在现代这些知识也在不断得到发扬光大，经济分析法学正是一枝独秀，而且经济分析方法在不是经济分析法学的学者那里也获得用武之地。利益衡量的方法正在不断地从私法领域扩展到公法如宪法、刑法、行政法等领域，以至有人感叹道:“今天，在进行法律解释的时候，如果完全不使用利益衡量，简直让人无法相信。”(日本学者甲斐道太郎语)不过，利益衡量的方法这种表面的繁荣背后却一直遭到质疑和批判，从利益衡量方法诞生那天起就是这样。有学者指出应该严格区分价值衡量与利益衡量论，因为利益衡量是一种严重的化约和还原论，是一种将权利利益化的庸俗产物，对法治与司法正义必然产生损害。[1] 不过，利益衡量不仅要面对这样的道德指责，更为要紧的是它面对的是其能否成为一种“方法”的指责，由于利益法学在利益衡量时欠缺明确的价值标准，而根本不成为一种方法，是一种方法论上的盲目飞行。这样的说法早在1933年自由法运动的主将赫曼·伊赛(Hermann Isay)在一篇题为《利益法学之方法——一个批判的观察》上就表达过:“所有这些有关利益法学的文章都在谈论利益法学的方法，但没有一个地方谈到这个方法在哪里。……这个方法的本质是否真的配得称为一个方法。任何人如果去检验这个前提，就会惊讶地发现:利益法学根本没有方法，整个方法争论根本没有对象。”[2]对于这样的指责，利益法学不能不顾，那么利益法学方法

[1] 魏治勋. 司法过程中的利益衡量批判［J］. 学习与探索，2006，163（2）：140.

[2] 此文发表在德国的《民事实务杂志》上，后收入 SCHOCH M M. The Jurisprudence of Interests［M］. Cambridge：Harvard University Press，1984。转引自吴从周. 从概念法学到利益法学［D］. 台北：台湾大学，2002：198。

真的像是他们指责那样是没有自足的“方法”，而只不过是法权感的高级形态？（陈林林对利益法学方法的总体评价，因为它们无法满足方法上的可操作性、可预测性及确定性的要求，参见：陈林林：《方法论上之盲目飞行》）在作出此判断之前，我们还是认真地考察利益法学方法到底做了什么？文分两路，一是考察赫克的利益法学方法，二是考察受社会学和经济学分析方法影响的利益衡量。（之所以只谈这两种，因为极端的自由法学和现实主义法学根本没有提供什么可能的方法，把法官的裁判过程等同“自由裁量”的法感判断。）

（一）赫克的利益法学方法

1. 赫克利益法学方法的起点：批判概念法学和自由法学

赫克的利益法学思想是从耶林的目的法学那里获得启发的，（他自己声言他当时处于温德沙伊德的法律世界，虽佩服他说理的清晰与详尽，但对法学方法的特定印象不是来自于温德沙伊德，而是耶林。他最早接触的一本法律书就是耶林的《罗马法精神》第二卷）耶林经历从概念法学到目的法学的大马士革的过程，提出法律的创造者不是概念而是目的，在法律领域内寻找目的是法学的最高任务，不管是在教义学还是在法律史上。耶林虽然认识到法律对生活的影响，看到法律起源于利益，但没有对这种影响进行充分的划分和讨论，比如，所有税法的目的是为共同体聚集财富，但一部具体税法的特征，却是由纳税人的利益如何被考虑决定的。耶林的目的法学仍然不够，它必须通过利益划分原则来加以深化。在此基础上，赫克提出生产的利益论。总体而言，赫克的利益法学提出的利益起源论和利益的生产论是其方法论两个阶段，其理论和方法是一以贯之的。由此观之，赫克的利益法学的目标不仅仅是一种满足于作为漏洞补充的利益衡量方法，它更要为法律方法提供一套全新的理论。

赫克于1905年12月15日在《德国法律人报》一篇篇幅仅为三页的论文《利益法学与法律忠实》中首次使用“利益法学”

一词时，他就认为这是一种新观念或新思维：

> 这种思维过程是以这样的一种基本观点为基础，我们可以称这种观点为利益法学。利益法学认为，法条并不是从共同体意识中根据法律建构发展而成的观念产生的，而是以利益冲突的决断中产生出来的，法条是依据法律共同体中对当事人的利益所赋予的价值而被做成决断的。从这样的基本观点使得法律漏洞有存在之可能性，而其补充则非以探询前述法律结构发成的观念为之，而是透过法官对个案进行利益衡量的方式为之。❶

为此，利益法学第一个要反对的就是概念法学提供的法学方法论。这种技术性的概念法学把普遍的命令当作法律条文的基础，认为透过普遍命令概念的综合，事实上就可以产生这些法条。这种法学及其方法论完全不考虑生活的现实，满足于通过学术建构起来的概念体系的“演绎计算”，使法律变成毫无生气的符号系统。在赫克晚年所作《利益法学》的演讲中❷，主要从三个方面展现这种旧理论的方法论：（一）在各法律元素的因果关系上，即对法律规范的形成和起源上，概念法学认为一般的法律概念是法律的原因性概念，它产生了法律规范，因而也间接地影响了生活。这种关于一般法律概念原因性的理论主要是通过以萨维尼为代表的历史法学派确立起来并获得其统治地位的。历史法学派认为，法律是民族精神的结果和体现，而作为民族精神代表的法学与法学家不但确立了各种价值判断和价值观念，而且在学术上创造了一般性的概念。总之，一般性概念是法律规范的渊源。（二）在法官判决上，概念法学把法官的行为看成是一种

❶ 吴从周. 从概念法学到利益法学［D］. 台北：台湾大学，2002：3.

❷ 此文是赫克 1932 年（吴从周说是 1933 年）在法兰克福大学所作的讲座，此时正是利益法学发展的鼎盛时期，也是赫克思想较为成熟的时期。中译本见《比较法研究》2006 年第 6 期（傅广宇译）。

“认知教义”的理解性活动，法官应按照认知逻辑来适用法律，将案件事实逻辑地涵摄于规范之中。这是一种典型的概念计算的方法，因而它是一种纯粹认识性的活动，不能也不需要任何评价，更不能自己创造规范。这首先就假设了法律秩序是一个封闭的无漏洞的体系，即使存在漏洞也可以通过构造概念的方法来加以填补。（三）法学目的，被认为是准确地确定概念，并将这些概念整合为一个统一的推论体系，即一个概念金字塔，生活只被认为是法律概念的适用场所，关于“法律应该如何”的看法被排斥在法学的范围之外。

概念法学的方法论实际上是要追求一种完美的法律科学的梦想，一种通过法学家的理论努力来建构生活秩序的可能性。但正是因为如此，概念法学过高地估计了概念自我生产的可能性，用概念来计算法学只能使法学远离生活，忽略判决的生活正确性。从法律的起源而言，那种认为一般的法律概念是法律规范产生的原因理论已经过时，各种法律命令是基于生活的实际需要和评价，而不是基于被设计出来的一般概念。如《德国民法典》对无记名证券的规定是为了保护有关各方的利益，而不是考虑当时存在的无记名证券中债务性质的理论争论。因此，每一个法律命令都决定着一种利益冲突，都建立在各种对立利益之间的相互作用之上。在法官判决问题上，利益法学认为法官也不局限于纯粹的认识活动，也拒绝通过构造秩序概念来填补法律漏洞。法学如同医学一样，是一个务实的科学，利益法学的方法只为法学实务而提出，它的目的是研究法学与司法对生活的影响。这种影响是通过法官的判决而产生的，所以，利益法学是试图为法官的判决提供一些可供遵循的原则，为此利益法学必须看到法律与生活利益的关联，因为如果法官的判决不是从生活出发来思考，它的判决是不会对生活产生作用的。但利益法学并不因此要成为一种生活哲学或法哲学的一个分支，因为利益法学的方法论并没有设定这么高的目标。赫克在这明显是要在他的法学方法论与法律哲学之间画清界线，方法论问题不能解决世界观问题，它不依据任何一种哲学体系，法官也因此不能成为人们生活的“法官”，在这方面，赫克的利益法学要反对的是自由法学，在某种意义也是反对现实主义法学。（尽管利益法学把更多的精力和笔墨放在对自由法学派的批评上）自由法学最大的问题是认为法官的裁判不受制定法的约束，法官根本没有义务去可认识的法律内容，这与赫克所坚持的历史法律解释原则，要求对制定法忠实的要求是背道而驰的。所以，赫克为了区分他所讲的利益法学与自由法学所讲的利益衡量不同，他把他所讲的利益法学称之为狭义上的利益法学。因为法官不必受制定法的拘束，使法官可以自由地进行利益衡量，将使裁判沦为个人主观性的判断，危害相同案件相同处理的原则。

2. 赫克利益法学方法的关键：生产的利益论

赫克在利益法学方法论方面的主要贡献，是他提出了生产的利益论。这是他不同于耶林的地方，因为他所讲的法律规范起源于对生活利益的决断是直接承袭耶林的利益起源论而来的，不过那只是从立法角度对法律进行思考的起点。利益法学要成为一种方法或方法论，必须对法律解释和法律适用提出他自己的原则和方法。生产的利益论就是指法官如何利用利益衡量来恰当地适用法律。对赫克的利益法学而言，法官进行裁判的最主要的一个原则就是必须受到制定法中所包含的价值判断的拘束。在他看来，这个是民主宪政国家最基本的要求。但是问题在于法官如何才能正确地探知制定法的价值判断，并且能够正确地适用到当下的案件中？如果制定法中的价值判断模糊不清、相互冲突甚至根本就没有立法者的价值判断，也即存在法律规范的漏洞的情况下，利益法学将如何做出判断？

（1）探知制定法的价值判断的第一步，是三段论法。即是法官对个案的事实能否在大前提中找到法律的构成要件。这种情况只针对简单案件，不过在此利益衡量也是存在的，只不过是逻辑涵摄与利益衡量的结果一致。这个时候法官是在直觉地下意识地进行利益衡量，这种直觉的判断力是法官长期判案积累的结果，对判决非常重要。

（2）真正对制定法价值判断进行探知的是赫克称之为的“历史的解释”的方法，寻找立法者的价值判断就是要求解释者要去探知历史上立法者的意思。这种对法律规范进行历史解释的方法原则不是我们狭义意义上的探究立法者主观意义的解释，而是一种同时是原因性和续造性的解释。它要超越立法过程中的人的观念，而回到对法律而言重要的因果利益。这种思路实际上和他提出来的法律的利益起源论是一以贯之的，也即是要回到立法者当时立法的历史环境中，考虑立法者面对生活相互冲突的利益是如何决断的，制定法不仅展现获胜者的利益，而且法律规范的具体内容和目的的满足程度，还取决于失败者的利益的分量。❶当制定法存在缺陷时，法官可以采取法律续造的方式来补充有欠缺的法律命令，更正有瑕疵的命令。因为法官不仅要适用具体的法律命令，也要保护制定法认为值得保护的利益的整体。

因此，这种历史解释的利益探究方法是坚决反对“把法律文字从历史时空中切割开来而直接适用到当下”的客观解释理论。赫克批判了支持客观解释理论的四个主要论证：即形式论证、信赖论证、意思论证和补充论证。形式论证认为法律文义在客观上等同于法律的内容，法律内容只能依文义加以确定。这种把文义的范围等同于解释材料的范围是没有根据的，立法者并没有禁止法官使用其他历史资料作解释。❷ 而信赖论证是立基于形式论证之上，指受法律规范者及外行人对法律的文字有种信赖，任何对文义的忽视都会危害到法律的安定性。赫克对此的反驳是除非文

❶ 赫克. 利益法学［J］. 傅广宇，译. 比较法研究，2006，(6)：148.

❷ 文义应该是最基本的选择，当然它并不排除对法律的历史解释，但使用历史解释为什么一定会比使用文字解释好呢？赫克在这的论证似乎并没有论证的充分和令人信服。

字能用精确的语言来表达思想，由此来限制法律的内容才能确保法律的安定性。但问题在于文字和语言具有不确定性，而历史资料却有补充不确定文字的功能。[1] 外行人对法律的信赖并是通过法律文义而达成，外行人更多的是从生活知识、法律感觉及间接的法律事件而获得的。意思论证认为赫克探求立法者意思的历史解释根本是不可能完成的任务，无论是探究立法者个人（如某位大帝、皇帝）还是立法会议（多数人）的真实意思是不可能办到的，也是十分荒谬的事情。赫克认为他所讲的“立法者的意思”不是心理学的意思，也不是立法时共同参与的立法人员的主观意图，而是一种法律的规范意思。也即是在这个概念背后隐藏的对现实利益的衡量，是一个决定性利益或共同体利益的总称。第四种补充论证认为，历史的法律内容无法满足当代生活需要，所以要探求法律的客观意义加以补充。对此，赫克对此点是认同的，因为历史的利益探究是他关于法律规范获得的一部分，只有当无法获得制定法对利益的价值判断时，法官才能对法律规范进行补充。所以，这个论证完全可以包含到他对法律规范获得的论述里。在我看来，赫克对这四个论证的反驳不是很充分和有力，但这并不证明客观解释理论就好到哪里去。有将解释者自己的结论充当客观中立结论的危险。

（3）对立法者的利益探究最后可能出现三种结果，第一种是通常情况，也就是说立法者已经形成法律命令，它适用于法官当下的个案。（即有明确的裁判规范）这个时候法官只要逻辑地包摄于概念下就得出与利益评价一致的正确结果。第二种情况，是授权情形，即立法者没有明确的法律命令即裁判规范，而是授权法官在考虑立法者其他可认识的评价判断下，符合利益的进行

---

[1] 历史资料也许确实能补充语言带来的不确定性问题，但语言的不确定性很多并不是因为我们缺乏对资料和立法者意思真实的把握，而是由于现实生活和行为方式的多样，相对于此语言总具有某种不可避免的抽象性和不精确性。相反是立法者有意或无意地带来了语言的不确定性。

补充。法官利用不确定性法律概念（一般性条款）来弥合法律与社会变迁之间的距离。不过，之所以强调是补充性的，是法官的判断要符合法律价值判断的整体结构。第三种情况是法律欠缺可适用的裁判规范（命令），产生了法律漏洞。如果把第二种情况也看成是漏洞的话（有意的漏洞），那第三种情况就是无意的漏洞，即违反计划的不圆满。赫克把漏洞分为三种类型，第一种是第一次漏洞，是法律产生时就存在的漏洞；第二种是第二次漏洞，是由于社会生活发生变化而产生的；第三种是对当下案件有多个可适用的裁判规范（命令），它们之间的冲突而产生的漏洞。那么法官如何来填补以上存在的法律漏洞呢？在赫克看来：

> 填补漏洞时也要运用利益划分原则，如果某案件的事实不符合法律规定的事实构成，那么法官首先要明白系争案件中存在怎样的利益冲突。法律是否以其他事实构成的形式决定了同样的利益冲突。如果答案是肯定的，他就移用（Übertragen）法定的价值判断，对同样的利益冲突作同样的判决。这种方法向来就被作为制定法类推和法律类推来使用，但只有通过利益法学，该方法才得到正确的说明和更为清晰的界定，运用时也更为安全。❶

在此法官填补法律漏洞的工作也不完全是自由裁量式的，当然更不像概念法学放弃对此进行填补之可能，他要在法律的安定性和实质恰当性之间寻找第三条道路，这第三条道路怎么可能呢？赫克谈到制定法的价值判断的远距作用。“制定法不仅在一个法律命令透过涵摄可以直接适用时具有重要性，它可以说也具有远距作用。这对于法官超过涵摄工作而形成的新的命令时的法官活动，具有重要性。”❷ 法官发挥制定法的远距作用而获得法律规范的主要方式是类推。它可以使相同的利益冲突获得同样的

❶ 赫克. 利益法学［J］. 傅广宇，译. 比较法研究，2006（6）：152.

❷ 吴从周. 从概念法学到利益法学［D］. 台北：台湾大学，2002：175.

判决。这种制定法的远距作用还有其消极的功能，即立法者在决定法律评价的利益冲突时已经排除的观点，不可以在未规定的案件中再加以考虑。

但是当在制定法中找不到可加以比较的利益状态或相似的价值判决时，从而无法实现制定法的远距作用。这时候就允许法官作出个人的评价，法律要么通过明确的授权，要么通过在法条中使用不确定的、需要填充价值的字眼（如重要原因、重要过失等）来填补漏洞，但他在此情况下也不大同意利益法学其他两位吕默林与施托尔的看法即法官应考虑法律共同体中通过的价值判断，这种做法不一定比诉诸法官个人的良心更好。

尽管赫克认为法官在造法方面应有所作为，但他意识到造法可能带来的危害性，所以他认为法官创造的法律规范不具备制定法规范的效力，对其他法官也没有约束力。更重要的是他对法官造法设定了两个条件。第一是硬性规范要严格遵守，第二是例外规定应作限制解释，不可类推加以扩张。这种硬性规范里含有替代性特征的规范，如关于年龄有一个固定的规定，不能根据事实上个人精神的成熟度来决定。还有就是要式条件的规定，如遗嘱对要式条件的规定。对于例外规定，应该理解成以特殊利益状态为基础、排除转用到其他利益状态的命令观念，在此情况下应视为严格的规范，限制类推。

3. 赫克利益法学方法在司法中的运用

赫克以死因的利他合同为例来说明他的利益法学方法在填补法律漏洞方面的作用。

案情：某退休者有多位侄女。在遗嘱中他赠与侄女们相同份额的财产，但因无心之失而遗漏了一位侄女，他没有更改遗嘱把这位侄女加进去，而是在银行存一笔相当的钱款并与银行约定，他在自己的有生之年可自由、排他地处分这笔款项。如果该款项未被处分，就在他死后归那位侄女所有。假设该退休者死亡，其遗产不足以清偿债务，谁能对存在银行的那笔款项主张权利？是那位侄女还是遗产债权人？

赫克利益法学的推理思路是这样的：这里存在着遗产债权人与那位侄女对银行那笔款项谁应该优先获得权利的冲突，这个利益冲突在法律上没有直接可适用的规范。那么在法律中对此有没有类似的利益冲突的处理的规定呢？答案是肯定的。制定法已有明确规定：遗产债权人对受遗赠人享有优先权。而在赫克看来，那位侄女虽然不是通过伯父的遗赠获得财产，而是通过其伯父的利他合同行为获得的一种权益，但是这位侄女与其他侄女一样，在她伯父死前是没有权利获得那笔款项的，而遗产债权人却已获得了权利。换句话说，在那位侄女与遗产债权人之间的利益冲突和其他侄女与遗产债权人之间的利益冲突是相似的，而对于后者制定法已有明确规定，在此情况下就应相同的利益冲突相同处理。

另外从另一条规范即《德国民法典》第 2301 条对死因赠与的规定中也可以得出相同的结论。被继承人为了确保那位被遗漏了的侄女的利益，可以通过死因赠与的方式使她得到那笔财产。假设被继承人作了一个赠与的允诺，而此时受赠与的侄女获得了一项债权，但是根据《德国民法典》第 2301 条，死因赠与允诺被当作死因处分，受赠与的侄女的利益相对于遗产债权人的利益居于次要地位。因此相对于地位比赠与更低的死因利他合同，就更应将这种法定的价值判断移用过来。另外，我们也还可以看到如果对利他合同比遗嘱有更强的法律效果，人们将会去规避法律（在人寿保险中），使得债权人的利益得不到保障。正因为如此，《遗产税法》才将通过死因利他合同获得的收益当作通过继承获得的收益来对待。

赫克在论述完他的利益法学的方法后，紧接着批评了帝国法院在此案处理上的概念法学思维。他们直接受制于“直接获得”的概念束缚而得出相反的结论。他们根据《德国民法典》第 328 条：“通过合同可以约定，向第三人履行的给付具有这样的效力：

该第三人直接获得请示付的权利。”他们认为这个条款具有决定性，因而作为利他合同第三人的那位侄女就直接从合同获得了权利。在这法官完全凭着自己的想象而把“直接”这个概念适用到这个案件中，但只要我们考察第328条的形成历史、条款的文句及与其他条款的关系，我们就会发现第328条中“直接”一词只是表明第三人的接受或其他方式的协助是不必要的，这里考虑的只是受赠第三人与立约人之间的利益关系，而根本没有涉及受赠第三人与立约人的遗产债权人的关系。他人协助是否必要不能成为受赠第三人优先于受遗赠人的利益提供任何实质性理由，因为受遗赠人接受遗赠同样无需他人的协助。因此，帝国法院将法律命令中严格界定的内容简化一个概念公式，从中推出新的规范，这是一个非常严重的错误。

4. 小　　结

赫克的利益法学方法论从总体而言是自洽与融贯的，它将耶林的社会学法学的方法发扬光大，在法律的利益的起源上进一步推进为生产的利益论，为法学实务提供了价值－归纳式的法学方法论，对概念法学方法论的思维是一次革新，对他那个概念法学的时代而言无疑是一个非常重大的贡献。那么，从现代来看他的利益法学方法是不是像伊赛所批评的那样根本没有自己的方法，“因为一个方法至少必须告诉立法者及法官：他必须根据何种观点去评价及去衡量被评价的利益。它不能只说要评价，而应该告诉我们如何评价。”由于利益法学采用了利益这个比较宽泛抽象的用词，造成其含义不清，而且更有混淆法律评价的对象与评价标准之嫌疑。而对于评价标准问题一直是其受批评的地方。对此，赫克的回答是，对于立法者根据什么标准去评价生活中相互冲突的利益关系，他可能无法得出一个结论，或者说这不是他的利益法学方法论要关注的问题，因为这属于更高层次的法律哲学要解决的问题，而对于法官在适用法律时欠缺一套评价标准的指责可能是不大适合的。因为他提出法官要受制定法的价值判断拘束的，法官只是在必要的情况下而采取自己的评价，“忽略了我们所主张的制定法价值判断的远距作用，是伊赛对我们的学说观念上最严重的误解。”而这样的价值判断是法官通过历史的解释原则去认识的问题，而不是法官行使自由裁量权的结果，在这方面伊赛的自由法学说恰恰是更没有方法的方法论。不过，对于我们怎么才能知道我们通过历史解释探究的方法而得出制定法的价值判断就是恰当地适合于当下案件呢？对于欠缺制定法的远距作用的可能一种可知的方法吗？特别是对于是不是可以发挥远距作用存在争议（如碰撞漏洞）时，如何才能找到可行的方法？对于这些问题，赫克的利益法学方法没有很好的回答，或者至少没有深入详细的展开。但总体而言，赫克的利益法学不仅是一种补充法律漏洞的方法，更是一次方法论的变革。

（二）简化与精确化的利益衡量论

由于利益衡量论被指责为缺乏一套可操作的方法和价值标准来决定利益的衡量，利益衡量的结果往往使法官“自由”地专断和恣意。为解决利益衡量的确定性和客观性问题，利益衡量论从经济学那里找到可行的分析利益的工具，试图为法官的利益衡量解决可操作性问题。下面以我国学者梁上上对利益衡量的分析为基础，同时也考量阿列克西对于利益衡量的数学化思考。[1]

1. 梁上上的利益层次结构分析：以“玻璃幕墙”案为例

梁上上的利益衡量分析是从批判日本学者加滕一郎的利益衡量论开始，认为他的利益衡量论虽然认识到司法裁判过程中涉及利益衡量的问题，改变了概念法学僵化的思考方法，从技术的侧面提供价值判断的方法论，使日本民法解释学大进了一步，是对20世纪社会、政治、经济全面发展的一个很好回应。但加滕一

[1] 以上是以陈林林分析过的这两位人为分析对象，因为他们是比较具有代表性的，本文只是引此作为分析和批判的对象。

郎的利益衡量是一种主观性极强的行为，通过他的“节制必要性”“实用的可能性”“应与法条结合”三个空泛的限制标准根本无法解决法官的恣意性问题，因此梁氏认为利益衡量论要成为一个方法论，必须要有确保利益衡量不被滥用的科学客观的程序和规则。他试图通过利益层次结构的划分，找到解决利益衡量难题的规律。他把利益分为当事人的具体利益、群体利益（类似案件中对原告和被被告作类似判断产生的利益）、制度利益和公共利益。在这些利益之间存在一个层次结构的问题，即当事人的具体利益、群体利益、制度利益和公共利益之间是一个有机联系和递进的过程，群体利益是连接当事人的利益与制度利益的桥梁，制度利益由于其强调安定性会对未来类似案件产生影响。但前三者利益必须以公共利益为根基和支点，离开社会公开利益就可能有妥当的利益衡量，但在他看来，社会公共利益在不同的具体案件中可能会不同，它也随着时代的进步而发生变化。因此，这种利益结构层次的关系要求法官在进行利益衡量时要遵循这样一种思维过程：“以当事人的具体利益为起点，在社会公共利益的基础上，联系群体利益和制度利益，特别是对制度利益进行综合衡量，从而得出妥当的结论，即对当事人的利益是否需要加以保护。”[1] 在具体的个案中，对当事人的利益衡量的关键是妥善处理法律制度的制度利益与公共利益的关系，对法律制度利益的评价应以公共利益的需要和要求为出发点。当然公共利益在他也是一个比较宽泛和抽象的用法。要看该制度是否有利于维护和促进社会经济的发展，是否有利于维护和促进人民大众在社会的政治生活和整个精神生活中的自由和权利，是否有利于社会稳定和社会进步，即要看该制度是否仍然适应社会的发展。他接着谈到在具体情境中制度利益存在的三种情况：制度利益无缺陷时的利益

[1] 梁上上．利益的层次结构与利益衡量的展开［J］．法学研究，2002，24（1）：57.

衡量、制度利益有缺陷的利益衡量和制度利益违背公共利益时的利益衡量。由于他所讲的方法在这三种情况中是一致的，我这里只选择他分析的第二种情况来分析，他以杭州的“玻璃幕墙”案为例展开他的利益衡量分析方法。

案情简介：在杭州市环城东路16号居民楼有十户居民，在离他们仅10米远的地方有一幢12层的大楼，这幢大楼的外墙采用玻璃幕墙，正是这个玻璃幕墙给这些居民带来麻烦。居民睡在床上的情形出现墙幕上，居民换衣服的情形也出现在墙幕上，穿着裤衩摇着扇子的大妈也出现在墙幕上，加上因为采光和通风等问题双方发纠纷。

梁上上认为此案涉及相邻关系的法律问题，但对相邻关系问题的规定即《民法通则》第83条（不动产的相邻各方，应当按照有利生产、方便生活、团结互助、公平合理的精神，正确处理截水、排水、通行、通风、采光等方面的相邻关系。给相邻方造成妨碍或者损失的，应当停止侵害、排除妨碍、赔偿损失。）没有直接规定“玻璃幕墙暴露隐私”的行为，法律出现了漏洞。对于这些居民的利益是否应当保护，可以在相邻关系法律制度框架内对本案相关利益进行衡量。他用图表列出相关的利益关系及不同情况下的结果。

从表1中可知，如果保护居民利益则可获得4个方面的积分（√表示得到保护），如果不保护居民利益则只有2个积分，4当然大于2。所以，法官这时应保护居民的利益。但是如果建筑方坚持认为他们的建筑物是经过合法审批的，而合法建筑物是不应赔偿什么损失的。这时候应该在行政法律关系的框架内考虑利益衡量问题，结果如表2所示。

表1 利益的层次结构（1）

选择保护对象	结果					
	当事人利益		群体利益		制度利益	公共利益
	居民利益	建筑方利益	居民群体	建筑方群体	方便生产、生活和促进相邻各方和平相处	公平、正义和善良风俗
保护居民利益	√	×	√	×	√	√
不保护居民利益	×	√	×	√	×	×

表2 利益的层次结构（2）

选择保护对象	结果					
	当事人利益		群体利益		制度利益	公共利益
	居民利益	建筑方利益	建筑制度审批		公平、正义和善良风俗	
保护居民利益	√	×	√	0	√	
不保护居民利益	×	√	×	√	0	×

如果保护建筑方的利益，则居民利益得不到保护，同时公共利益受损。但无论是否保护建筑方的利益与否，制度审批的利益都不受影响，因为审批部门只是行使建筑审批的行政权，如何建筑是当事人的事。

梁文以利益层次结构论的分析来解决利益衡量论的客观性和可操作性问题，看来是存在非常严重的问题的。

（1）梁文在第一步就走错了，我认为此案首先不是一个相邻关系的问题（当然也不排除这些居民以防碍通风、采光等问题起诉，从而涉及相邻关系问题），而是建筑方以特定方式侵犯公民的隐私权，对此应去考虑《民法通则》有关隐私权的条款（尽管民法里还没有直接使用隐私权）。

（2）撇开前一问题不谈，即使是涉及相邻关系，梁在此对利益衡量的分析也是成问题的。对各种利益的理解和划分是不清和混乱的，在表1中“制度利益”理解为“方便相邻关系之间的生产、生活与和平相处”这是不是制度本身的利益就是一个问题，第二它与他所说的“公共利益”（公平、正义、善良风俗）看不出有什么很大的区别，所以这种利益区分问题很大。如果这种利益划分在表一中不是很严重的话，在表2，简直就让人无法理解了。在“群体利益”的条目下写的却是“建筑审批制度的利益”，而制度利益又摇身一变成为“公平、正义与善良风俗”，也许这些利益本来在梁氏那就有机混合在一起的，但为何又区分得这么清楚（不是方法和理论上的分析方便，而具有实质性的区隔，但这里证明他是失败的。）制度利益的内涵及公共利益概念本身复杂性和抽象性在此被完全忽略，成为一块含混不清的铁板。

（3）如果前面两个问题还不够严重的话，那么这种利益层次结构分析方法最严重的问题就是把各种利益“简化”到一个平面，而且简化得非常粗糙。换句话说，当事人的具体利益（表现在个案中，它们之间相互冲突）、群体利益、制度利益、公共利益都是可以用“抽象的利益”在它们之间实现兑换的，一方面他没有考虑到这些不同的利益之间的权重问题，特别是制度利益的问题。（很多的批评是集中在他把这些不同层次的利益等量齐观。也许这种指责不完全对梁文恰当，梁文虽然没有言明，但从他的分析中还是看出他比较注重制度利益和公共利益，特别是公共利益的分量。）另一方面，即使他考虑到这些利益之间的权重（一种考虑利益权重的思维可能导致在各种利益、价值之间找出一个清晰价值等级秩序，如社会公共利益高于个人利益，但我认为这样一种价值秩序是不存在的，社会公共利益与个人利益之间不是单向的零和博弈关系，而是既相互独立又相互限制、相互影响的互耦关系。），但这些不同的权重（利益与价值）是不是可以通过进行统一的化约呢？这个问题，在下面我们会讨论到。

2. 阿列克西引介的精确化的利益衡量

阿列克西以宪法中言论自由与隐私权为例说明精确化的利益衡量论。从宪法理论而言，由于言论自由与隐私权都是基本权利，无法在它们之间作出价值顺位上的优先排列，但这两者又经常发生冲突而很迫使法律予以裁决，而简单地作出价值判断会陷入困境，使利益衡量变得不可捉摸。所以为在具体个案中对它们进行权衡，加入一个迫切性的比值，对它们可能产生的总体价值进行衡量。如在当下案子中，隐私权（P1）和媒体自由（P2）陷入了冲突，隐私权的权重值是0.8，媒体自由的权重值是0.4。选择取缔媒体自由（R1，例如禁止广播），则能使隐私权的价值实现比值从0.3上升至0.4；反之，选择维护媒体自由（R2），例如允许广播，则能使媒体自由的价值实现比值从0.3上升至0.9。[1]

（隐私权和媒体自由的价值权衡）

P1（隐私权）=0.8	P2（媒体自由）=0.4	
R1（禁止广播）	0.4	0.3
R2（允许广播）	0.3	0.9

从而，选择R1，价值的实现总量是：0.32(0.4×0.8)+0.12(0.3×0.4)=0.44；选择R2，价值的实现总量是：0.24(0.3×0.8)+0.36(0.9×0.4)=0.60。R2具有的价值总量高于R1，因此法官应当选择判决维护媒体自由，即便在基本价值序列上隐私权的权重值，原本要大于媒体自由。

这里迫切性价值如何判断？即在什么情况下是迫切的，当对迫切性存在争议的时候又依什么标准来确定谁优先？为什么在隐私权更迫切的情况下（权重为0.8）反而是言论自由得到保护呢？是（从0.3上升到0.9）是不是本身就权利的初始配置的时候就给了言论自由以优先权？

---

[1] ALEXY R. A Theory of Constitutional Rights [M]. Oxford: Oxford University Press, 2002: 98-99.

我国学者苏力就认为言论自由与隐私权是可以在制度上进行配置的，他以《秋菊打官司》官司、邱氏鼠药案为例，说明言论自由与隐私权如何进行初始配置能获得制度上利益的最大化。在他看来，这两种权利当然不能仅仅从抽象的价值上来判断哪个更重要些，因为权利之间存在相互性，因而没有哪个权利是绝对的，一个权利得到保护意味着另一个权利受到侵犯。所以简单地说哪个权利优先无法使人信服。那么如何来解决这样的权利冲突呢？他利用科斯的定理来解决权利相互性问题，在权利冲突的情况下，如果交易成本为零，则初始权利配置给谁都会导致产值最大化或避免最大伤害。但现实生活中没有交易成本为零的情况，所以，初始权利的配置就很重要，不同的权利配置会产生不同的社会产值。在法律中，科斯的定理也是可以适用的，“在权利冲突时，法律应当按照一种能避免较为严重的损害的方式来配置权利，或者反过来说，这种权利配置能使产出最大化。”而权利能够有效配置其前提是权利之间是可以相互通约的，当然这在苏力看来不是问题。苏力说道：

事实上，只要我们稍稍从法学家的规范性立场偏离，就会发现，在日常生活中，人们经常将一些权利转化为另一种权利，并加以比较和交换。例如，作为人身权之一的肖像权原则上是个人性的，但肖像权事实上是可以通过契约转化为财产权的。日前发生的几起肖像权诉讼中，造成争议的常常是侵权人未给予经济补偿就使用了他人的小少爷，而一旦给予经济补偿之后，这一争议就消失了。如果肖像权真的是一种不可转让的绝对的人身权，那么在给予了经济赔偿之后，为什么就可以继续使用某人的肖像来作广告？事实上，在许多国家的法律中，包括我国的许多民法理论著作中都认定侵权行为（包括侵犯肖像权）引起的是“侵权之债”。也正是在这个意义上，自古以来就有学者认为侵权损害赔偿实际上可以是一种事后的、“非自愿进行的”交易或权利转让。这

说明那些表面看来不同种类的权利是可以或可能通约的，同时也说明了肖像权或名誉权同样不是绝对的。❶

既然权利之间是可以通约的，那么在制度上如何配置权利才能产生产值的最大化呢？苏力认为应从两项权利生产的利益来衡量。

言论自由的制度效益（创造大量精神产品、广大公众受益、批评，也是言论，促进科学进步、改革开放、政治民主、真理市场）远远大于肖像权带来的社会产值，尽管言论自由也不好的，也会伤害到人的肖像权，但从总体上而言在法律上把初始性权利配置给言论自由是好于肖像权的。正是如此，在法律上如果肖像权利人要在诉讼中获胜，“权利主张者不仅要提出受到或可能受伤害的证据”，并且要证明：（1）言论者主观上有法律上认可的过错（过失、故意或恶意伤害）；（2）这种过错的行为造成了或可能造成伤害，且这种伤害比限制言论自由所带来的伤害要大；（3）请求的限制不会具有太多的“外溢效应”（完全没有几乎是不可能的）而造成该言论者和其他言论者未来的言论自由权受到重大或实质性的限制。”

苏力的分析似乎混淆了精神性的权利（如肖像权）与其派生性权利（通过某种法律方式产生）之间的界限，肖像权可以通过契约方式（明星拍广告）而产生出财产权和利益，但不能因此就认为肖像权通过这种方式就变成了财产性权利。从某种意义上而言，抽象的权利（言论自由与隐私权）都是绝对的、排他性的，但不能因此而认定这种权利可以无条件以任何方式行使，任意的行使权利的后果都可能构成对别人行使其他权利的侵犯），而法律正是对权利行使方式的（当然包括对其行为可能产生的后果估量）管理。

这种法律上的限制显然对肖像权人不利，而苏力作出这种判断的根据当然不仅仅是法律上的，而是从言论自由的产值优于肖

---

❶ 苏力．法治及其本土资源[M]．北京：中国政法大学出版社，1996：184.

像权，因而初始性的权利应配置给它。如果他这种抽象的论证来看，似乎很有道理。也正如许多学者认为的那样，如果仅在宪法性的言论自由权与民事的肖像权之间进行权衡，似乎答案是明显的。但问题可不那么简单，肖像权在这里之所以能与言论自由对抗，其背后还有更重要的权利在做支撑，那就是同样作为宪法性权利的隐私权。言论自由固然正当，但没有隐私权作为基础，言论自由极容易为商业和政府所操纵而丧失其正当性。这两者都是法律上最基本的权利、背景性权利，在法律上无法作出价值上的优先判断。而法官此时所做的是不是如冯象所言，是实用主义的，法官不是在这两个基本权利（价值）之间作出非此即彼的选择而是反映出这两种权利的背后利益的消长变化，没有什么确定不变的规律，法律因此变得难办，变成一次次坏了又坏的记录。

三、利益衡量方法的界限与反思

（一）对利益衡量方法的批评

1. 功能主义的法律观

利益衡量方法得以产生并广泛传播，不仅是因为这种方法是法官常用发现法律并进行裁决的机制，更首要的是对这种知识的正当化诉求。正当化的第一步先是解构传统法教义学对法律本体和方法论的理解，法律不再是由法学家建构的、体现科学理性精神的逻辑体系，而是多元利益主体相互博弈的产物，一句话，法律是立法者利益妥协的产物；法律教义（规则和原则）既不能决定也不能解释裁决结果的发生，法官裁判案件不是从教义中抽象地演绎出结果。因此，传统法律教义学所承诺的客观、中立和融贯的法学知识体系，根本就是内在矛盾，也缺乏现实性。正当化的第二步便是借助现代社会科学（特别是经济学）的工具，是探寻法律背后的客观目的，并对它们作出理性和客观的衡量。正如庞德所言：法律的目标，是尽可能确保所有利益能在总体利益最小牺牲的前提下得到实现。[1] 以往概念法学之所以变成封闭的知识体系，缺乏回应社会的能力，恰恰是没有注意到法律背后的目的。无论是考量立法者目的利益法学，还是受社会学、经济学和心理学影响的现实主义法学，它们之间可能有差异，但都把法教义学作为自己理论的靶子。

经验性的社会科学兴起完全改变了法学的风景，短短几年美国大学的法学院和法庭都被现实主义法学所占领，他们不再是站在法律的门外向里看，而变成了法律实践的理性形式，而且看起来比传统教义更经得起理性检验的知识。这种法律观把所有的原则转化可以权衡的利益，从而可以对它们进行比较权衡，以推进法律目标最大程度的实现。在此，法律不再只是用来协调和保障主观权利形式的自由，而是成为社会平衡、社会整合、社会调控甚至社会控制的工具。功能主义法律观的背后可能使形式化的权利和原则岌岌可危。

2. 缺乏可操作的标准

法律现实主义的兴起不仅改变了政府的制度结构，改造了传统法律观，并且也改变了法律推理的性质。有学者认为，后现实主义时代的宪法语言就是利益权衡的语言，[2] 特别当人们已普遍承认价值判断在法律推理和论证中不可避免，几乎所有疑难案件的裁决最后都是通过利益权衡或决断来完成的。姑且不论这种泛利益衡量论是否符合实际，利益衡量要真正成一种法律推理方法，必须要清楚地交代完成权衡推理的过程。

而在这一点上，利益权衡遭受的批评最多。拉伦茨就认为，在作利益权衡时，法官根本就没有自己的方法作为后盾，而只是

[1] POUND R. A Survey of Social Interests [J]. Harvard Law Review, 1943, 57 (1): 39.

[2] ALEINIKOFF A. Constitutional Law in the Age of Balancing [J]. Yale Law Journal, 1987, 96 (913).

依自行的标准作出裁判。❶ 我国学者沈岿也认为，利益衡量的丰富内容只能在具体的情形与个案中得以充分的展开，任何企图设定放之四海皆准的统一规范模式，或者企图周全地列出关于利益衡量方法的详尽清单，都将成为建造空中楼阁式的徒劳，甚至带有一种知识专制的色彩。❷ 而如果没有统一的规范模式，利益权衡是不是会演变成法官直觉式的法感裁决，而缺乏普遍化的审理机制。

以著名的五月花案为例。1999 年 10 月，原告李萍、龚念夫妇带着 8 岁的儿子龚硕皓，与朋友到被告五月花公司下属的餐厅就餐，其座位靠近“福特”包房。就餐中间，“福特”包房内突然发生爆炸，导致木板隔墙被炸塌而伤及原告一家。造成儿子龚硕皓抢救无效死亡，李萍二级残疾。五月花餐厅的这次爆炸，发生在餐厅服务员为顾客开启“五粮液酒”盒盖时，该服务员也当场炸死。伪装成酒盒的爆炸物是当时在“福特”包房内就餐的一名医生收受的礼物，已经在家中放置了一段时间。现在，制造爆炸物并把它伪装成酒盒送给医生的黎时康已被抓获，但其对爆炸危害后果没有能力赔偿。原告诉到珠海市中级人民法院，要求被告承担全部损害赔偿责任。该法院认为被告既不构成违约也不构成侵权，驳回原告的诉讼请求。原告不服，向广东省高级人民法院（以下称广东省高院）提起上诉。二审法院认为：虽然不能以违约或者侵权的法律事由判令五月花公司承担民事责任，但是基于利益衡量的思考，判决五月花公司给上诉人李萍、龚念补偿 30 万元。此案中法官据说是根据公平原则来裁决的，但对于公平原则的内容，以及公平原则可适用的条件、范围根本没有开展详细论证，法官的利益衡量实际上是一种直觉式的判

❶ 拉伦茨．法学方法论［M］．陈爱娥，译．北京：商务印书馆，2003：279.

❷ 沈岿．平衡论：一种行政法认知模式［M］．北京：北京大学出版社，1999：245.

断，因此，这就谈不上是一个好的法律推理和论证。[1]

（二）作为一种替代：最小损害原则

利益衡量，包括类型化思维在反击概念思维上不遗余力，而且相当奏效，特别因应复杂和多变社会的规范诉求。但由于在利益衡量的标准上始终无法找到一个可普遍化的标准，使得利益权衡似乎变成个案式的权衡，充满相当的不确定性。因此，有学者在接纳利益衡量规范性基础后，试图找到一种普遍化的适用模式，最小损害原则方法的提出就是这方面的一个大胆尝试。

作为此种方法的提倡者陈坤指出，最小损害原则从消极面相上接受了利益衡量的规范化前提，即在疑难案件中要尽可能实现损害的最小化。[2] 不过，这里所指的损害对象不再具体的利益（如当事人双方的权益，或集体、国家的利益），而是具有公共性的法律规范，因为个体化的利益之间很难形成普遍化的判断模式，有的只是依据个人信念形成的个别化判断。而根据法教义学体系，法律规范之间具有层级性，而且这种层级性是依次序的从核心到外围的展开：（1）通过直接陈述法律规范之内容而产生的命题；（2）通过对一条或几条法律规范进行重构而产生的命题；（3）通过对法律规范的澄清或解释而形成的命题；（4）通过总结不同法律规范之共同准则而形成的命题；（5）参照一般生活经验所设想的命题；（6）通过参照一般性社会道德而设想的命题。[3] 最小损害原则要求从外围到核心的次序进行，换言

[1] 卡恩对美国联邦最高法院鲍威尔判决意见的分析，也反映法官在进行权衡时的直觉思维。See KAHN P W. The Court, the Community and the Judicial Balance: The Jurisprudence of Justice Powell［J］. Yale Law Journal, 1987（97）: 4.

[2] 陈坤. 法学方法论的困境与出路——论最小损害原则［J］. 西南政法大学学报, 2012, 14（1）: 3.

[3] 陈坤. 法学方法论的困境与出路——论最小损害原则［J］. 西南政法大学学报, 2012, 14（1）: 11.

之，损害最为核心的规范命题，其损害最大，而损害最外围的规范，其损害最小。

据此，他提出几个标准来判断损害最小化。第一，核心命题的损害大于外围层级的命题。第二，有些命题损害是明确的，而另一些命题损害是不明确，明确的损害大于不明确的损害。第三，通过探求损害的原因来确定损害的最小值，由于法律素材的损害而导致的损害要小于其他损害。第四，从损害的波及度来确定损害大小，在法律体系中的波及度越大，损害就越大，反之则越小。

陈坤博士提出这些可普遍化的标准来解决疑难案件中利益权衡的难题，可谓用心良苦。但我认为这些标准根本无法实现他所期待的普遍化。

首先，标准化的前提值得质疑。陈博士提出的最小损害标准是以他对法教义学体系中规范命题的层级性判断为前提。这些规范命题的次序不仅仅是描述性，而是具有价值上的等级性，最为核心的规范命题价值序列最高，最为外围价值序列最低。也许法律规范体系中确实存在陈所指出的命题的层级性，但他没有提供理由论证，为何最为核心的命题在价值程度上也更高。实际上，我们发现法律命题呈现出不同的类型，这些不同类型服务于不同的规范目的，有些是概念陈述或解释，有些是明确地规则表达，有些是一般原则的确定。但不能说它们之间存在这样的层级性，规范命题（1）的层级性比规范命题（6）更为核心吗？根据他一再提到的“二奶”继承案，我们能说《继承法》第16条第3款（公民可以立遗嘱将个人财产赠给国家、集体或者法定继承人以外的人）比《民法通则》第7条（民事活动应当遵循社会公序良俗）更为核心？从立法技术角度看，把公序良俗放在民法的总则中，更说明它的基础性地位，因而价值位序上讲比民法的个人自由更为紧要，因为它体现民法最为基本的公共价值，可以对个体行动自由（如遗嘱自由）作出限制。之所以出现这种简单化的次序判断，在于没有理解规范命题之间的关系，其实在规则的背后都隐含了极为重要的价值或原则。有学者之所以强调适用法律原则必须穷尽规则，[1] 其目的在于防范裁决者完全放任确定的规则而选择不确定的原则，为难以约束的自由裁量埋下祸根，进而损害法律的安定性。如果它是说必须无条件地优先适用规则（当两者有冲突），这条裁判准则本身就可疑。

其次，他提出其他的几个判断标准也不成立。比如第二个，明确的命题的损害比不明确的损害要大。我们怎么判断规范命题的明确程度，有些像规则和原则看起来好判断，但由于它们具有不同的功能定位，不能用明确性高低来判断它们的重要程度。如果按这个逻辑，宪法规范是最不明确的，损害宪法规范其损害程度最小，这样判断的荒谬性可见一斑。而规则之间，其明确性程度是很难判断的，或至少不能作出抽象地判断。第三个标准也不成立，由于法律素材的改变而对法律作相应的修正，其损害的大小并不能完全确定。这种标准看起来非常有吸引力，反映了法律应该与时俱进，与社会主流观念对事物的认知和价值观念保持一致。应该承认，对法律的解释有时确实需要借助对特定社群的主流观念的理解，比如何为公序良俗，但法律上也会形成自己的原则，在碰到新问题时，至少是否按新的主流观念来理解并不确定，一方面法律为了维持稳定性而相对保守；另一方面，是否采纳新的看法也必定有较大争论。如在朱建勇案件中，采用高进低出的方式恶意抛售他人股票是否构成故意毁坏财物罪？不同学者（包括法官）对此行为能否构成毁坏财物罪有较大分歧，把“毁坏”一词的理解扩展到对无形物的损害，就会更小损害吗？把“毁坏”解释成“使财物价值降低”，扩大了它的边界，是否以后任何行为只要导致他人财物价值降低都构成此罪？这是有疑问的，比如有人故意把装有死人的棺材抬到有过节的人的家中，此行为可能导致房屋的价值降低（不好出售或出租），但显然很难

---

[1] 舒国滢．法学方法论问题研究［M］．北京：中国政法大学出版社，2006：8.

构成此罪。

最后，以规范命题作为损害程度比较的对象，其理论基础必定成疑。能够成为法律规范体系一部分的规范命题，必定有其重要的价值依据或规范目的。对其中某一个规范的减损都将危害规范背后的价值实现。其实，无论是损害遗嘱自由，还是损害公序良俗，对于自由社会而言都是致命的，立法者包括司法者没有这样武断的权力来任意区分它们之间的价值序列，从而在它们之间做加减法。当它们之间出现冲突时，我们要做的是根据案件事实（建构过程）对它们之间的关系作出界定，无论是允许还是限制“情妇继承遗产”都不是对某个规范的损害，只不过是根据特定案件对法律原则（公序良俗）的解释和宣称，并对遗嘱自由的规则进行具体限制，限制不是对规则的损害，恰恰是明确其适用的条件与边界。

（三）利益衡量与法治：兼论刑法解释中形式论与实质论之争

如果说传统法教义学解释体现的是法律科学精神，那么利益衡量推理中体现的是社会科学的理性精神，两者皆把理性作为法律的基础，并在不同层面上极大地推进了法律和实践推理的理性化程度。但两种方法的“方向”不同，法教义学意在架梁搭屋、营造体系，而利益衡量论不满足于查漏补缺，意在翻修更新。前者为抽象的逻辑理性，后者为抽象的工具理性，利益衡量以揭露法律的内在目的或真相而得以彰显价值，传统法教义学因为利益衡量论的批评而不断自我修正，如今法教义学不再固守封闭的概念体系，而是容纳价值判断的动态体系，但与利益衡量论所追求的功能主义仍有不少差距，一个重要的原因，法教义学是原则的体系，它追求的是体系之内的整合，而不是更大范围的社会整合。两种方法差异的背后反映出不同的法律观，以及法律世界与其他规范诉求之间关系的不同看法。

因为法教义学营构法律内在体系，因而被认为更亲近于法治；相对而言，利益衡量由于找不具体标准，或只是法外标准，因而为很多形式法治论者批评为背离法治。[1] 由于中国缺乏法教义学传统，教义学传统在现代知识论上遭受了许多挑战，再加上我国社会处于转型之中，问题丛生，更有利于调控社会的利益衡量便成为法院主导性的思维方法。中国能动司法的主张尽管不全然等同于利益衡量论，但就其思想风格和知识谱系而言具有相当的一致性。

利益衡量或能动司法存在什么问题？它为何如此受欢迎，为何又不断遭遇挑战？我们以当前刑法学界中关于形式解释论与实质解释论的争议为例，以期阐明其根源。之所以以这场论争为对象，是基于下列因素之考虑：第一，实质解释偏向于利益衡量或法益衡量，因此他们的论争为我们提供考察利益衡量论的问题所在；第二，刑法中罪刑法定原则的刚性地位，使得刑法中的实质解释论者要维护其立场，增加了不少的论证负担；第三，这场论争讨论的问题的广度和深度，以及学者参与的热度都非同凡响，它是探测我国刑法学者乃至一般法理论研究者的法律观、知识论基础和具体方法如何展开的最佳样本。

形式解释与实质解释的论争触及刑法解释的多个层面，既涉及构成要件的解释，也涉及刑法漏洞如何填补和罪刑法定原则的理解，更深层的则牵涉刑法机能的看法以及更为一般性的法治观。此处不打算也不可能全面地展现这一争论的分歧点，而是通过主要分歧点的释明从而展现实质解释也包括形式解释论遭遇的问题。由于形式解释论与实质解释论者在争论中对于形式和实质的不同理解，以及为达到论争的效果，论争双方都存在曲解和误读对方的情况。因此，正如有学者提出，应当首先区分两种不同

[1] 陈金钊. 能动司法与法治论者的焦虑 [J]. 清华法学, 2011, 5 (3): 108.

的形式解释与实质解释之争。❶ 第一种为传统维度的形式解释与实质解释，这种分歧主要在于：对于刑法构成要件的解释是否需要价值判断，古典刑法理论排斥价值判断，进而排斥刑法解释。第二种为当代维度的形式解释与实质之争，其主要分歧在于：刑法解释中的价值判断如何具体适用，是否应当以刑法的目的为首要诉求，并以此来指导教义学。形式论者认为构成要件的解释是体系演绎的结果，而不受刑事政策价值选择的影响。第一种意义的争论在现代看来完全错误，因而没有任何严肃的刑法学者会主张这样老套的观点。刑法学界的这场争论由于接纳了德日犯罪论的影响，自然发生在第二种意义上的形式解释与实质解释之争，其背后反映了功能主义刑法观强大影响力，或者说第二种意义的实质解释论是刑事政策化的产物。❷ 而形式论者倾向于维护古典自由主义的价值。

这种法律观的差异，反映在他们在法律解释技术选择上的不同。形式解释与实质解释之争主要存在以下分歧：一在解释方法上是文义解释优先还是目的解释优先，或者是偏向立法者主观意图还是根据法益作出客观解释；二在刑法漏洞的认定以及如何填补漏洞上有不同看法，这种看法进而牵涉到法官的权力配置和合法性；三是对罪刑法定不同理解，反映在是否允许作不利于被告人的扩大解释，这进一步又牵涉对刑法机能的不同理解。❸ 在这些论争之中，实质解释论者都是从更为实质的利益（法益）衡量的思路来对构成要件作出判断，比如在解释方法选择上，往往选择解释空间较大的目的解释，以结果导向为解释进路，强调结

---

❶ 劳东燕. 刑法解释中的形式论与实质论之争［J］. 法学研究，2013，35（3）：123.

❷ 克劳斯·罗克辛. 刑事政策与刑法体系［M］. 蔡桂生，译. 北京：中国人民大学出版社，2011.

❸ 劳东燕博士在前引文中把分歧点分为八大方面，我基本上认同，但它们之间实际上存在很强的联系，故作出一些概括。

论的实质妥当性，因而突破文义的可能边界。比如在朱建勇案中，张明楷教授主张把“毁坏”一词进行扩大的目的解释，只要使“财物的价值降低”就构成“毁坏”，而不必是陈兴良教授主张的严格文义解释，即“毁坏”是对有形物的物理性破坏。对于军人持枪抢劫案是否构成“冒充军警人员”进行抢劫有不同解释，形式解释论者认为“冒充”即为假冒充当，以次充好。相反，张明楷教授根据真军人抢劫的危害性把它解释为并列关系，即“假冒”和“充当”。与些相应，形式解释论者对于法律解释和法律漏洞的填补态度较为谨慎，认为法律在多数情况下不需要去解释，在法律含义明确的前提下，法官应当反对解释。❶法治成功的一个标志就是把法官有能力把大部分案件变成简易案件，从而有效地限制法官的自由裁量权。法律适用的机械程度越高，法律的确定性就越高，法治的程度就越强。而对于形式解释得出的结果如果有悖于实质妥当性，这应交给未来的立法者解决，法官不应越俎代庖。

实质解释论者则执着于实质正义的追求，对于罪刑法定的理解也可从实质侧面上作出解释，允许为了实质妥当性作出不利于被告人的扩大解释。因此，有论者指出，实质解释论对法益的过度依赖，使得实质解释论与社会危害性理论具有某种内在联系，抑或，两者具有天然的亲和力。❷ 实质解释尽管在形式解释论者看来与法治精神不协调，但却从刑法目的与机能入手，把握了时代发展的脉搏，着力解决风险社会的管理和社会权益的保护，从此而言又具有相当的合理性，毕竟法律乃至于法学的能力体现在有效回应社会变迁和现实需求之上。而要全面管理和解决风险社会中存在的问题，必定意味着国家权力，包括刑罚权的扩张，而

❶ 陈金钊．法治反对解释的原则［J］．法律科学，2007，25（3）：25.

❷ 崔嘉鲲．实质解释论：一种无法克服的矛盾［G］//陈兴良．刑事法评论．北京：北京大学出版社，2011：58.

这使刑法保护个体自由的信念面临危机，而中国形式论者背后的规范基础正是诉诸人权的保护。形式解释论与实质解释论之争，在此似乎变成不同的刑法机能和目的之争。尽管实质解释论有其相当合理性和现实性，但在法治仍未落实的中国，选择实质解释论存在诸多危险。“如果说实质解释论的出现有一定的必然性，那么，形式解释论的倡导更有其必要性。即使德日等法治国家走向实质论，也不意味着我国刑法也可以并且应当紧紧跟随实质论的大潮。毕竟，所处的法治阶段不一样，宪法实施的情况不一样，实质蕴含的危险所可能带来的威胁程度也就完全不同。”❶

这种“法治阶段”理论为不少学者所分享，其背后几乎是一种直觉式的思维。德日等西方发达国家早已走过法治的初级阶段，而我们正在路途之中，不同时空当然不能错位置换。彼时彼地有其正当性和有效性，未见得此时此地有其妥当性。但这种思考也有一个重大缺陷，它没有看到，即使在法治“发达”国家，也不意味着以刑事政策为目的实质解释论能在法院大放异彩。从其根源而言，不在于刑事政策的效果，而在于以法益衡量为基础方法与法治难以完全契合。法益衡量求新求变，它是政治行动理解事件的思维方式，与法治思维完全相反，法治在于实现由规则已然确定的可能性。可能性先于并限制了现实性（actuality）❷。法官不是要承诺如何创造新的规则，而是如何维系既有的法律秩序。法官的创新必须声明并论证他确实回到了正确的法律规则之中。如果超出法律秩序的可能性，则意味革命，法治悄然退场。当然，法律的可能性并不意味着排他性，具有结果导向的利益衡量可能影响构成要件的解释，正如卢曼所言，以利益取向的法律论证必然会增加系统的多样性。坚持不考虑后果，坚持主观权利

---

❶ 劳东燕. 刑法解释中的形式论与实质论之争［J］. 法学研究，2013，35（3）：137.

❷ KAHN P. The Cultural Study of Law［M］. Chicago：University of Chicago Press，1999：70.

和客观原则，在世界沟通不断提速的当代社会也是行不通的。[1]当代形式解释论者一个致命的认知论缺陷就在于，以为固守文义解释就可以通向法治，语词本身没有固定不变的意义，承认和寻找文义可能的射程并不仅是探寻语词可能的边界，而是要观照事物和法律规范整体进行建构性解释。无论何种方法都无法抽象地确定其优先适用的顺序，先考虑文义并不意味着文义优先，只有在冲突时才可能谈优先，这是法律必须面对的疑难。把所有的疑难案件转化简易案件，不仅是对法官裁判的粗暴误解，更是对法律实践及其意义的歪曲。裁判必然面临诸多不确定性，法律的可能性并不是预定的存在，只有经过对事件进行想象性建构后得以彰显。在法官不确定的法律推理中，如果无法完全依赖于理由，此时权威便构成了确定性的护身符。

[1] 宾凯. 系统结构与法官思维［G］//郑成良，杨力，宾凯，等. 司法推理与法官思维. 北京：法律出版社，2010：86.

第五章 法律推理的权威模式：追问推理的去神秘化

法律推理是一项理性思维活动，它的目标是要寻求一个具有正确性的法律结果。但何为正确性的结论，不同的法律推理形式可能会得出不同的结论，有的导向专断性的结论，有的趋向民主性，为何如此？

一般认为，法律推理有两种基本方式：一种是从确定的原则导出结论的理性思维；另一种认为是从法官个人的偏好，或者是政治、经济、社会的价值中得出结论。[1] 前一种方式的典型代表是演绎推理，它认为法律的正确结论是从既定的法律规则出逻辑推导出来的，法官的推理活动没有任何创造性的成分，是一种机械的自动售货机模式。这种法律推理形式表面上看来获得了法律的确定性和正当性，甚至这种正当性还有民主的成分，因为既定的法律规则是由代表大数人意志的议会制定的。但正如很多评论者指出的那样，机械式的演绎推理完全无视法律推理的复杂性和现实过程，其推理过程表现出一种专断性。因为法律推理过程不是一种立法行为，而是把普遍性的规则适用于具体案件的过程，规则中的定义无论如何精练，它都是普遍的，与特殊性的个案之间存在巨大的逻辑鸿沟。因此，有人认为法律的演绎推理并不能适用于所有案件，如果存在严格意义的演绎推理的话，也只是在某些极为少见的简单案件中。

与前一种推理形式相反，后一种推理漠视法律推理的逻辑演

[1] GORDLEY J. Legal Reasoning: An Introduction [J]. California Law Reivew, 1984, 72 (3): 138 - 177.

绎，而是把某些实质性理由，如经济效率、社会稳定等放到中心位置。这种实质性推理表面上确实有很多理由，而且这些理由往往经过学者的“阐释”变成法律上有效的依据。[1] 但这种推理形式在增进法律推理民主性时，也包含着巨大的风险，它可能使法律论证与道德论证、经济分析没有什么区别。这种表面的开放与民主性，实质上也就为法律推理的专制性打开了方便之门。

值得注意的是，在法律推理形式的专制后面，还隐含了法律制度的专制性。追求法律结论绝对确定性的演绎推理，因为在客观现实中不能获得，它就必定通过人为扭曲的方式达到所谓的“确定性”和“一致性”，而这样必然使得法律解释权被不断集权和强化，法律解释和法律推理最后变成权力的装饰或工具，一个民主的法治社会也就无从实现。因此，探讨法律推理中的专制与民主问题，就具有某种根本的意义，特别对当下法治远未建成的中国而言。

既然法律推理中这两种形式都具有某种专制性的特点，那么什么样的法律推理类型能超越它，使法律推理既有开放性和民主性，同时又具有某种形式的一致性和权威性？本章从法律推理的民主性与专制性内涵谈起，从内外两个视角论述法律推理中的民主性与专制性及其相互关系，目的是深入把握法律推理的形式与民主、专制问题是如何关联的。

一、法律推理的民主性与专制性

在分析之前，我们首先对法律推理的民主性与专制性的内涵作一个说明和澄清。所谓法律推理的民主性是指法律推理的方法

[1] 德沃金和摩尔（Michael Moore）实际上都是这种法律推理的思路，参见WARNER R. Three Theories of Legal Reasoning [J]. Southern California Law Review, 1989, 62(5)。

不是唯一的，因而法律推理的结果也不存在绝对唯一正确的答案。与此相对，法律推理的专制性往往预设了法律推理方法的唯一性，正因为如此，法律推理只可能存在唯一正确的结果。因此，法律推理的民主性与专制性的区分首先是从法律推理的方法和形式角度展开的，一般说来，演绎推理更多偏向专制性，而类比推理更多地具有民主性的特点。

需要说明的是，此处使用的“民主性”和“专制性”一词具有某种比喻性的用法，而不是一般意义上用来分析政治权力及其组织形式的概念。民主性意味着开放性、多元性和可辩驳性，而专制性则是封闭的、单义性和唯一的正确性。当然，我们发现这种对法律推理民主性和专制性的分析，是把法律推理作为一个独立的思维活动而从内部视角来审视的，如若从外部视角来看法律推理问题，也有可能会涉及一个民主性与专制性的问题。从此说来，法律推理作为一种实践性活动，不仅是法律上的，更是体现了一种社会整体的实践性。这两个视角尽管不同，但彼此具有内在的关联性。

下文的分析也正是基于这种内外视角的把握来逐步推进的。从内部视角来看，法律推理的过程及其结论并不是单向独奏式的，不是简单地把规则应用于具体的案件事实，在其中，因为规范的抽象性、不确定性甚至欠缺性，以及个案事实、生活事实的复杂和多样性，法律推理往往在这些因素导致的“特殊性虚空”（particularity void）中发挥某种积极的作用，释放出多元化的法律声音。在此意义上，法律解释和法律推理都不能完全是确定性的，因为“法律渊源诸多，在任何案件中，一个有教养的好人对‘法律是什么’会有不同的看法，而且这些不同看法都具有某种正当性。”[1] 因此，法律推理不完全是由作者（立法者的意图）

[1] HUHN W. The Five Types of Legal Argument [M]. Durham: Carrolina Aacademic Press, 2002: 5.

来决定的，也不完全是由读者（法官、检察官）来决定的，当然更不会由听者（法律职业共同体以外的人）来决定，也不会由文本来完全决定，[1] 法律推理因为不同的法律人对法律和事实问题的看法不同而不同，在那些特别强调法官角色地位及重要性的国家和法院，法官的这种不同的法律推理和论证可能会形成不同的风格，如在美国的联邦最高法院里，为大家所熟知的斯卡利亚法官（Justice Scalia）强调文本和传统的重要性，而奥康纳、肯尼迪、肖特则倾向于先例，布莱尔法官认为对立法者意图和政策的分析具有优先性，博克则是地道的宪法原旨主义者。[2]

当然，法律推理这种民主性并不因此而就完全否定法律推理中形式逻辑的有效性，因为法律推理的最后结果都采取普遍有效的逻辑形式，无论哪种形式的推理，从形式上讲都是从“普遍”到“个别”的过程。归纳推理是从众多案例的判决中“发现”某种可以适用的原则，然后适用到具体个案中。类比推理实际上是归纳推理与演绎推理的某种混合，它需要从两个或两个以上的类比事物中找到某种比较点，而这个共同点恰恰是人们所预设的普遍性判断。但是它们关键的区别在于：演绎推理是从假设正确的前提出发来推演结论的，它假定了这个前提当然的清晰性、正确性以及适用的恰当性，法官无需要什么“解释”就可以运用此种大前提与小前提的三段论法得出正确的结论。而这正是类比推理等形式所反对的地方，因为在进行逻辑的涵摄之前，仍需要

---

[1] Philip Bobbitt 认为有六种法律解释和论证的形式，分别是历史的、文本的、结构的、学说的、伦理的及审慎的，Constitution Interpretation（1991）；而 William Eskridge 和 Philip Frickey 提出制定法解释的三种形式，分别是文本的、历史的和评价的，ESKRIDGE W，FRICKEY P. Statutory Interpretation as Practical Reasoning［J］. Stanford Law Review，1990（42）. Wilson Huhn 则提出了五种法律论证的类型，即文本的、意图的、先例、传统及政策，见 HUHN W. The Five Types of Legal Argument［M］. Durham：Carrolina Academic Press，2002。

[2] 当然这并意味着在每一个案件中，这个风格就决定了他或她会怎样判案，所谓的“风格”可能更是人们事后对他们的归纳和形象化说明。

进行类比性的解释，由此法律推理就不完全是封闭性，不是法律逻辑而是逻辑之前的解释决定了法律推理的结果。

二、法律推理的民主性

（一）内部视角：演绎推理的不自足

法律推理的“民主性要求”意味着法律推理必须尽可能充分的说理，也就意味着法律推理不仅是一种法律职业者推导出法律结论的方法和技术（尽管这十分重要），更重要的是对法律的推导过程及其结论据以作出的理由和根据进行论证（在此意义结论相对来说没有那么重要）。这种民主化的要求并不过分，因为法律推理涉及公共理性的运用，法律职业者（主要是法官和检察官以及在某种意义还可以包含立法过程中的推理）必须对自己作出的判断与结论负有解释和说明的义务（accountability）。否则，法官就会成为法律的独裁者。

从根本意义上讲，法律推理的过程不可能像机器那样来进行，因为从法律规则中不可能自动地产生法律判决的结果。法律推理的过程是一个非常复杂的过程（在此意义上卡多佐是对的），不但要对法律事实进行判断和归类，同时也面临法律问题的解释，在这过程中必然涉及价值判断的问题。对价值判断作出的不同论证最终会导致不同的结论，在对法律进行价值判断中经常会对法律推理得以做出的大前提以及规范与（个案）事实之间的可适用性进行论证。在疑难案件中，即使对法律规范与事实之间的可适应性作出了论证，也不等于这种论证一定是唯一的、不可置疑的。在此意义上，法律中的演绎推理因为其确信有一个确定不疑的大前提从而能保证法律的确定性和正确性，因而使法律推理变成一个封闭的自主过程，把所有的案件都变成了没有争议的简单案件。

演绎推理把法律想象成一“万能法”体系，所有行为都被预先地纳入这个体系之中（没有纳入的在法律上没有意义），因此法律推理的过程就是采用条件式的“如果 p，则 q”的模式，这是一个追求完美的形式逻辑的科学梦想，认为法律推理就像是在做数学推演一样，只要从一个公理出发就能得出正确的结论。这种确信或信念是特定时代教化的结果，[1] 它迎合了当时法治国家的基本原则（如分权）、法律确定性的要求，以及人对自身理性能力的确信，在更深层的意义上是国家权力以一种更微妙的方式向社会的延伸及对个人的控制：“法律的形式理性化，不过和整个科层体制的例行化一样，同样也可能吞噬任何个人自由的空间，所谓的个人自由完全被笼罩在国家巨细靡遗的法律世界中。从这个意义上讲，法律的形式理性化，不过是用一种逻辑上的形式理性体系重构了治安国的万能管理的梦想，要一劳永逸、面面俱到地规定其臣民的所有生活关系。”[2] 这种法律推理下的法官，要么是机械教条的（佩雷尔曼称三段论的法律推理为“机械法理学”），要么是任意专断的。

不过，这种法律推理并不是真实的，因为法律推理是一种正当性证明的推理，它回答的是“应当不应当”（合理性），而不仅仅是“是不是”的逻辑问题。伯顿正确地指出：“把一个案件置于一类法律案件中，需要判断重要程度以表明那些证明归类为正当的特殊事实。演绎法律推理并没有指明以下一点，即如何在律师和法官感兴趣的真实世界的情况中做出这种判断。”[3] 即使在我们认为的“简易案件”中也必须判断系争事实适用哪一条

---

[1] 这可追溯到自然法和法律实证主义那，相信有一个各国通用的不变自然法原则为人们所认识，法律实主义在某种意义也分享了这种“预设的法律观”，相关论述参见 MILLER J M. The Science of Law：The Maturing of Jurisprudence into Fundamental Principles in Fairness [J]. Western State Univeristy Law Review，1986（13）。

[2] 李猛．除魔的世界与禁欲者的守护神：韦伯社会理论中的“英国法”问题［M］//李猛．韦伯：法律与价值．上海：上海人民出版社，2001：162.

[3] 伯顿．法律和法律推理导论［M］．张志铭，解兴权，译．北京：中国政法大学出版社，1999：69.

规则，简易案件不是没有价值判断，而是对这种价值判断不存在什么争议。在此意义上，可以把简易案件看成疑难案件的一种特殊类型。在大部分案件中，因为法律的未完成性、法律语言不可避免存在的不确定性，更为重要的是生活事实的丰富多彩，使得法律推理不可能像演绎推理那样完全自足，它必须对其法律推理的合理性进行论证。❶ 因此，演绎推理这种追求严格逻辑、圆满体系，想一劳永逸地解决法律决定的正确性的想法，反映的不过是一种古老的法律实证主义精神，制定法时代“立法者天真的纪念碑”，它假想法律是一个单义、明确的数字概念而确保法律推理过程的严格与科学性，而不知这种确定性的获得之时正是法律推理陷入专制危险之际，与其说是反映了法律人的自信不如说自大和偏狭。❷ 法律结论的正确性并不是由法律推理的形式确定性来保证的，它也不因此而是唯一正确的、绝对的答案，相反，法律推理的结果充满了不确定性和开放性。因为法学方法从根本上而言，主要不是一种形式逻辑的方法而是一种目的论方法。因此，相比演绎推理这种封闭的推理形式以及隐藏在其背后封闭的法律心智，类比推理要求超越“机械推理”的方法而使它具有某种民主性，至少是相对演绎推理而言。类比推理的开放性不是因为我们一般认为的它是从特殊到特殊的推理，相反，类比推理实质上仍然是从一般到个别的推理，关键的在于“一般”的获得是从特殊与特殊之间的可比较的中点产生出来的。但是类比推

❶ 麦考密克把演绎推理也看成一种论证，并把演绎推理看成法律推理的核心，“暗示法律推理从来不是或者根本不可能是以演绎推理的形式存在的话，那么这种否认就是一个明显的和无可置疑的错误了”，见麦考密克．法律推理与法律理论［M］．姜峰，译．北京：法律出版社，2005：17。但因为演绎推理存在明显的局限，所以必须以其他的论证推理形式来代替。

❷ 19 世纪的法典化时代，曾有国家明确禁止对法典进行解释与注释，如 1813 年 10 月 19 日，巴伐利亚邦的敕令中便禁止所有的国家公务人员和私人学者发表对 1813 年刑法典的注释。转引自阿图尔·考夫曼．法律类推与“事物的本质”［M］．吴从周，译．台北：台湾学林文化事业有限公司，1999：9。

理的关键中点不是确定不变的，正如考夫曼所言："这个比较点并不确定即使它并非完全是任意的，但却是可更替的，亦即，这个潜在的前提至少在意义性与价值性范围内是一个可变的前提。"❶ 因此，类推只能获得一个有疑问的判断，而无法提供一个稳妥的结论，这不是类推的缺陷所在，恰恰是它的成就之处，因为它把精神的丰富性引入了法律推理之中，使它变成一个更具有创造性和延展性的秩序。法律推理因此更具有决疑论的色彩和实践推理的品性。

（二）外部视角1：质疑法律推理过程的神秘性

法律长期以来都被看成一种古老而神秘的职业，法律知识也被说成是关于"人与神的事务""正义与非正义的事业"，因此，操持法律这门职业的群体要么具有"通天"的知识，❷ 要么具有某种超凡的能力。即使在较为世俗化和追求实务性知识的古罗马，法律也不是为普通人所分享的一套知识，而是要经过专门训练才能学会的一门技艺。在大家所熟知的柯克法官对"人为理性"与"自然理性"的区分中，我们再次得到印证和说明：法律乃是一门特殊的行业和知识，它既不同于自然科学（理论知识）、也不同于社会人文科学，它是一种实践智慧（practical wisdom；Phronesis）。尽管现在的法律教育和法律训练更加理性化，霍姆斯也曾有言"我们研究的不是一种神秘的东西，而是一项众所周知的事业"，但法律推理的过程，特别是司法推理的过程并不是那样清晰可辨，这对法律职业群体内部来说是如此，对法律之外的陌生人更是如此。美国联邦最高法院大法官卡多佐对此深有体会："在这个国度的数百个法院里，每天都在进行决定案件

❶ 阿图尔·考夫曼．法律类推与"事物的本质"［M］．吴从周，译．台北：台湾学林文化事业有限公司，1999：81.

❷ 早期各地方的法律都有某种神话、巫术、宗教色彩，这对法律制度、法律思维和法律技术有很大的影响。

的工作。人们也许会想，任何法官都会认为可以很容易地描述他沿袭了成千上万次的司法决定过程。然而，没有比这离事实真相更遥远的了。如果一个聪明的普通人要求法官解说一下，法官会谈不了多少就找借口说，对于未经法律专业训练的人们来说，这种技艺的语言太难懂了。”[1] 其实霍姆斯本人也表达了相似的看法：“不要相信理论和哲学一定有助于实践知识及其理解，从而造就一个好的司法立法者。作为一个实用主义者，他（霍姆斯）认为，（法律）事业成功人士都运用一些“前见”（premises），尽管这些前见经常含混不清、讳莫如深。”[2]

如果法律推理及其结论是建立在一个神秘的、不可知的假定上，就难免会受到同行及公众的质疑，为什么法官的判决一定会比一个普通人更高明呢？法官不能以外行人不懂法律知识推托了事，而必须像卡多佐那样反躬自问：在法律推理过程中到底是哪些因素在发挥作用，在什么情况下必须遵循一个先例，在什么情况下又必须拒绝一个先例；在先例不存在时，法官又是如何可能创造一个先例，法官在作出判决时，道德和公正政策的因素在其中占了多大的比重；法官在平衡这些因素时根据什么原则或哪些原则作出判断和选择。这些问题不是美国这样的法治发达国家的法官才会思考的问题，在任何一个民主、司法相对独立的制度里，法官必须面临这样的智识和心灵拷问。我们也许不得不承认对于一些终极性的规范前提在理性上是无法说明的，但这并意味着对于指导我们行动和判断的那些“原则”也是理性所不及的，对于法律推理及其结论据以作出的根据和理由，同样必须加以理性的说明为何是恰当和有效的。[3] 如果不能说明他们作出判断的

---

[1] 卡多佐．司法过程的性质［M］．苏力，译．北京：商务印书馆，2000：1.

[2] Thomas C. Grey. Holmes and Legal Pragmatism［J］. Stanford Law Review，1989，41（4）：787，848.

[3] 麦考密克．法律推理与法律理论［M］．姜峰，译．北京：法律出版社，2005：5.

理由和根据，人们也就有理由怀疑这些判断是不是反映了实践智慧，还是简单粗暴的权力运用。有权力并意味着他就正确，法律的权威并不是建立在暴力统治的基础上的，一个权力运用的正当性至少应获得多数人的认可，否则当法律与人们的判断之间的分歧达到极致的时候，人们就不会遵守法律而是寻找机会废除那些专断的规则。

（三）外部视角2：追问法律职业的精英主义

在某种意义上，法律思维（包括法律推理）依托于法律职业制度而存在，而法律职业的操持者从来就是一个精英阶层。在古罗马学习法律是通向仕途的有效途径之一，在中世纪的英国，法律行会完全被贵族垄断，在其他欧洲国家法律教育也是精英贵族阶层的专利，近代兴起的大学法律教育也是有产阶级在消费，法律职业精英主义一直没有变，变的只是社会阶级和阶层的地位。因此，法律职业者一直处于社会的上层，成为最为稳定的中产阶级，因此他们不像商人那样喜欢冒险，也不像政治家那样雄心勃勃，[1] 他们更喜欢按部就班地生活和工作，就像所有保守的官僚制中的人员一样。法律职业者不像韦伯所期待的那样是一个以法律为“志业”的群体，而在世俗化和更为理性的分工条件下，首先他们成为一个官僚制的知识阶层，职业成为他们的一种生活方式和谋生手段。在他们竭力维护法律作为一门独特的知识，要求专门化的职业技术训练时，实际也是在维护法律职业的意识形态，以及背后的共同体利益。他们通过不断地生产和再生

---

[1] 美国学者克隆曼在《迷失的律师》中提出更为激进的精英主义理想，即政治家式的律师，他认为某些人对于体察公共的善具有更强的能力，这种超强的能力来自他们良好的判断力，这种判断力不仅是一种技能，更是一种人格品质。这种对律师如此高的期望可能要落空，即使对于不像律师这样食利阶层的法官来说，这样的理想也许还是有点太高了，尽管不是没有可能，如在美国联邦最高法院的大法官也许都具备这种超凡的洞察力和判断力。

产这套专业话语系统，从而进一步巩固他们的话语权威和合法性基础。通过设立较高的法律职业准入门槛，把更多的人排挤在法律的大门之外以维护他们对利益和市场的垄断。这样，法律职业越是专业化、技术化和复杂化，法律职业群体与大众的距离似乎也就越来越远。

不过，法律职业的精英主义在法治刚刚建成或未建成的时候，其合法性的意识形态不会有太多的质疑。这是因为法律职业的精英化是法治的内在逻辑。法治自称是一个规则之治，是一种非人格化的自主权威，因而它需要一个没有任何立场（中立）的法律职业群体、一套普遍而复杂的法律程序以及维护这些制度的法律话语系统，从而能摆脱和约束传统政治的权力无限制扩张和使用。它们宣称这普遍性的规则能约束统治者对权力的滥用，但有学者指出这种实在性、自主性的法律并不能真正有效地约束统治者，有时恰恰被统治者所利用，指出了法律秩序与独裁主义的关联。因而“仅仅承认法律的普遍性和自治性，以及立法、行政和司法的区别并不具备内在的民主意义，因为它们也可以帮助促进一种寡头的或独裁的君主权力”。❶ 托克维尔也正确地指出：“如果政府的专政是以暴力进行的，那么，在把政府交给法学家管理之后，专制在法学家手里将具有公正和依法办事的外貌。”法律秩序不仅与个人权利的维护联系在一起，同样也有可能与精心构造的独裁主义联系在一起。法律职业的专业化在自由主义的社会中留下的却是“不同的社会生活领域之间存在着极为深刻的鸿沟”。因此，在现代性知识话语催生下的这种职业精英主义的逻辑隐含着与大众的、因而更为强调民主的日常逻辑之间的冲突和紧张，而且这种内在的冲突有进一步自我瓦解和颠覆的倾向。❷ 由于法律职业化的逻辑可能潜藏的社会政治危机以及法律

❶ 昂格尔．现代社会中的法律［M］．吴玉章，周汉华，译．南京：译林出版社，2001：185.

❷ 刘星．语境中的法学与法律——民主的一个叙事立场［M］．北京：法律出版社，2001：79.

职业化本身可能不是那样“一尘不染”的中立者，而是包含了自身的利益诉求，因而在我们极力倡导法律职业的精英主义和话语霸权时，必须认真对待法律职业可能带来的问题。❶ 因为在一个民主化的时代，法律职业的合法性不能建立在传统社会的“等级制”中，而必须面对民主的正当性的质疑和挑战。❷

三、法律推理的专制性

前面已从内部视角表明，法律中的演绎推理必然导向一种专制性。尽管从外部视角来看，法律的演绎推理是为了恪守三权分立的严格界线，保证司法权的行使不逾越民主性立法设定的边界，从而确立法治的正当性基础。不过，想用演绎推理来达到其目的，恐怕会事与愿违，因为演绎推理获得成功所假定的几个条件都是存在问题的。

第一，演绎推理要具有法律上的说服力，必须找到一个使推理得以进行的明确大前提，即存在一个清楚的法律规则以适用到

❶ 对于司法的职业化与民主化之间的紧张关系的论述，在近年来中国也成为一个热门的话题，对此进行批判性考察和反思的论文主要有：何兵．司法职业化与民主化［J］．法学研究，2005（4）；刘治斌．谨慎地看待法律职业化［J］．法律科学，2003（2）；孙丽君．司法的悖论——司法的民主化与精英化之矛盾探究［J］．河北法学，2007（4）。不过，在中国这个法律共同体还远未达成，社会的分化还未达到法律可以获得自治性的时候，学界和法律实务界不会过多地去考虑这样“超前性”的非现实问题，而更关心的是如何才能建构起一个法律职业共同体并确立法律在社会中的权威。但是我们必须抛弃那种单向的线性思维，以为当下中国的要务是建成法治的大厦，因此必须把那些非法治的、前法治的东西全部剔除干净，当然也不要西方所谓“后自由主义”时代的时髦，这种思维最大的问题是把基本的立场与对各种资源的利用，及对本身立场的反思性态度完全混淆。这种封闭的知识分子心态是一切理论和实践中的大敌。

❷ 需要注意的是，对民主性的强调并没有完全否定法律的职业化，只是提醒人们注意法律职业化本身包含的风险。在现代民主社会，民主的实现离不开法律职业的保障，没有专业分工和法律自治，恰恰是专制产生的温床。

当下的案件中。但是，法律规则是由语言来表达的，而完全清晰无疑义的语言只有在最抽象的数字中才能找到，从某种意义上言，语言的不确定性是我们无法避免的现象。哈特从分析哲学的角度认为语言具有“开放结构”的特点，此时，法官应行使自由裁量权来决定案件结果。尽管从生活经验出发，语言的绝对不确定性可能是站不住脚的，但哈特所谓的语言“内核”说法也有进一步值得推敲之处。在“内核”中是否也存在“边缘”的问题？问题的关键在于内核与边缘的界线不是一开始就十分清楚，或者说我们很难通过定义的方式去划清中心与边缘的界线，正如维特根斯坦所言，意义的边界是在语言的游戏中获得的，不是事先就存在一个游戏规则，而是游戏中才形成了规则。正是由法律语言的不确定性，从而使法律规则具有不确定性的特点，因此，我们不能针对所有的事态预先设计好完美无缺的规则，从根本上讲，法律规则永远是对过去生活经验的抽象与判断，而人们的实际行动不可能完全“符合”法律定义中所包含的特点。

第二，即使演绎推理所需要的法律规则明确清楚，也不能因此认为演绎推理在法律上就完全正当。大多数法律体系都认可，即使当下案件适用的法律规则意义清楚，也需要避免明显荒谬和不正义的结果。这种说法不能简单地等同于形式正义要兼顾实质正义、普遍正义要兼顾个别正义，因为“兼顾”的说法虽然说起来似乎有理，但实际上很难完全兼顾。在这里，实际上面临的是法律选择的正确性问题。这个问题实际上早由德沃金提出来了，他批评哈特的“规则论”，认为很多疑难案件中产生不是因为存在语言的“开放结构”，而是需要作出某种价值判断与权衡。例如，公园门口有标示：“任何车辆禁止入内”。假如有一天公园发生火灾，一辆救火车入内，是不是也在禁止之列呢？从法律规则推理，救护车当然属于“车辆”，所以应在禁止之列，但如果这样推理的话，显然是十分荒谬的。在德沃多看来，这种情况下，那种要么全有或全无的规则无法作出正确的判断，而必须借助一些原则来权衡。虽然有学者如拉兹对德沃金的“原则理论”提出了质疑，重申法律规则的权威性，但无论如何，这里已不仅仅是演绎推理就可以解决的，因为演绎推理仍然得面临正当性论证。

第三，由于演绎推理过于关注法律规则本身及其意义，因此，从根本上没有看到法律的实践特点。法律推理过程，不仅是要关注法律渊源问题，关注法律语词的意义，同样重要的是当下案件的特殊性。演绎推理并非不完全关注案件的事实，而是认为案件事实的特殊性已被预先存在的规则涵摄了，法律规则就像设计好的计算机程序，只好输入相关的资料和信息，就能得到相应的结果。但是，我们知道，法律规范的事实构成只是一般化的事实类型，现实生活中的行为无法被完全涵摄进去，因此，“如何进行正确地法律推理和适用不仅是由法律规则的意义来决定的，而且是由特定的情境来决定的，它每次都需要根据新的情况作出调整。”❶ 另外，我们考虑到前面讨论的疑难案件中“原则”问题，法律原则的形成也不是从法律规则中抽象演绎出来的（尽管很多法律原则规定在制定法中），更重要的是法律原则要适用到具体案件，也不简单直接的演绎就可以，而是要考虑案件的事实从而形成一个新规则，才能适用到案件中。这其中包含了法官的想象力、创造力和同情心，而不仅是逻辑有效性问题。❷

四、引申讨论

由此看来，演绎推理实际上预设了立法至上或立法中心主义的观点，由于立法吸收了自然法的因素，以及它具有民主的合法性基础，因此他们相信法律能对生活所有事态进行规范和调整，

❶ BANKOWSKI Z. Living lawfully：Love in law and law in love［M］. Dordrecht：Kluwer Academic Publisers，2001：23.

❷ 对法律原则在具体案件中的论证，可参见 SOETEMN . Formal aspects of legal reasoning［J］. Arguementation，1995，9（5）：731－746。

这反映了法律追求一种普遍性、合理性，但法律问题从本质而言是一个实践性问题，法律推理因而也是一种实践推理，它需要的是一种非演绎性的实践智慧，而不是科学的理解。正如亚里士多德所言："实践问题与便利问题，就像健康问题一样，绝对不是固定不变的。如果普遍的定义就是这个样子，那么关于特殊东西的定义就更缺乏精确性。因为这些问题并不属于任何技艺，也不属于任何准则，相反，在每件这样的事件上，行动者必须自己寻求符合具体状况的东西，就如在医疗和航海问题上一样。"❶

从法律观而言，这反映了一种"预设的法律观"，它在近代认识论的背景下来理解法律的，基于一种主观与客观、主体与客体的二元对立的区分，把法律看成主体的认识对象，法律成为一种预先存在的等待人们去认识的对象，无论是把法律看成一种理性命令、还是一套规则。❷ 随着现代逻辑、语言哲学、修辞学、语用学以及哲学诠释学等一些统称为实践哲学在20世纪70年代复兴以来，对传统的法律观进行了较为猛烈的批判。法律不仅仅是认识的问题，更是一个实践性问题，法律更多地是在实践过程中形成的兼有主观与客观的"制度性事实"。在这种实践法律观的影响下，对法律推理的研究也进一步推进为对不可避免的主观价值判断如何来论证其正当性的问题。在这时期出版的一系列法律理论和法律推理的论著，如拉兹的《实践理性与规范》（1975年）、《实践推理》（1975年）、麦考密克的《制度法论》（1986年）、《法律推理与法律理论》（1978年）、阿列克西的《法律论证理论》（1978年）等无不带有"实践理性"的色彩。尽管在实践推理的名目（实践推理本来就是一个含混的概念）下其实

---

❶ 亚里士多德的《尼各马可伦理学》（1103b 34－1104a10），转引自纳斯鲍姆．善的脆弱性[M]．徐向东，陆萌，译．南京：译林出版社，2007：415。

❷ 对于"预设法律观"，在郑永流教授的课堂上进行了较为充分的讨论，针对此，郑教授提出了实践的法律观或应用的法律观。参见郑永流．实践法律观要义——以转型中的中国为出发点［J］．中国法学，2010（4）。

包含各种不同的法律推理和论证理论，但它们都强调对法律推理的正当性论证，法律推理存在多种论证的可能在另一方面也表明了它的民主性色彩，而不像是演绎推理那样是一个单向的独白式的论证。在某种意义上，各种实践理性的推理方法都是对必然性推理的一种反抗。

（一）法律推理中的修辞学论证

修辞学是某种关于说服和论证的学问，它有着古老的传统，它兴盛于古希腊的智者学派，在亚里士多德那得到高度重视。不过，自17世纪中叶以来，形式逻辑和经验科学当道，从古代一直延伸到中世纪的修辞学传统被中断了，直到“二战”之后才又复苏。[1] 复兴后的新修辞学继承了修辞学的实践理性传统，反对形式逻辑。因为不管是演绎还是归纳提供的只是一种说服的手段，而修辞学不但关注说服的技术，而且也提供作出选择和决定的理由，也即是价值判断的逻辑。新修辞学一个基本的预设是价值的多元论，新修辞学并无意去提供一种关于价值的哲学。它的任务是通过对话、辩论来说服听众或读者相信自己的观点。

修辞学这些主张很快便应用到法律推理和法律论证中，强调了法官在法律推理中的主动性，因为法律推理不仅是简单的形式逻辑推理，而必须涉及价值判断，因而就需要考察哪些价值是合理的、可接受的、在社会上有效或公平的。因此，在法官进行推理的时候，就不仅需要考虑法律规则中的字面意思，同时也有必要把道德、政治的、经济、宗教等理由考虑进来。也就是法律的渊源绝不是制定法，制定法提供只是一个理由。在法律修辞学中有两个特点特别值得关注：第一，它主张在法律论证过程中应以听众的认同为前提，“所有论证的目的都在于获得或强化听众的认同”，这在某种意义上就预设了：在提出理由和论证理由是合理的

[1] 关于修辞学的历史简介，参见杨贝．法律论证的修辞学传统[M]//葛洪义．法律方法与法律思维（第4辑）．北京：法律出版社，2007：64-69。

时，双方是处于可以交流的平等地位，听众对决定的认同不是基于一种权力或暴力的运用，而是平等的辩论。第二，它强调法律论证展开的环境及特殊性。因为它认为“价值的重要性会因为论证所处的环境、气候、氛围和政治意识形态而有所不同，也会因为法官的教育背景、性格和个性的不同而不同。”❶ 因此何种价值优先没有一个抽象的普遍标准，而是不同情况和条件下有不同的权衡选择，因此作出的决定即使被接受了，也不绝对有效的。

（二）法律推理中的沟通观

法律的沟通观认为法律思维具有沟通性，它立基于法律领域中不同行动者，也即是法官、立法者、行政人员、辩护人及法学家之间持续的沟通。也就是在法律推理和论证中引入商谈理论（a discourse theory of law）。它的一个基本出发点是：“法律并非一种在某一时间点被创制出来，随后完全由官员、公民和法官将其适用于具体情形的事物。在法律实践中，法律不断地被创制、变通和发展。”❷ 法官在法律推理和论证中扮演了一个“评判性公民”的角色，他应在法律规范与事实之间留下的空隙中发挥其创造性的角色。这样积极的“法律推理”如何才能合法化，而不至于变成一种权力的滥用呢？胡克认为，这不是一种形式的合法化，也不是实质的合法化，而通过商议性沟通来解决合法化问题。

这种沟通发生在五个领域：第一个是双方当事人与法官之间交换论据和证据，使司法真实浮出水面，如果法院提出了有说服力的裁决理由，双方当事人很可能会接受其裁判。如果法院没有说服当事人，就来到第二个沟通领域，即上级法院与下级法院的

---

❶ 杨贝．法律论证的修辞学传统［M］//葛洪义．法律方法与法律思维（第4辑）．北京：法律出版社，2007：74－75.

❷ 参见胡克．法律的沟通之维［M］．孙国东，译．北京：法律出版社，2008：237。由于胡克的法律理论基本的理论框架是哈贝马斯的沟通理论，并且把哈贝马斯的法律理论精细化。所以在此主要分析胡克的理论。

沟通。在法院作出判决后，学者们会对此进行评论，在此情况下其推理过程的价值或缺陷就会显露出来，这又反过来影响未来法院或其他法院的裁决，这是第三个沟通领域。也许，在某些情况下（疑难案件）案件会引起媒体及大众的关注，这就进入第四个沟通领域。最后，由于案件涉及重大的道德或政治争论（如安乐死、堕胎等），这会引起公众对此的广泛讨论，法律的内容就可能由这些因素来确定。

由此看来，法律推理和论证的过程就是一个商议性的公共论坛，它为沟通和合法化过程保证了最好的社群，同时在不同的专业和领域对参与人员的数量和多样性进行限制。它使司法辩论向一般大众开放，而不仅限于当事人，这主要是在第三、四和五这几个沟通领域。

胡克的法律推理理论确实为司法的审查和司法能动主义的合法性提供极强的“民意”基础，把法律论证与民主商谈的原则勾连了起来。但在巩固并加强了法律推理结论正当性的时候，是不是也对法律自主性和体系权威性构成挑战？当法律系统为了获得它的民主合法性而完全融入生活世界时，是不是也有可能丧失其“法律性”，从此看来，法律推理的沟通理论在民主方面有过于“实质化”的危险。

（三）麦考密克的法律实践推理

之所以讨论麦考密克的法律推理，是因为他的法律实践推理代表一种综合或折中的调和，并且他还是站在法治的基本立场上来看待法律推理的正当性问题。

麦考密克认为法律推理是通过理性的实践推理能力的基本原则来证明行为的正当理由，从而提示了法律原则对法律规则的基础作用。也就是说，单纯根据规则进行推理的演绎方法并不是自足的，因为它“经常被塞进一个由外部推理和内部推理交织的复杂网络中，掺杂了许多不同的原则和价值”，因此，运用原则的推理就削弱了演绎推理的地位，不过，麦考密克仍把规则推理放到中心的地位。

麦考密克在法律推理的论证中提出了“后果主义论辩”，因为在他看来，演绎推理的局限显现出来时，就必须对备选的裁判规则进行权衡，这时依靠对后果的考量做出判决就是必要的。[1]因为法律规则被视为承载着某种理性的目的，这些目的包括保障社会福祉或者防止社会性罪恶等与人的正义观念相一致的目的。不过，麦考密克认为在考虑法律规则之外因素，如正义、政策以及各种后果主义的考量时，必须符合法律制度规则的基本要求，即一致性要求、协调性要求以及形式正义的要求。从某种意义上，麦考密克在法律推理的问题是个实用主义者，因为在面对个案的法律推理时（在《法律推理与法律理论》中他举了很多的案例来说明），法官需要考虑规则本身及判决可能带来的后果。这种理论在调和规则推理绝对自足与对规则推理的怀疑主义两极之时，也从中释放了精英话语之外的大众话语，如常识、正义和社会福利等。有人指出，恰恰是在这种法律的精英话语之外考虑其他的社会利益，才是真正“合理妥当”地运用法律，在某种意义上也是一个优秀法律人（主要指法官、检察官）的标准：“法官并不是单纯的解释法律或适用法律而已，法官反而是利用既有的法律来创造新的法律原理、原则，来形成新的法律秩序。在这个意义上，法官他是一个社会工程师。……为了要圆满达成法官所被赋予的任务，法官必须具备若干条件，当然对法律之知识、技术他必须非常精通，非常熟悉，这是最基本的条件。此外法官还要有丰富的知识，特别是法律社会学、法制史乃至于法理学、法律心理学、经济学等常识中，才能够把法律应用得更为妥当。当然最重要的一点是法官要有强烈的正义感、对社会的责任

[1] 麦考密克．法律推理与法律理论［M］．姜峰，译．北京：法律出版社，2005：147.

感，并且要有担当、有道德勇气，唯有具备了这些条件，法官才能对每一个案子做到尽善尽美，不但是合法性，还要能做到社会的妥当性。”❶

五、小　　结

无论是从内部还是外部来讲，法律推理的民主性实质上是要求法律推理进行较为充分的说理，即必须说明他们推理得以进行的大前提是如何获得的，法律大前提中的事实构成与个案中的事实为何具有“关键”的类似性，从而建立规范与事实之间的对应关系。但是，法律推理的结果不是像演绎推理那样一定会有一个唯一正确的答案，而是存在多个答案的可能。这种情形一般发生疑难案件中，不同的法官会对同一个案件作出不同的“解释”，每一种解释都有一定的道理，并且能找到法律和事实上的依据。问题的关键不是去找到一个更高的权威来对此作出所谓绝对的终局性的裁决，那样也许获得了法律推理的确定性结果，却把专制的种子而不是理性的力量带入法律裁决中，在其背后反映的是对法官和司法权的极度不信任。❷ 问题不在于法官会对同一案件存在不同的争议，也不在于法律结果可能存在不确定的多种答案之可能，而在于法律推理中是如何进行说理的。换言之，支持他们作出结论的各种理由和根据（holdings）才是关键的，因此公开陈述自己对案件的判决意见不但反映了法官的坦诚和认

❶ 杨日然. 杨日然法理学论文集［G］. 台北：月旦出版社，1997：538.

❷ 中国的“两高”频繁地出台司法解释和各种司法规范意见，实际上是对中国各级法院和法官的不放心，以为自己权威性的意见才能保证法官不出错案，但问题是又如何来保证它的司法解释不会出现错误呢？这种结果只能导致司法权威的异化，变成权力之间的依附关系，在这民主化与理性化的时代，它是完全不合时宜的。相关论述参见葛洪义. 司法权的“中国”问题［J］. 法律科学，2008（1）。

真，同时也是以此来说服同行、辩护人、当事人及公众的有效途径。❶ 因此这不但增加司法过程中的“民主性”的力量，使法律推理有相当的“内部”（法律共同体）和“外部”（公众、媒体等）正当性基础，也使得法官必须认真对待事关人们生命、财产、安全的每一次判决，培养法官的责任感和荣誉感。

但问题是，如果允许法律推理过程中多元化的声音之间的竞争，每个法官可能都会有一套自己的司法哲学，那么这是不是会危及法律本身的权威？如何来保证法律帝国的大厦不会被法官带进来的各种“法外”因素所侵袭而面临坍塌的危险？❷ 这种担忧

❶ 麦考密克比较了英国法院与大陆法院在司法裁判风格上的差异，英国法院的实践传统是允许每个法官公开申明自己的观点，这实际上是让法官都可以对所支持的判决方式进行公共辩论，在每一个疑难案件中，每个法官都可以对所支持的判决方式提出自己最充分的理由，并且可以反驳不同意见中列出的所有理由，即使法院最后的判决结果是多数人的意见，对反驳中的异议也应认真对待。相反，大陆法院因为采用合议制，司法裁判往往在紧闭的房门后进行秘密讨论，将司法辩论限定在单一的正确或错误立场之内，参见麦考密克．法律推理与法律理论［M］．姜峰，译．北京：法律出版社，2005：9。与此相似，美国法学院的教育也转向让学生熟知并理解案件中法官各种不同的支持理由，而不是单纯地记忆法条。当下中国因为各种原因（如有论者指出合议制和审判委员会等制度减轻了在中国法官素质普遍不高的情况下法官的风险和责任），尽管法律职业化的呼声不断并且得到基本共识，但法律教育的模式仍然是大陆式的，司法考试也基本上是加强了对“法律确定性”的确信。不过，偶然也有些创举，如1999年广州海事法院在该院制作的裁判文书中，一改传统的“本院认为”判词的表达方式，直接将审案法官的个人意见标明出来，法官形成判决的思维过程在一定程度上被给予以公示，转引自刘治斌．司法过程中的法律方法问题［M］//葛洪义．法律方法与法律思维(第2辑)．北京：中国政法大学出版社，2003：127。

❷ 在当下中国转型期，由于法制环境和政治传统的影响，在“精英话语”内部也出现了某种紧张关系，“司法为民”的政治话语和群众路线的一贯策略构成了“法律职业化”“司法独立”某种障碍，“法治”与“民主”之间的冲突和紧张在司法领域有很明显的体现，法官的模范和典型（如金桂兰、宋鱼水）在现有条件下更多的是向“民主”倾斜（为人民服务、关心体认老百姓、人民满意）。有关论述参见李斯特．人民司法群众路线的谱系［M］//苏力．法律与社会科学(第一卷)．北京：法律出版社，2006：285。刘星．走向什么司法模型［M］//苏力．法律与社会科学(第二卷)．北京：法律出版社，2007：50。刘星教授认为宋鱼水的司法模型恰恰是突破法律职业化的司法方法与社会适应性的司法方法二元对立的“第三条道路”，不过，我认为，这种司法模型由于宋鱼水“游刃有余”，即她在法律专业和日常经验之间的反复穿梭的“耐心的充分说理”，而获得了非常强的合法性基础，在当下中国不甚为极好的一种实践方式，但这种模型在一定意义上模糊了法律的程序性及司法实践应有的“一贯性”原则。

有一定的道理，特别是在中国正在迈向法治国家、法官缺乏应有的自律和制度约束情况下，法律本身权威的确立就显得更为突出和重要，因此我们就不难理解有学者坚持各种二元对立（如合法性与客观性、形式理性与实质理性、普遍正义与个案正义等）的区分，并在二元对立的情况下作出“形式理性优于实质理性”“合法性优于客观性”“普遍正义优于个案正义”这样的价值判断，不难理解法学家对“第三者遗产继承案”集体的批判意识及经久不息的讨论所散发出来的意识形态效应。但法律的权威真正的是建立在具有“排他性理由”和“形式理性”的规则上？为什么它会更有说服力呢？难道仅仅是因为它能提供独立于道德的行动理由？在我看来，规则为行动提供的排他性理由同样得面临德沃金“最佳论证”的质疑，尽管德沃金通过原则论证来想象一个赫拉克勒斯的法官有点理想化，但他开启的思路无疑有很大启发。允许以规则进行推理和论证和其他类型的法律推理和论证多元化方式并存（也即在同一案件上可能存在不同的意见），并不会导致法律权威的丧失，在某种意义在恰恰是权威得以真正建立的基础，因为权威得以建立的基础不是规则本身，而是规则得以适用和运行的制度和程序。法律与神学有一个共同点，就是它们的范式定向是权威模式而不是研究模式，对于这些理论或模式的检测不需要完全与外在现实相符合。[1] 美国联邦最高法院不会因为法官之间存在不同意见以及公众对法官和法院的批评而使其权威丧失，也不会因为法院一时错误而使其判决没有实际执行效力，法院的权威不是建立在他不会犯错之上，而是建立在对错误可以进行批评和讨论的制度和程序基础上，但制度和程序本身是所有人达成共识和沟通的基础。正是这种封闭的程序和在程序中进行多元化对话（各种推理和论证）的可能，使得法律在不

[1] SAMUEL G. Can Legal Reasoning Be Demystified? [J]. Legal Studies, 2009, 29(2): 204.

断地吸纳各种异质性的因素的同时，推进了法律的自我理解与反思，确立自身的权威性和正当性。这才不致于使法律和法官摇摆于各种二元对立的分裂和阵荡中，要么成为冷漠的机器，要么成为专横的暴君。在某种意义上可以说，正是法律推理中这种不确定性，使其异质因素增多，不但能容纳更多的规范价值，同时它课以法官更严格的论证负担，好的论证理由又促进了权威性本身。

结　语

拉德布鲁赫曾言，过于关注方法本身是法律人的一个病症。这句话说给那些操持法律业务的行内人士听，当然再合适不过。谁会对自己再熟悉不过的事物和风景认真打量呢？只有对自身现状不满和厌倦的人才会这样。但要推而广之，把它延用于法学院的学者身上，可能就有些问题了。学者一个重要的特点，喜欢把熟悉的东西陌生化。学院法律人也不能完全例外。

其实，要真正做到陌生化不容易，尤其对于法学。法律方法在于致用，法学的知识生产很大程度上服务于这个目的。因此，在法学理论与实践之间的距离没有我们想象那么大，至少比较容易跨越。学者假想为立法者，或直接走上审判席，法官脱下法袍著书立说，或走入大学讲堂成为教授，这些已是平常之事。理论界与实务界的相互游走，据说容易形成法律人津津乐道的共同体，彼此分享信念、知识、利益和荣耀，最终铸成法治之伟业。一个没有法治信念的法律人无论在学院还是在法院，都将会是一个不受欢迎的人。但为何法治会成为我们共同的信念？因为它具有普遍的理性？还是因为它体现人民的意志？美国的法治与中国的法治能一样吗？我们能努力地建设或创造出一个法治国家吗？

从历史上看，法治不是自然而然产生或演进而来的，它是一种文化实践，是社会建构的产物，因此，它具有偶在性。既然具有偶在和建构的特性，法治就可能被不同地建构与想象，而没有一个抽象的、大写的法治。法学研究一个重要面相就是要对这些想象性结构进行阐释，而要做到此点，必须与他研究的对象保持应有的距离，否则，研究可能本身变成实践的一部分，就像大多数法学家从事的工作，法律写作就是一份裁判意见，或是立法改革建议。同样，对于法律推理（法治得以展开的技术）的研究也可以采取这种悬置规范性信念的方法，在卡恩那里被表述为一种文化研究，但实质是哲学性的研究。它并不为某个具体裁判结果找到正确的规则或方法，当然，它不否定这样规范导向研究方法的意义，它的旨趣在于研究这些技术得以展开的条件与方式。本书只是在他的启发下做的一个初步尝试。

无论是从法律渊源还是从法律推理来看，法律话语的一个重要特征就是它的形式性。但是如何来理解法的形式性？概念法学在法的形式性构造上达到了极致，但过于沉浸于科学理性而丧失了对生活回应的能力。法律实证主义从意志和权威论的角度来解释法的形式性，其意义影响深远。先有哈特的规则理论，拉兹的权威论证，后有绍尔的推定实证主义和夏皮罗的计划理论，尽管他们之间理论有分歧，他们都把规则看成法律的焦点，这不但影响到他们对于法的形式性看法，而且也影响到对法律推理的看法。比如，从语义论角度（哈特、马默等）区分简易案件与疑难案件，前者为演绎推理，后者为自由裁量。从规则论角度，把法律推理看成一种阻断实质性理由（强弱有别）的排他性推理，具有严格的形式性。

但是，以规则为中心的实证主义无法解释实践，简易案件之所以成为简易案件，不是语义完全清晰，而至少需要规范共识。因为法律推理的过程不仅是解释语词，而是观照个案事实来解释法律概念。简易案件与疑难案件不存在语义上学的严格界线。要求法官恪守文义，禁止解释本身是专制（权力和理性）之体现。这样的问题也反映在我国学者对刑法中形式解释论与实质解释论的争论上，并把文义之坚守与法治联系在一起。这是极大的误解。以规则为基础的推理方式，也存在较大的问题。认为规则具有严格的形式性，它构成一种排他性理由，使得法律的可辩驳性推理无从实现。法律推理之所以是可辩驳的，是因为规则背后不仅有实质性理由，同时规则与原则之间具有相互支持和限制的关系。规则的例外不可能由规则事先设定，何种实质性理由可构成例外，本身是偶在的。问题的关键在于他们对法的形式性的特定理解。

本书的基本观点是：法的形式性不能仅从权威性资料（如法律规则）中获得解释，而应从法律话语的社会实践中得到理解，法律规则不是外在于他们的规范，而是他们深居其中的规范和意义世界。法律的形式性实为一个完整体世界的象征形式，它不同于其他的象征形式，但它们之间又不是一种概念上的隔离（分析法学的谬误），而是在难以化约的冲突相互形塑，建构对质料与自身的想象。法律推理通过法律理由及权威来建构和维系这个既存的法律秩序，其自主性不是通过理性或意志确立的，而是一种精神气质，一种以原则论证为基础的整全性。

参考文献

一、外文部分

[1] VERMEULE A. Judging under Uncertainty: An Institutional Theory of Legal Interpretation [M]. Cambridge: Harvard University Press, 2006.

[2] PECZENIK A. On Law and Reason [M]. Dordrecht: Kluwer Academic Publishers, 1989.

[3] SOMEK A. Legal Formality and Freedom of Choice: A Moral Perspective on Jhering's Constructivism [J]. Ratio Juris, 2002, 15 (1): 56 – 57.

[4] MARMOR A. Interpretation and Legal Theory: 2th ed. [M]. Oxford: Hart Publishing, 2005.

[5] SCALIA A. The Rule of Law as a Law of Rules [J]. University of Chicago Law Review, 1989, 56 (4): 1175 – 1188.

[6] ARISTOTLE. Nicomachean Ethics [M]. CRISP R , ed. Cambridge: Cambridge Univeristy Press, 2004.

[7] SOETEMN A. Formal Aspects of Legal Reasoning [J]. Arguementation, 1995, 9 (5): 731 – 746.

[8] AARNIO A. Reason and Authority [M]. Dartmouth: Dartmouth Publishing, 1997.

[9] TAMANAHA B. Law as a Means to an End [M]. Cambridge: Cambridge University Press, 2006.

[10] LEITER B. The End of Empire: Dworkin and Jurisprudence in the 21th Century [J]. Rutgers Law Journal, 2004, 36 (1): 165 – 181.

[11] SUNSTEIN C. Legal Reasoning and Political Conflict [M]. Oxford: Oxford University Press, 1996.

[12] ESSERT C. A Dilemma For Protected Reasons [J]. Law and Philosophy, 2012, 31 (1): 65.

[13] ESSERT C. Legal Obligation and Reasons [J]. Legal Theory, 2013, 19

(1): 63－88.

[14] FINKELSTEIN C. When the Rule Swallows the Exeception [M] //MEYER L. Rules and Reasoning: Essays in Honour of Fred Schauer. Oxford: Hart Publishing, 1999.

[15] MICHELON C. Being Apart From Reasons: The Role of Reasons in Public and Private Moral Decision－Making [M]. Dordrecht: Springer, 2006.

[16] GEERTZ C. The Interpretation of Cultures [M]. New York: Basic Books, 1977.

[17] PRIEL D. Description and Evaluation in Jurisprudence [J]. Law and Philosophy, 2010, 29 (6): 654.

[18] PRIEL D. Jurisprudence Between Science and the Humanities [J]. Washington University Jurisprudence Review, 2012, 4 (269): 270－321.

[19] PRIEL D. Farewell to the Exclusive－Inclusive Debate [J]. Oxford Journal of Legal Studies, 2005, 25 (4): 675－696.

[20] PRIEL D. The Boundaries of Law and the Purpose of Legal Philosophy [J]. Law and Philosophy, 2008, 27 (6): 643－695.

[21] PRIEL D. The Place of Legitimacy in Legal Theory [J]. McGill Law Journal, 2011, 57 (1): 15.

[22] FARBER D, SHEERY S. Desperately Seeking Certainty: Misguided Quest For Constitutional Foundations [M]. Chicago: The University of Chicago Press, 2002.

[23] DYZENHAUS D. The Genealogy of Legal Positivism [J]. Oxford Journal of Legal Studies, 2004, 24 (1): 39－67.

[24] COSKUN D. Law As Symbolic Form: Ernst Cassirer and Anthropocentric View of Law [M]. Dordrecht: Springer, 2007.

[25] WEINRIB E. Legal Formalism: On the Immanent Rationality of Law [J]. The Yale Law Journal, 1988, 97 (6): 950.

[26] WEINRIB E. The Idea of Private Law [M]. Oxford: Oxford University Press, 2012.

[27] COHEN F. Transcendental Nonsense and the Functional Approach [J]. Columbia Law Review, 1935, 35 (6): 809－849.

[28] ATRIA F. On Law and Legal Reasoning [M]. Oxford: Hart Publishing, 2002.

[29] SCHAUER F. Authority and Authorities [J]. Virginia Law Review, 2008, 94 (8): 1931 -1961.

[30] SCHAUER F. Formalism [J]. Yale Law Journal, 1988, 97 (4): 510.

[31] SCHAUER F. Playing By the Rules [M]. Oxford: Clarendon Press, 1991.

[32] SCHAUER F. The Limited Domain of the Law [J]. Virginia Law Review, 2004, 90 (7): 1909.

[33] SCHAUER F. Thinking Like a Lawyer: A New Introduction to Legal Reasoning [M]. Cambridge: Harvard University Press, 2009.

[34] POSTEMA G. Bentham and the Common Law Tradition [M]. Oxford: Clarendon Press, 1986.

[35] POSTEMA G. Law As Command: The Model of Command in Modern Jurisprudence [G] //VILLANUEVA E. Legal and Political Philosophy. Amsterdam: Brill Rodopi, 2002.

[36] POSTEMA G. Legal Philosophy in the Twentieth Century: The Common Law World [M]. Dordrecht: Springer, 2011.

[37] POSTEMA G. Norms, Reasons, and Law [J]. Current Legal Problems, 1998, 51 (1): 158.

[38] SAMUEL G. Can Legal Reaoning Be Demystified? [J]. Legal Studies, 2009, 29 (2): 204.

[39] KELSEN H. Pure Theory of Law [M]. KNIGHT M, Translated. New Jersey: The Lawbook Exchange, Ltd. , 2008.

[40] HART H. Essays on Bentham [M]. Oxford: Oxford University Press, 1982.

[41] HART H. The Concept of Law [M]. Oxford: Oxford Univeristy Press, 1994.

[42] HART H, SACKS A. The Legal Process: Basic Problems in the Making and Application of Law [M]. New York: Foundation Press, 2001.

[43] AVILA H. Theory of Legal Principles [M]. Dordrecht: Springer, 2007.

[44] GORDLEY J. Legal Reasoning: An Introduction [J]. California Law Reivew, 1984, 72 (3): 138 -177.

[45] MILLER J. The Science of Law: The Maturing of Jurisprudence into Fundamental Principles in Fairness [J]. Western State Univeristy Law Review, 1986.

[46] WALDRON J. Law and Disagreement [M]. Oxford: Oxford University Press, 1999.

[47] JEMIELNIAK J. Just Interpretation: The Status of Legal Reasoning in the Continental Legal Tradition [J]. International Journal for the Semiotics of Law, 2002, 15 (4): 325 -335.

[48] ELY J. Democracy and Distrust: A Theory of Judicial Review [M]. Cambridge: Harvard University Press, 1981.

[49] RAWLS J. Two Concepts of Rules [J]. The Philosophical Review, 1955, 12 (2): 36.

[50] SEARLE J. Speech Acts [M]. Cambridge: Cambridge University Press, 1969.

[51] SIMMONS J. Justification and Legitimacy [J]. Ethics, 1999, 109 (4): 739.

[52] RAZ J. Between Authority and Interpretation [M]. Oxford: Oxford University Press, 2009.

[53] RAZ J. Ethics in the Public Domian [M]. Oxford: Clarendon Press, 1994.

[54] RAZ J. Legal Principles and the Limits of Law [J]. The Yale Law Journal, 1972, 81 (5): 834.

[55] RAZ J. Practical Reason and Norms [M]. Princeton: Princeton University Press, 1990.

[56] RAZ J. The Authority of Law [M]. Oxford: Oxford University Press, 1979.

[57] RAZ J. The Morality of Freedom [M]. Oxford: Clarendon Press, 1986.

[58] RAZ J. The Problem of Authority: Revisiting the Service Conception [J]. Minnesota Law Review, 2003, 90 (4): 1031.

[59] COLEMAN J. Hart's Postscript [M]. Oxford: Oxford University Press, 2001.

[60] DICKSON J. Evaluation and Legal Theory [M]. Oxford: Hart Publishing, 2001.

[61] TUORI K. Ratio and Voluntas, The Tension Between Reason and Will in Law [M]. Farnham: Ashgate Publishing Ltd. 2011.

[62] HIMMA K. Hart and the Practical Difference Thesis [J]. Legal Theory, 2000, 6 (1): 1 -43.

[63] LLEWELLYN K. Some Realism About Realism, in Jurisprudence: Real-

ism in Theory and Practice. [M]. Chicago: The University of Chicago Press, 1962.

[64] HASEGAWA K. The Normative Tradition of the Rule of Law: A Sketch [J]. The Annal of Legal Philosophy, 2006, 2005 (1): 18 - 29.

[65] ALEXSANDER L. Can Law Survive the Asymmetry of Authority? In Rules and Reasoning: Essays in Honor of Fred Schauer [G]. Oxford: Hart Publishing, 1999.

[66] ALEXSANDER L. With Me, It's All er Nuthin: Formalism in Law and Morality [J]. University of Chicago Law Review, 1999.

[67] ALEXSANDER L, SHERWIN E. Demystified Legal Reasoning [M]. Cambridge: Cambridge University Press, 2008.

[68] GREEN L. Legal Obligation and Authority [EB/OL]. [2018 - 07 - 22]. http: //plato. stanford. edu/entries/ legal - obligation/.

[69] GREEN L. The Authority of the State [M]. Oxford: Clarendon Press, 1990.

[70] ZUCCA L. Constitutional Dilemmas: Conflicts of Fundamental Legal Rights in Europe and the USA [M]. Oxford: Oxford University Press, 2007.

[71] DETMOLD M. Law as Practical Reason [J]. Cambridge Law Journal, 1989, 48 (3): 436 - 471.

[72] DETMOLD M. The Unity of Law and Morality [M]. London: Routledge and Kegan Paul, 1984.

[73] DEL MAR M. New Waves in Philosophy of Law [M]. London: Palgrave Macmillan, 2011.

[74] REDONDO M. Legal Reasons: Between Universalism and Particularism [J]. Journal of Moral Philosophy, 2005, 2 (1): 47 - 68.

[75] TINTURE M. Law Does Things Differently [J]. American Journal of Jurisprudence, 2010, 55 (201): 1 - 13.

[76] GREENBERG M. The Standard Picture and Its Discontents [EB/OL]. [2018 - 03 - 01]. http: //ssrn. com/abstract.

[77] STONE M. Legal Positivism as an Idea About Morality [J]. University of Toronto Law Journal, 2011, 61 (2): 341.

[78] KOSKENNIEMI M. From Apology to Utopia: The Structure of International Legal Argument [M]. Cambridge: Cambridge University Press, 2005.

[79] KLATT M. Making the Law Explicit: The Normativity of Legal Argumentation [M]. Oxford: Hart Publishing, 2008.

[80] NIEMI M. Form and Substance in Legal Reasoning: Two Conceptions [J]. Ratio Juris, 2010, 23 (4): 482.

[81] SIMMONDS N. Judgement and Mercy [J]. Oxford Journal of Legal Studies, 1993, 13 (1): 52-68.

[82] MACCORMICK N. Legal Reasoning and Legal Theory [M]. Oxford: Clarendon Press, 1994.

[83] MACCORMICK N. Rhetoric and the Rule of Law [M]. Oxford: Oxford University Press, 2005.

[84] GUR N. Are Legal Rules Content - Independent Reasons? [J]. Problema, 2011 (5): 179.

[85] CANTOR N. Imagining the Law: Common Law and The Foundations of the American Legal System [M]. New York: Harpercollins, 1997.

[86] RABAN O. Modern Legal Theory and Judicial Impartiality [M]. London: Glasshouse Press, 2003.

[87] HOLMES O. The Path of Law [J]. Harvard Law Review, 1897, 10 (8): 457, 468.

[88] MINNKINEN P. Why Law is a Normative Discipline [J]. Res Publica, 2005, 11 (3): 235-249.

[89] MARKWICK P. Independent of content [J]. Legal Theory, 2003, 9 (1): 43-62.

[90] MARKWICK P. Law and Content - Independent Reasons [J]. Oxford Journal of Legal Studies, 2000, 20 (4): 579-596.

[91] KAHN P. Approaches to the Cultural Study of Law: Freedom, Autonomy, and The Cultural Study of Law [J]. Yale Journal of Law&the Humanities, 2001, 13 (141): 2.

[92] KAHN P. Judicial Ethos and the Autonomy of Law [J]. Pen State Law Review, 2006, 110 (933): 2.

[93] KAHN P. Reason and Will in the Origins of American Constitutionalism [J]. Yale Law Journal, 1989, 98 (449): 8.

[94] KAHN P. The Court, the Community and the Judicial Balance [J]. Yale

Law Journal, 1987, 97 (1): 1 -60.

[95] KAHN P. The Cultural Study of Law: Reconstructing Legal Scholarship [M]. Chicago: The University of Chicago Press, 1999.

[96] KAHN P. The Reign of Law: Marbury v. Madison and the Construction of America [M]. New Haven: Yale University Press, 1997.

[97] ATIYAH P. Form and Substance in Legal Reasoning: the Case of Contract [G]. MACCORMICK N, BIRKS P. The Legal Mind: Essays For Tony Honore. Oxford: Clarendon Press, 1986.

[98] BOBBITT P. Constitutional Fate: Theory of the Constitution [M]. Oxford: Oxford University Press, 1982.

[99] BOBBITT P. Constitutional Interpretation [M]. Oxford: Oxford University Press, 1991.

[100] SOPER P. Legal Theory and the Claim of Authority [J]. Philosophy and Public Affairs, 1989.

[101] GEUSS R. Philosophy and Real Politics [M]. Princeton: Princeton University Press, 2008.

[102] TUR. R. What Is Jurisprudence? [J]. Philosophical Quarterly, 1978, 28 (111): 149 -161.

[103] POSNER R. Overcoming Law [M]. Cambridge: Harvard University Press, 1995.

[104] WARNER R. Three Theories of Legal Reasoning [J]. Southern California Law Review, 1989, 62 (5): 1523.

[105] SUMMERS R. The Formal Character of Law [J]. Cambridge Law Journal, 1992, 51 (2): 242.

[106] DWORKIN R. Hard Cases [J]. Harvard Law Review, 1975, 88 (105): 1064.

[107] DWORKIN R. Law's Empire [M]. Oxford: Hart Publishing, 1986.

[108] DWORKIN R. Taking Rights Seriously [M]. Cambridge: Harvard University Press, 1977.

[109] DWORKIN R. The Model of Rules [J]. University of Chicago Law Review, 1967, 35 (1): 14 -46.

[110] BESSON S. The Morality of Conflict: Reasonable Disagreement and the

Law [M]. Oxford: Hart Publishing, 2005.

[111] HERSHOVITZ S. Legitimacy, Democracy, and Razian Authority [J]. Legal Theory, 2003, 9 (3): 208.

[112] HERSHOVITZ S. The Role of Authority [J]. Philosophrs' Imprint, 2010, 11 (7): 9.

[113] SHAPIRO S. Legality [M]. Cambridge: Harvard University Press, 2011.

[114] VEITCH S. Moral Conflict and Legal Reasoning [M]. Oxford: Hart Publishing, 1999.

[115] URBINA S. Legal Method and The Rule of Law [M]. Hague: Kluwer Law International, 2002.

[116] SCIARAFFA S. On Content – Independent Reasons: It's Not in the Name [J]. Law and Philosophy, 2009, 28 (3): 234.

[117] DARWALL S. Authority and Second – Person Reasons for Acting [G] // SOBEL D, WALL S. Reasons for Acting. Cambridge: Cambridge University Press, 2009.

[118] GREY T. Holmes and Legal Pragmatism [J]. Stanford Law Review, 1989, 41 (4): 787, 848.

[119] MORAWETZ T. The Philosophy of Law: An Introduction [M]. London: Macmillan Publishing, 1980.

[120] ESKRIDGE W, FRICKEY P. Statutory Interpretation as Practical Reasoning [J]. Standford Law Review, 1990, 42 (2): 321 –384.

[121] HUHN W. The Five Types of Legal Argument [M]. Durham: Carrolina Academic Press, 2002.

[122] BANKOWSKI Z, MACLEAN J. The Universal and the Particular in Legal Reasoning [M]. Burlington: Ashgate Publishing Ltd. 2006.

[123] BANKOWSKI Z. Living Lawfully: Love in Law and Law in Love [M]. Dordrecht: Kluwer Academic Publishers, 2001.

二、中文部分

[1] 阿蒂亚. 英国法中的实用主义与理论 [M]. 刘承韪, 刘毅, 译. 北京: 清华大学出版社, 2008.

[2] 昂格尔. 现代社会中的法律 [M]. 吴玉章, 周汉华, 译. 南京: 译林出版社, 2001.

[3] 奥斯丁. 法理学的范围 [M]. 刘星, 译. 北京: 中国法制出版社, 2002.

[4] 边沁. 论一般法律 [M]. 毛国权, 译. 上海: 上海三联书店, 2008.

[5] 宾凯. 系统结构与法官思维 [G] //郑成良, 杨力, 宾凯, 等. 司法推理与法官思维. 北京: 法律出版社, 2010.

[6] 伯顿. 法律和法律推理导论 [M]. 张志铭, 解兴权, 译. 北京: 中国政法大学出版社, 1999.

[7] 布赖恩·比克斯. 法理学: 问题与语境 [M]. 邱昭继, 译. 北京: 法律出版社, 2008.

[8] 波斯纳. 法官如何思考 [M]. 苏力, 译. 北京: 北京大学出版社, 2009.

[9] 曹青云. 亚里士多德的形式-质料关系与功能性质料和构成性质料的区分 [J]. 世界哲学, 2011 (2): 233-245.

[10] 陈嘉映. 普遍性种种 [M]. 北京: 华夏出版社, 2011.

[11] 陈嘉映. 说理 [M]. 北京: 华夏出版社, 2011.

[12] 陈嘉映. 价值的理由 [M]. 北京: 中信出版社, 2012.

[13] 陈景辉. 实践理由与法律推理 [M]. 北京: 北京大学出版社, 2012.

[14] 陈林林. 裁判的进路与方法 [M]. 北京: 中国政法大学出版社, 2007.

[15] 陈林林. 法治的三度: 形式、实质与程序 [J]. 法学研究, 2012 (6): 64.

[16] 陈坤. 法学方法论的困境与出路 [J]. 西南政法大学学报, 2012, 14 (1): 3.

[17] 陈兴良. 形式与实质的关系——刑法学的反思性检讨 [J]. 中国法学, 2008 (6): 139-140.

[18] 陈金钊. 法治反对解释 [J]. 法律科学, 2007 (3): 25-34.

[19] 陈金钊. 法治为什么反对解释 [J]. 河南政法管理干部学院学报, 2007 (1) 27-33.

[20] 陈金钊. 规则、解释与法治实现 [J]. 杭州师范大学学报, 2009 (5): 13-21.

[21] 陈金钊. 能动司法与法治论者的焦虑 [J]. 清华法学, 2011, 5 (3): 108.
[22] 方乐. 司法知识理论研究 [D]. 南京: 南京师范大学, 2010.
[23] 冯象. 案子为什么难办 [J]. 读书, 2000 (11): 75.
[24] 富勒. 法律的道德性 [M]. 郑戈, 译. 北京: 商务印书馆, 2005.
[25] 傅郁林. 建立判例制度的两个基础性问题 [J]. 华东政法大学学报, 2009, 62 (1): 98-106.
[26] 葛洪义. 法与实践理性 [M]. 北京: 中国政法大学出版社, 2002.
[27] 葛洪义. 法律方法讲义 [M]. 北京: 中国人民大学出版社, 2009.
[28] 格兰特·吉尔莫. 美国法的时代 [M]. 董春华, 译. 北京: 法律出版社, 2009.
[29] 哈特. 法律的概念: 第2版 [M]. 许家馨, 李冠宜, 译. 北京: 法律出版社, 2006.
[30] 海塞林克. 新的欧洲法律文化 [M]. 魏磊杰, 译. 北京: 中国法制出版社, 2010.
[31] 赫克. 利益法学 [J]. 傅广宇, 译. 比较法研究, 2006 (6): 152.
[32] 胡克. 法律的沟通之维 [M]. 孙国东, 译. 北京: 法律出版社, 2008.
[33] 黄卉. "一切意外都源于各就各位"——从立法主义到法律适用主义 [J]. 读书, 2008 (11): 40-41.
[34] 霍布斯. 一位哲学家与英格兰普通法学者的对话 [M]. 毛晓秋, 译. 上海: 上海世纪出版集团, 2006.
[35] 吉洛德·罗森伯格. 落空的期望 [M]. 高忠义, 译. 台北: 商周出版社, 2003.
[36] 季卫东. 作为隐喻的ATM犯罪 [J]. 财经, 2008 (202): 138-139.
[37] 卡多佐. 司法过程的性质 [M]. 苏力, 译. 北京: 商务印书馆, 2000.
[38] 考夫曼. 类推与"事物本质" [M]. 吴从周, 译. 台湾: 学林文化事业出版社, 1996.
[39] 拉伦茨. 法学方法论 [M]. 陈爱娥, 译. 北京: 商务印书馆, 2003.
[40] 雷磊. 类比法律论证 [M]. 北京: 中国政法大学出版社, 2011.
[41] 雷磊. 法律规则的逻辑结构 [J]. 法学研究, 2013 (1): 66-86.

[42] 李栋. 通过司法限制权力 [M]. 北京：北京大学出版社，2011.

[43] 李猛. 除魔的世界与禁欲者的守护神：韦伯社会理论中的“英国法”问题 [G] //李猛. 韦伯：法律与价值. 上海：上海人民出版社，2001.

[44] 李猛. “社会”的构成：自然法与现代社会理论的基础 [J]. 中国社会科学，2012 (10)：87 – 106.

[45] 梁上上. 利益的层次结构与利益衡量的展开 [J]. 法学研究，2002 (1)：57.

[46] 林东茂. 法学方法，即非方法，是名方法 [G] //战斗的法律人. 台北：元照出版公司，2004.

[47] 凌斌. 法治的两条道路 [J]. 中外法学，2007 (1)：1 – 20.

[48] 林植坚. 柏拉图的宇宙论与自然法思想 [J]. 台大法学论丛，2002 (3)：84.

[49] 刘叶深. 法律概念分析的性质 [J]. 法律科学，2011 (1)：29.

[50] 刘作翔. 司法规律及其问题 [J]. 河北法学，2011，29 (12)：19 – 29.

[51] 玛丽·安·格伦顿. 法律人统治下的国度 [M]. 沈国琴，胡鸿雁，译. 北京：中国政法大学出版社，2010.

[52] 麦考密克. 法律推理与法律理论 [M]. 姜峰，译. 北京：法律出版社，2005.

[53] 庞德. 通过法律的控制 法律的任务 [M]. 沈宗灵，董世忠，译. 北京：商务印书馆，1984.

[54] 邱昭继. 法律中的可辩驳性推理 [J]. 法律科学，2005 (4)：362 – 373.

[55] 施克莱. 守法主义 [M]. 彭亚楠，译. 北京：中国政法大学出版社，2005.

[56] 菲韦格. 论题学与法学 [M]. 舒国滢，译. 北京：法律出版社. 2012.

[57] 宋振武. 论司法的形式性与公正性 [J]. 烟台大学学报，2006 (1)：36 – 40.

[58] 苏力. 法治及其本土资源 [M]. 北京：中国政法大学出版社，1996.

[59] 苏力. 解释的难题——对几种法律文本解释方法的追问 [J]. 中国

社会科学，1997（3）：29.
［60］苏力. 知识的分类与法治［J］. 读书，1998（3）：92－95.
［61］苏力. 法条主义、民意与难办案件［J］. 中外法学，2009（1）：99.
［62］苏泽林. 最后的裁判——最高人民法院典型疑难案件百案再审实录［G］. 北京：中国长安出版社，2006.
［63］孙笑侠. 程序的法理［M］. 北京：商务印书馆，2005.
［64］王鹏翔. 规则是法律推理的排它性理由吗？［G］//王鹏翔. 法律思想与社会变迁. 台北：台湾中央研究院法律学研究所筹备处，2008.
［65］王鹏翔. 独立于内容的理由与法律的规范性［J］. 中研院法学期刊，2012（11）：210－211.
［66］韦伯. 法律社会学［M］. 康乐，简惠美，译. 桂林：广西师范大学出版社，2005.
［67］韦伯. 学术与政治［M］. 冯克利，译. 北京：三联书店，2005.
［68］维特根斯坦. 哲学研究［M］. 陈嘉映，译. 上海：上海世纪出版集团，2005.
［69］维特根斯坦. 文化与价值［M］. 涂纪亮，译. 北京：北京大学出版社，2012.
［70］魏治勋. 司法过程中的利益衡量批判［J］. 学习与探索，2006（2）：140.
［71］吴从周. 概念法学、利益法学与价值法学［M］. 北京：中国法制出版社，2011.
［72］许德风. 论法教义学与价值判断——以民法方法为重点［J］. 中外法学，2008（2）：174.
［73］徐春柳. 最高法院副院长：许霆案一审量刑过重［N］. 新京报，2008－03－11（A07）.
［74］徐昕. 司法过程的性质［J］. 清华法学，2010（2）：108.
［75］杨日然. 杨日然法理学论文集［G］. 台北：月旦出版社，1997.
［76］赵秉志. 中国疑难刑事名案法理研究——许霆案的法理争鸣［G］. 北京：北京大学出版社，2008.
［77］颜厥安. 德沃金之诠释主义及其彻底化［J］. 中研院法学期刊，2008（3）.
［78］於兴中. 法治与文明秩序［M］. 北京：中国政法大学出版社，2006.

[79] 郑成良. 论法治理念与法律思维 [J]. 吉林大学社会科学学报, 2000 (4): 3-10.

[80] 郑永流. 法律判决形成的模式 [J]. 法学研究, 2004 (1): 140-149.

[81] 郑永流. 义理大道, 与人怎说? [J]. 政法论坛, 2006 (5): 180.

[82] 郑永流. 法律方法阶梯 [M]. 北京: 北京大学出版社, 2008.

[83] 郑永流. 实践法律观要义——以转型中的中国为出发点 [J]. 中国法学, 2010 (4): 52.

[84] 庄世同. 规则与司法裁判 [J]. 台湾哲学研究, 1999 (2): 7, 15.

[85] 庄世同. 法律的规范性与法律的接受 [J]. 政治与社会哲学评论, 2002 (1): 69.

[86] 庄世同. 描述性法理论是可能的吗? [J]. 政治与社会哲学评论, 2007 (21).

[87] 张超. 法律理论的方法与性质 [J]. 北方法学, 2012 (2): 79-88.

[88] 张利春. 关于利益衡量的两种知识 [J]. 法制与社会发展, 2006 (5): 112.

[89] 张志扬. 偶在论谱系——西方哲学史的“阴影之谷” [M]. 上海: 复旦大学出版社, 2010.

[90] 周濂. 现代政治正当性的基础 [M]. 北京: 三联书店, 2008.

作者研究成果及荣誉奖励

发表论文：

1. “法律职业伦理教育的主要问题与反思”，载《法学教育研究》（CSSCI 来源集刊）2015 年第二辑，转载于《中国法学教育年刊》（第二卷），法律出版社 2015 年；

2. “中国台湾农业合作组织发展的历史、经验及启示”，《世界农业》2014 年第 11 期（北大核心）；

3. “法律职业伦理教育的法理学思考”，载《法学教育的地方经验》，法律出版社 2014 年；

4. “韦伯与哈贝马斯：国家危机时的法哲学与法社会学”，载《北理法学》（第 3 辑），法律出版社 2013 年；

5. “法律的理性化及其困境：以韦伯法律社会学为个案”（西北政法大学法学理论专业硕士论文），部分内容发表于《法律思维与法律方法》（第二辑），中国政法大学出版社 2004 年；

6. “独立于内容的理由与游戏规则——哈特规则理论的批判性考察”，《法治论丛》（现《上海政法学院学报》），2018 年第 3 期。

出版著作与教材：

1. 《布莱克维尔法律与社会指南》（译著），北京大学出版社 2011 年；

2. 《欧盟的国家与教会》（译著），法律出版社 2015 年；

3. 参编《宪法学》，山东人民出版社 2009 年；

4.《地方立法质量评估指标体系研究》，2018 年山东省人大常委会地方立法服务基地项目结项成果。

主持、参与课题：

1. 主持山东省社科规划课题“法律职业伦理冲突与化解机制研究”（2016）；

2. 主持山东省教育厅课题“卓越人才计划下法律职业能力体系的构建与培养机制研究”（2015）；

3. 主持校级教改课题“通识教育课程的实践与探索”（2012）；

4. 参与葛洪义老师主持的国家社科基金重点项目“法治国家、法治政府与法治社会一体化建设研究”（2016）；

5. 参与杨曙光教授主持的国家社科基金一般项目“工伤行政确认研究”（2011）；

6. 参与刘经靖教授主持的国家社科基金项目“物权变动制度建构的政策性维度研究”（2010）；

7. 参与杨曙光教授主持的中国法学会课题“基层警察执法中的盘查行为研究”（2015）；

8. 参与樊静教授主持的民政部课题“民办非企业发展的法律机制及对策性研究”（2012）；

9. 参与樊静教授主持的民政部课题“加强服务体系建设，强化乡镇政府公共服务职能”（2013）；

10. 参与樊静教授主持的民政部课题“信访领域社会工作发展战略研究”（2016）。

荣誉奖励：

2015 年、2012 年和 2004 年分别获得烟台大学优秀导师称号；

2014 年和 2012 年获烟台大学法学院考核优秀；

2013 年烟台大学第五届教学优秀成果二等奖；

2013年指导本科毕业论文《论作为宪法权利的健康权》获山东省优秀学士学位论文奖指导教师；

2012年指导本科毕业论文《守法理由的法理学分析》获山东省优秀学士学位论文奖指导教师。